智能+路桥工程混凝土调整实用技术

主编 倪晓燕 王耀文 胡紫日

中国建材工业出版社

图书在版编目（CIP）数据

智能＋路桥工程混凝土调整实用技术/倪晓燕，王耀文，胡紫日主编．--北京：中国建材工业出版社，2022.2

ISBN 978-7-5160-3358-6

Ⅰ.①智… Ⅱ.①倪… ②王… ③胡… Ⅲ.①道路工程—混凝土施工 ②桥梁工程—混凝土施工 Ⅳ.①U415 ②U445.57

中国版本图书馆 CIP 数据核字（2021）第 246308 号

内 容 简 介

本书主要介绍了当前路桥工程混凝土生产应用过程中存在的问题及解决方法，全书以多组分混凝土理论为混凝土配合比调整计算主要依据，列举了超长保坍缓凝外加剂应用技术、路桥隧道新型无碱速凝剂应用技术、洞碴机制砂制备及其在高铁箱梁中的应用技术、再生骨料在市政路面中的应用技术、免养护混凝土施工技术、高铁C50混凝土连续梁配合比设计及智能张拉技术、无砟轨道混凝土底座板修补施工技术、水洗砂中絮凝剂对混凝土质量的影响、高速公路机制砂C50预制箱梁应用技术、黑色混凝土在轨道交通工程中的应用技术、砂子级配不合理时调整计算的方法、粉煤灰致使混凝土发泡的质量问题分析及预防、混凝土制品PC生产应用管理技术。

本书技术资料翔实，内容新颖，可供混凝土初学者和生产施工一线技术人员参考学习，也可作为大专院校、科研院所以及重点工程项目的施工管理人员参考用书。

智能＋路桥工程混凝土调整实用技术
Zhineng＋Luqiao Gongcheng Hunningtu Tiaozheng Shiyong Jishu
主编 倪晓燕 王耀文 胡紫日

出版发行：	中国建材工业出版社
地　　址：	北京市海淀区三里河路1号
邮　　编：	100044
经　　销：	全国各地新华书店
印　　刷：	北京鑫正大印刷有限公司
开　　本：	787mm×1092mm　1/16
印　　张：	16.5
字　　数：	360千字
版　　次：	2022年2月第1版
印　　次：	2022年2月第1次
定　　价：	98.00元

本社网址：www.jccbs.com，微信公众号：zgjcgycbs
请选用正版图书，采购、销售盗版图书属违法行为
版权专有，盗版必究。本社法律顾问：北京天驰君泰律师事务所，张杰律师
举报信箱：zhangjie@tiantailaw.com　举报电话：(010)68343948
本书如有印装质量问题，由我社市场营销部负责调换，联系电话：(010)88386906

《智能＋路桥工程混凝土调整实用技术》

主　　　　编：倪晓燕	王耀文	胡紫日		
副　主　编：计海霞	庞国强	牛旺龙	黄清林	赵建隆
蒋　浩	卢生海			
编委会主任：赵志强	朱永刚	马永胜	朱海英	郑付营
赵卫华				
编委会副主任：薛　超	张　帅	朱博文	朱亮东	孙大章
张良材				
编　　　委：熊骁辉	王瑶法	王希波	宋东升	陈宏波
赵晓林	楚文渊	李福刚	王耀虎	王顺晴
唐天明	郝志勇	王进军	韩武军	戴会生
蔡正华	刘　强	吴存玉	王世彬	陈喜旺
齐文丽	赵绪仁	陈正清	安旭亮	张保平
朱炎宁	任守义	王　博	贾永刚	姚文博
刘国平	冯小伟	姚文瑞	刘宏飞	刘志杰
耿加会	李冬生	惠　兵	李志鹏	岑俊鹏
王　森	王　磊	陈国强	吴乐清	徐梅杰
刘　祥	刘文博	李冬生	薄　超	方忠建
苗永刚	杨建勤	何百静	杨　方	陈俊良
王旭鹏	陈鸿博	吴相伟	孙　超	牛君梅
李轶军	兰超月	范文涛	郭　毅	杨　峰
李帼英	郭新岳	丁　宏	李晓罡	李启明
张春花	徐　鹏	张瑞峰	张　平	冉迈特

前　言

　　随着工程建设行业的快速发展，混凝土的生产应用环境发生了巨大的变化。为了提高施工现场混凝土技术人员处理各种问题的能力，笔者将近年来在生产一线遇见的问题集结成书，供大家参考。在路桥施工现场，使用的水泥、外加剂、掺合料以及砂石料性能与以前相比都发生了巨大的变化。由于混凝土产量以及品种的增加，原材料的变化也非常频繁，砂石料含水率和级配的变化最为明显。在这种情况下，为了做出优质的混凝土以满足路桥建设需要，一线技术人员应该学习新的混凝土理论，掌握新技术，通过加大原材料的检测频率，准确检测原材料技术参数，科学搭配，才能配制出符合施工设计要求的混凝土。

　　本书内容是应用一线技术的回顾与总结，涵盖了路桥施工过程中混凝土配合比调整的各个环节。通过对书中内容的了解，人们可以对路桥混凝土应用过程中出现的各种问题有一个多维的解决思路。通过阅读本书，读者可以在生产应用过程中少走弯路，减少劳动量并更加方便地进行质量控制。要解决新问题，应该了解施工一线新情况，学习新理论，推广新技术，这样才能够把混凝土配制和施工中存在的各种问题解决好，达到保证质量、环境友好、节约资源和降低成本的目的。

　　本书在编写过程中，吸收和选用了国内外专家有关胶凝材料、外加剂和砂石骨料研究应用的文献、专著和报告的部分内容，吸收和选用了国内外专家有关混凝土配合比设计、质量控制、评定验收和事故处理研究应用的文献、专著和报告的部分内容，在此对这些资料的作者表示感谢！

　　本书的编撰主要基于生产与工程实践。本书的撰写得到了国内外大专院校、科研院所、水泥生产企业、混凝土生产企业、外加剂生产企业、建设施工企业及监理公司的大力支持和帮助，在此表示感谢！其中特别是北京砼享未来工程技术研究院、混凝土科技网、混凝土视频网、北京灵感科技有限公司、北京建筑大学、天津大学、西南交通大学、山东建筑大学、北京科技大学、中国农业大学和中国矿业大学多位专家教授的支持，在此表示感谢！在推广应用的过程中，本项目技术得到了中铁二十一局、中铁九局、中铁十七局、山西路桥、北京城建集团、中建西部建设、北京金隅集团、中国联合混凝土、北京建工集团、中国建筑工程总公司、中铁检测理事会、中国电建水电八局、交通部一航局、中铁十六局、中铁十八局和中铁二十局等单位的大力支持，在此对这些单位表示衷心的感谢！

在此对长期以来给予大力支持的下述各位教授表示诚挚的谢意：中国矿业大学王栋民教授，北京鸿智投资有限公司李占军教授，山东鲁筑混凝土有限公司薄超教授，天津大学李志国教授，北京建筑大学宋少民教授，中国矿业大学刘泽教授，中国交建一航局戴会生教授，山东建筑大学逄鲁峰教授，北京科技大学刘娟红教授，中国农业大学彭红涛教授，同济大学孙振平教授，重庆大学王冲教授，内蒙古科技大学杭美艳教授，沈阳建筑大学赵苏教授，西南交通大学李固华教授，中国联合混凝土李杰教授，中建西部建设罗作球教授，中国建材南方新材料宋笑教授，北京金隅混凝土集团王顺晴董事长，哈尔滨茂华混凝土王希波教授，中铁检测理事会安文汉教授，沈阳泰丰混凝土宋东升教授，新疆水利水电设计院李军辉教授，石家庄铁道大学要秉文教授，河南大学蔡基伟教授，中南工学院王爱勤教授，华新水泥混凝土容志刚教授，辽宁省建研院范文涛教授。

由于笔者理论水平和实际经验有限，书中内容仍有许多不足之处，期望同行在技术交流的过程中批评指正。

编 者

2021 年 9 月

目 录

1 超长保坍缓凝外加剂的研究应用 ·· 1
   1.1 研究超长保坍混凝土外加剂的意义 ·································· 1
   1.2 常用外加剂及其性能 ·· 2
   1.3 缓凝剂与引气剂 ·· 8
   1.4 常用减水剂及缓凝剂的合成 ·· 11
   1.5 超长保坍缓凝混凝土外加剂的复配 ·································· 15
   1.6 超长保坍缓凝混凝土外加剂试验研究 ································ 18

2 新型无碱速凝剂混凝土湿喷技术 ·· 26
   2.1 技术背景 ·· 26
   2.2 原理探索及实验研究 ·· 29
   2.3 新型无碱速凝剂混凝土湿喷技术 ···································· 31

3 机制砂制备技术及其在桥梁工程中的应用研究 ······························ 36
   3.1 技术背景 ·· 36
   3.2 机制砂制备技术 ·· 41
   3.3 基于细度模数和石粉含量的机制砂混凝土配合比设计调控关键技术 ···· 48

4 矿山固废在混凝土生产中的应用 ·· 52
   4.1 技术背景 ·· 52
   4.2 配合比设计方法 ·· 53
   4.3 性能试验及结果分析 ·· 57
   4.4 工程应用 ·· 61

5 免养护混凝土技术的研究应用 ·· 64
   5.1 技术背景 ·· 64
   5.2 试验研究 ·· 66

6 兴泉铁路 C50 混凝土连续梁智能张拉技术 ………… 76
6.1 C50 混凝土配比设计 ………… 76
6.2 技术要求及准备工作 ………… 82

7 无砟轨道混凝土底座板修补施工技术 ………… 92
7.1 技术背景 ………… 92
7.2 底座板混凝土修补 ………… 93
7.3 无砟轨道底座混凝土缺损修补 ………… 96
7.4 CRTSⅢ型板式无砟轨道自密实混凝土裂缝修补 ………… 98

8 水洗砂中絮凝剂对混凝土质量的影响分析 ………… 108
8.1 概述 ………… 108
8.2 试验原材料和仪器 ………… 108
8.3 结论 ………… 116
8.4 建议 ………… 117

9 机制砂配制 C50 混凝土在预制箱梁中的应用 ………… 118
9.1 项目背景介绍 ………… 118
9.2 配合比设计 ………… 118
9.3 箱梁容易出现的问题及预防措施 ………… 125
9.4 实际应用效果及推广情况 ………… 127

10 银昆高速公路混凝土配合比设计调整 ………… 129
10.1 混凝土配合比设计技术原理及质量控制关键点 ………… 129
10.2 配合比计算及其试验生产 ………… 131

11 南沙港铁路钢管拱 C50 顶升混凝土的研究应用 ………… 141
11.1 工程概况 ………… 141
11.2 原材料 ………… 141
11.3 配合比设计 ………… 142
11.4 工程应用 ………… 146
11.5 总结 ………… 147

12 527 国道嵊州甘霖至长乐段混凝土配合比调整 ………… 148
12.1 工程概况 ………… 148

| 12.2 | 配合比调整 | 148 |

13 沈阳浑南大道立交工程黑色混凝土的研究应用 160

13.1	工程概况	160
13.2	原材料	160
13.3	配合比的优化	161
13.4	工程应用	162
13.5	结论	163

14 PC生产应用管理技术手册 164

14.1	总则	164
14.2	术语	164
14.3	结构设计的基本规定	164
14.4	预制构件制作	165
14.5	PC结构件的分类	167
14.6	构件制作允许偏差标准与检验方法	170

15 麻城昌盛环保公司石材锯泥配制混凝土试验研究 173

| 15.1 | 原材料的检验 | 173 |
| 15.2 | 混凝土配合比调整计算 | 173 |

16 粉煤灰致使混凝土发泡的质量问题分析及预防 177

16.1	前言	177
16.2	试验分析	177
16.3	问题粉煤灰来源调查	180
16.4	预防措施	182
16.5	结论	182
16.6	粉煤灰中有害杂质检验方法标准	182

17 C65高抛自密实混凝土施工工法 184

17.1	前言	184
17.2	工法特点	184
17.3	适用范围	185
17.4	工艺原理	185
17.5	工艺流程及操作方法	185

17.6	材料与设备	186
17.7	质量控制	187
17.8	安全措施	190
17.9	环保措施	191
17.10	技术经济效益分析	191
17.11	工程实例	192

18 混凝土结构工程施工规范 195

18.1	总则	195
18.2	术语	195
18.3	基本规定	196
18.4	模板工程	197
18.5	钢筋工程	205
18.6	混凝土制备与运输	209
18.7	现浇结构工程	216
18.8	冬期、高温与雨期施工	229
18.9	环境保护	233

19 实验室作业指导书 235

19.1	水泥的检验规程	235
19.2	建筑用砂检验规程	239
19.3	建筑用卵石、碎石检验规程	241
19.4	混凝土外加剂匀质性试验方法（一）	243
19.5	混凝土外加剂匀质性试验方法（二）	245
19.6	粒化高炉矿渣粉活性指数及流动度比的测定	247
19.7	混凝土坍落度的测定	248
19.8	普通混凝土力学性能试验方法	249
19.9	计量仪器自校规程	251
19.10	职业健康安全操作规程	253

参考文献 254

1 超长保坍缓凝外加剂的研究应用

1.1 研究超长保坍混凝土外加剂的意义

1.1.1 概述

混凝土是土木工程中用途最广、用量最大的一种建筑材料。预拌混凝土是指以集中搅拌、远距离运输的方式向建筑工地供应一定要求的混凝土。它包括混合物搅拌、运输、泵送和浇筑等工艺过程,是现代混凝土与现代化施工工艺的结合,它的普及程度能代表一个国家或地区的混凝土施工水平和现代化程度。

集中搅拌的混凝土主要用于现浇混凝土工程,混凝土从搅拌、运输到浇筑需 1~3h,有时超过 3h。大多数商品混凝土搅拌站合理的供应半径应小于 15km。但近几年我国混凝土组成材料资源进一步加速结构性改革,为了满足环保治理要求,各种砂石骨料进行了严格的生产管控,并处于限产的状态。砂石干法生产从根本上解决了砂石生产过程中所产生的污水和淤泥,同时避免了湿法生产工艺因使用絮凝剂沉淀后的回收水对混凝土坍落度经时损失产生较大影响和对混凝土的耐久性产生影响,但是它唯一的缺点在于砂石含泥量会偏高,对混凝土坍落度经时损失产生较大的影响;因此,如何解决因含泥量偏高导致的混凝土坍落度经时损失过快就显得非常必要。

1.1.2 技术原理和路线

1. 技术原理

通过在混凝土中掺加超长保坍缓凝混凝土外加剂,延长混凝土拌合物的凝结时间。超长保坍缓凝混凝土外加剂的缓凝机理有吸附理论、生成络盐理论、沉淀理论和控制氢氧化钙结晶生长理论。一般来讲,多数有机缓凝剂属于表面活性剂,它们在固-液界面产生吸附,改变固体粒子表面性质,即亲水化;或者通过其分子中亲水基团吸附大量水分子形成较厚的水膜层,由于吸附作用,分子中羟基在水泥粒子表面,阻碍水泥水化过程,使晶体相互接触受到屏蔽,改变了结构形成的过程;或者通过其分子中的某些官能团与游离的 Ca^{2+} 生成难溶性的钙盐吸附于矿物颗粒表面,从而抑制水泥的水化过程,起到缓凝效果。

2. 技术思路

通过试验研究配制超长保坍缓凝混凝土外加剂的配方,用罐车的旋转时长来模拟各个工地的运输距离,调整外加剂中保坍组分的品种和掺量来控制预拌混凝土的保坍时长的方法进行试验,确定技术方案;最后优化技术细节、规范技术操作流程,形成完整的技术方案。

1.2 常用外加剂及其性能

在拌制混凝土过程中掺入的、用以显著改善混凝土性能的化学物质,称为混凝土化学外加剂,简称混凝土外加剂,其掺量一般不大于水泥质量的5%。在混凝土中掺入不同种类的外加剂,可获得改善混凝土拌合物和易性和硬化后混凝土性能、节省水泥、节约能源、加快施工速度、减轻劳动强度等多种效果。目前,国家使用的预拌混凝土全部掺入外加剂。

在不影响混凝土拌合物和易性的条件下,具有减水及增强作用的外加剂,称为混凝土减水剂,国家将减水剂按照减水率的高低分为三类,即减水率大于8%小于15%的称为普通减水剂;减水率大于15%小于25%的称为高效减水剂;减水率大于25%的称为高性能减水剂。减水剂按其对混凝土性质的作用分为早强减水剂、缓凝减水剂和引气减水剂;按化学成分分为木质素系、萘系、三聚氰胺树脂系、糖蜜系、聚羧酸盐系、氨基磺酸盐系、脂肪族羟基磺酸盐系等减水剂。

1.2.1 普通减水剂

我国生产的普通减水剂主要有木质素系减水剂和糖蜜系减水剂两种。

1. 木质素系减水剂

(1) 木质素系减水剂的生产

木质素系减水剂是由生产纸浆或纤维浆的木质废液经处理而得的一种棕黄色粉末,包括木质素磺酸钙、木质素磺酸钠和木质素磺酸镁,分别简称木钙(又称M剂)、木钠、木镁,其中木质素磺酸钠和木质素磺酸钙是主要品种,属阴离子型表面活性剂。

(2) 木质素系减水剂的性能

木质素系减水剂属缓凝引气型减水剂,多以粉剂供应。其临界掺量为0.2%,饱和掺量为0.3%,推荐掺量一般为0.2%~0.3%。

(3) 正常使用的特点

1) 在保持配合比不变的条件下,可减水8%~14%,28d强度提高10%~20%;
2) 在保持流动性和强度不变时,可节约水泥约10%;
3) 在用水量不变时,可提高流动性,使坍落度提高50~100mm;
4) 提高混凝土抗冻性和抗渗性等耐久性能。

(4) 非正常使用的缺点

1) 超掺后引起混凝土缓凝，导致拆模困难，影响工期；

2) 木质素系减水剂具有引气性，超掺引入大量气泡，拆模后外观缺陷多；

3) 超掺引起混凝土强度降低。

(5) 木质素系减水剂使用注意事项

由于木质素系减水剂属缓凝引气型减水剂，在使用时应注意以下问题：

1) 严格控制掺量，切忌过量

木质素系减水剂掺量一般在 0.2%～0.3%，如果掺量过多，会造成混凝土缓凝严重，甚至几天也不硬化，而且混凝土含气量增加过多会导致强度下降。

2) 注意施工温度

木质素系减水剂的缓凝作用在低温下会更加明显，所以在日最低气温 5℃ 以上时可单掺木质素系减水剂，低于 5℃ 时，应与早强剂复合使用，负温下，除了与早强剂复合使用外，还要同时掺加抗冻剂。

3) 蒸养性能差

如果掺加木质素系减水剂的混凝土采用蒸汽养护，应延长静停时间，或掺加早强剂以及减少木质素系减水剂掺量；否则会出现强度降低，结构疏松等现象。

(6) 木质素系减水剂的适用范围

木质素系减水剂广泛用于一般混凝土工程，但不宜用于低温施工和蒸汽养护的混凝土工程。

木质素系减水剂在生产时如进行改性，即可得到改性木质素减水剂，减水率可达 15%以上，属于高效减水剂。

2. 糖蜜系减水剂

(1) 糖蜜系减水剂的生产

糖蜜系减水剂是利用制糖生产过程中提炼食糖后剩下的残液（称为糖蜜），经石灰中和处理调制成的一种粉状或液体状产品。其主要成分为糖钙、蔗糖钙，是非离子型表面活性剂。

(2) 糖蜜系减水剂的性能

糖蜜系减水剂属缓凝型减水剂，其临界掺量为 0.2%，饱和掺量为 0.3%，推荐掺量一般为 0.2%～0.3%，属非引气缓凝型减水剂，多以粉剂供应。

(3) 正常使用的特点

1) 在保持配合比不变的条件下，可减水 6%～10%，28d 强度提高 10%～20%；

2) 在保持流动性和强度不变时，可节约水泥约 10%；

3) 在用水量不变时，可提高流动性，使坍落度提高 50～100mm；

4) 提高混凝土抗冻性和抗渗性等耐久性能。

(4) 非正常使用的缺点

1) 糖蜜系超掺后引起混凝土缓凝，导致拆模困难，影响工期；
2) 糖蜜系减水剂不引气，超掺不引入大量气泡，拆模后外观更加光洁；
3) 糖蜜系减水剂超掺后混凝土凝固后强度比正常凝固的更高。

(5) 糖蜜系减水剂使用注意事项

由于糖蜜系减水剂属缓凝型减水剂，在使用时应注意以下问题：

1) 严格控制掺量，切忌过量

糖蜜掺量一般为 0.2%~0.3%，如果掺量过多，会造成混凝土缓凝严重，甚至几天也不硬化，影响施工进度。

2) 注意施工温度

糖蜜的缓凝作用在低温下会更加明显，所以在日最低气温 5℃以上时可单掺糖蜜系，低于 5℃时，应与早强剂复合使用，负温下，除了与早强剂复合使用外，还要同时掺加抗冻剂。

3) 可以蒸养

如果掺加糖蜜的混凝土采用蒸汽养护，应延长静停时间，或掺加早强剂。

(6) 糖蜜系减水剂的适用范围

糖蜜系减水剂常用作缓凝剂，主要用于大体积混凝土、夏期施工混凝土、水工混凝土等。当用于其他混凝土时，常与早强剂、高效减水剂等复合作用。

1.2.2 高效减水剂

我国生产的高效减水剂主要有萘系高效减水剂和脂肪族高效减水剂两种。

1. 萘系减水剂

(1) 萘系减水剂的生产

萘系减水剂是以萘及萘的同系物经磺化与甲醛缩合而成的。其主要成分为聚烷基芳基磺酸盐等，属阴离子型表面活性剂。根据硫酸钠含量的不同，分为高效减水剂和高浓高效减水剂。其主要成分为聚烷基芳基磺酸盐等，属阴离子型表面活性剂。

(2) 萘系减水剂的性能

萘系减水剂属早强型减水剂，高效减水剂的临界掺量为 0.5%，饱和掺量为 0.7%，硫酸钠含量为 18%~24%，推荐掺量一般为 0.5%~0.75%，高浓高效减水剂的临界掺量为 0.35%，饱和掺量为 0.6%，硫酸钠含量为 3%~5%，推荐掺量一般为 0.35%~0.6%，产品多以粉剂供应。

(3) 萘系减水剂的性能优势

1) 在混凝土配合比不变的情况下，减水率为 15%~25%，可提高坍落度 150~200mm，可提高抗压强度 15%~20%。

2) 萘系减水剂由于提高了混凝土的密实性，使混凝土抗渗性及抗冻性有较大提高。

3) 萘系减水剂超掺不影响混凝土的性能。

4) 萘系减水剂可以和普通减水剂、脂肪族减水剂以及氨基减水剂复配。

(4) 萘系减水剂的缺点

1) 低温时配制的外加剂容易结晶堵管。

2) 混凝土的收缩率有时大于基准混凝土的收缩率，对于有抗裂要求的混凝土结构，应做收缩率的试验。

3) 萘系减水剂配制的混凝土坍落度的经时损失较大，有些萘系减水剂泌水较多。

(5) 萘系减水剂的适用范围

萘系减水剂主要适用于配制高强度混凝土、泵送混凝土、大流动性混凝土、自密实混凝土、早强混凝土、冬期施工混凝土、蒸汽养护混凝土及防水混凝土等。

2. 脂肪族减水剂

(1) 脂肪族减水剂的生产

脂肪族减水剂是以羟基化合物丙酮为主体，并通过亚硫酸钠或者焦硫酸钠磺化打开羟基，引入亲水性磺酸基团，在碱性条件下与甲醛缩合形成一定分子量大小的脂肪族高分子链形成的具有表面活性分子特征的高分子减水剂。

(2) 脂肪族减水剂的性能

脂肪族减水剂的减水分散作用以静电斥力作用为主，掺量（35%浓度）通常为水泥用量的1.0%～1.9%，减水率可达15%～25%，属早强型非引气减水剂。临界掺量为0.8%，饱和掺量为2.0%，推荐掺量一般为1.2%～2.0%，产品多以液体供应。

(3) 脂肪族减水剂的性能优势

1) 在混凝土配合比不变的情况下，减水率为15%～25%，可提高坍落度150～200mm，可提高抗压强度15%～20%。

2) 脂肪族减水剂由于提高了混凝土的密实性，使混凝土抗渗性及抗冻性有较大提高。

3) 脂肪族减水剂可以和普通减水剂、萘系减水剂以及氨基减水剂复配。

(4) 脂肪族减水剂的缺点

1) 配制的混凝土颜色发红，影响混凝土外观。

2) 脂肪族减水剂超掺容易引起混凝土拌合物的离析泌浆。

3) 脂肪族减水剂配制的混凝土的收缩率有时大于基准混凝土的收缩率，对于有抗裂要求的混凝土结构，应做收缩率的试验。

(5) 脂肪族减水剂的适用范围

脂肪族减水剂主要适用于配制高强度混凝土、泵送混凝土、大流动性混凝土、自密实混凝土、早强混凝土、冬期施工混凝土、蒸汽养护混凝土及防水混凝土等，尤其适用于混凝土管桩的生产。

1.2.3 高性能减水剂

我国生产的高性能减水剂主要有三聚氰胺系减水剂、氨基磺酸盐系减水剂和聚羧酸系减水剂三种。

1. 三聚氰胺系减水剂

(1) 三聚氰胺系减水剂的生产

三聚氰胺系减水剂，又称密胺树脂系减水剂，是将三聚氰胺与甲醛反应生成三羟甲基三聚氰胺，然后用亚硫酸氢钠磺化而成的。其主要成分为三聚氰胺甲醛树脂磺酸盐，这类减水剂减水率很高，属非引气型早强高效减水剂。我国生产的产品主要有SM剂，是阴离子型表面活性剂，产品多以粉体供应。

(2) 三聚氰胺系减水剂的性能

三聚氰胺系减水剂的分散、减水、早强、增强效果比萘系减水剂好，产品多以液体供应。临界掺量0.8%，饱和掺量1.2%，推荐掺量为0.5%~2.0%，可减水20%~27%。

(3) 三聚氰胺系减水剂的性能优势

1) 减水率为20%~27%，在混凝土配合比不变时改善流动性，可提高坍落度180~240mm。

2) 增强效果明显，1d强度提高60%~100%，3d强度提高50%~70%，7d强度提高30%~70%，28d强度提高30%~60%；可提高抗压强度15%~20%。

3) 掺加三聚氰胺系减水剂可以使混凝土抗折、抗拉、弹性模量、抗冻、抗渗等性能均有显著提高，对钢筋无锈蚀作用。

(4) 三聚氰胺系减水剂的缺点

1) 临界掺量和饱和掺区间小，应用时调整困难；

2) 三聚氰胺系减水剂超掺容易引起混凝土拌合物的离析泌浆；

3) 成本高，不利于预拌混凝土企业使用。

4) 三聚氰胺系减水剂配制的混凝土拌和料黏度增大，坍落度损失快。

(5) 三聚氰胺系减水剂的适用范围

因SM价格较高，故适用于特殊工程，如高强度混凝土、早强混凝土、大流动性混凝土及耐火混凝土等。

2. 氨基磺酸盐系减水剂

(1) 氨基磺酸盐系减水剂简介

氨基磺酸盐系减水剂为氨基磺酸盐甲醛缩合物，一般由带氨基、羟基、羧基、磺酸（盐）等活性基团的单体，通过滴加甲醛，在水溶液中温热或加热缩合而成。该类减水剂以芳香族氨基磺酸盐甲醛缩合物为主。氨基磺酸盐系减水剂的分散、减水、早强、增强效果好，产品多以粉体供应。临界掺量0.2%，饱和掺量1.0%，推荐掺量为0.2%~1.0%，可减水25%~35%，对含泥量较高的砂石适应性好。该类减水剂的主要特点之一是Cl^-含量低（为0.01%~0.1%），以及Na_2SO_4含量低（为0.9%~4.2%）。

(2) 氨基磺酸盐系减水剂的性能

氨基磺酸盐系减水剂在水泥颗粒表面呈环状、引线状和齿轮状吸附，能显著降低水泥颗粒表面的ζ负电位，因此其分散减水作用机理仍以静电斥力为主，并具有较强的空间位阻斥力作用及水化膜润滑作用。同时，因具有强亲水性羟基（—OH），能使水泥颗粒表面形成较厚的水化膜,故具有较强的水化膜润滑分散减水作用。所以,氨基磺酸盐系减水剂对水泥颗粒的分散效果更强,对水泥的适应性明显提高,不但减水率高,而且保塑性好。氨基磺酸盐系减水剂无引气作用,因分子结构中具有羟基(—OH),故具有轻微的缓凝作用。

(3) 氨基磺酸盐减水剂的性能优势

1) 减水率为25%~35%,在混凝土配合比不变时改善流动性,可提高坍落度200~240mm。

2) 早强和增强效果明显。

3) 保塑性好,适应于复配混凝土外加剂时的保塑成分。

4) 掺加氨基磺酸盐减水剂可以使混凝土抗折、抗拉、弹性模量、抗冻、抗渗等性能均有显著提高,对钢筋无锈蚀作用。

(4) 氨基磺酸盐减水剂的缺点

1) 单独使用效果不明显。

2) 成本高,不利于预拌混凝土企业使用。

3) 与其他高效减水剂相比,当掺量过大时,混凝土更易泌水。

(5) 氨基磺酸盐减水剂的适用范围

因价格较高,故适用于特殊工程,如清水混凝土、高强度混凝土和大流动性混凝土等。

3. 聚羧酸系减水剂

(1) 聚羧酸系减水剂的生产

聚羧酸系减水剂是将大单体首先在水中溶解,然后滴加聚合单体、引发剂、氧化剂和分子量控制剂,经过保温和中和形成的具有减水功能的表面活性剂。聚羧酸系减水剂大多以液体供应。

(2) 聚羧酸系减水剂的性能

聚羧酸系减水剂分子大多呈梳形结构,主链上带有多个活性基团,并且极性较强;侧链上也带有亲水性活性基团,并且数量多;憎水基的分子链较短、数量少。掺量不大时无缓凝作用;可显著提高混凝土的强度。其临界掺量为0.3%(40%浓度),饱和掺量1.0%,推荐掺量0.3%~1.0%,减水率25%~35%。

(3) 聚羧酸减水剂的性能优势体现在以下几点:

1) 掺量低、减水率高。掺量通常为胶结材用量的0.7%~1.2%,减水率可达35%以上,配制C50商品混凝土时推荐掺量1.0%。

2) 与水泥、掺合料的相容性好,混凝土2~3h坍落度基本不损失,且几乎不受温度变化的影响。

3) 混凝土黏聚性好,不离析、不泌水,便于泵送施工。

4) 能够有效控制混凝土中水泥的早期水化,适合配制大体积混凝土,特别适合配制大掺量粉煤灰及矿渣混凝土。

5) 常温条件下,混凝土的凝结时间与减水剂的分子结构及水泥的矿物性能有关,对初凝终凝的影响范围为-30~60min。

6) 具有一定的减缩作用，28d 收缩率较萘系类高效减水剂降低 20% 以上，与空白标准混凝土相比，混凝土的收缩率比低于 100%。

7) 与不掺减水剂混凝土相比，3d 抗压强度提高 50%～100%，28d 抗压强度提高 40%～80%，90d 抗压强度提高 30%～50%。

8) 混凝土表面无泌水线、大气泡，色差小、混凝土外观质量好。

(4) 聚羧酸减水剂的缺点

1) 对砂石的含泥量非常敏感。

2) 对砂石的含水率特别敏感。

3) 超掺容易引起离析泌浆。

(5) 聚羧酸系高效减水剂的适用范围

聚羧酸系高效减水剂可适用于配制不同性能要求的混凝土，应用范围非常广泛，特别适合用于 C40 以上的高强高度流动性混凝土及高耐久免装饰混凝土。

1.3 缓凝剂与引气剂

1.3.1 缓凝剂

1. 常用的缓凝剂

缓凝剂是能延缓水泥混凝土凝结时间，并对混凝土后期强度发展无不利影响的外加剂。国内常用的缓凝剂有无机和有机的两大类，无机的缓凝剂主要包括磷酸盐、亚硫酸盐、亚铁盐和锌盐。有机的缓凝剂主要包括葡萄糖酸钠、木钙、糖钙、柠檬酸、柠檬酸钠、葡萄糖酸钙、蔗糖和酒石酸等。高温季节施工的混凝土、泵送混凝土、滑模施工混凝土及远距离运输的商品混凝土，为保持混凝土拌合物具有良好的和易性，要求延缓混凝土的凝结时间；大体积混凝土工程，需延长放热时间，以减少混凝土结构内部的温度裂缝；分层浇筑的混凝土，为消除冷接缝，常须在混凝土中掺入缓凝剂。它们能吸附在水泥颗粒表面，并在水泥颗粒表面形成一层较厚的溶剂化水膜，因而起到缓凝作用，特别是含糖分较多的缓凝剂，糖分的亲水性很强，溶剂化水膜厚，缓凝性更强，故糖钙缓凝效果更好。

2. 缓凝剂的掺量

(1) 有机缓凝剂

有机类的缓凝剂掺量与环境温度呈正比例，当温度为 20℃时，掺量为 0.02%；当温度为 30℃时，掺量为 0.03%；当温度为 40℃时，掺量为 0.04%；当温度为 50℃时，掺量为 0.05%，故推荐掺量一般为 0.02%～0.05%，可控制混凝土的初凝保持为 6～8h。当温度一定时，葡萄糖酸钠和柠檬酸钠等有机缓凝剂可以根据需要调节缓凝剂的掺量，可使缓凝时间达 24h，甚至 36h。掺加缓凝剂后可降低水泥水化初期的水化放热；此外，还具有增强后期强度的作用。缓凝剂掺量过多或搅拌不均时，会使混凝土或局部混凝土长时间不凝而报废，但超量不是很大时，经过延长养护时间之后，混凝土强度仍可继续发展。对于由于石膏脱水造成混凝土外加剂的适应性问题，可以通过掺加柠檬酸、柠檬酸钠解决，如果不是这个原因则掺加柠檬酸、柠檬酸钠后会引起混凝土大量泌水，故不宜单独使用。在混凝土拌和料搅拌2min以后加入缓凝剂，可使凝结时间较与其他材料同时加入延长2～3h。

(2) 无机缓凝剂

无机类的缓凝剂掺量与水泥成分有关，当温度为20～50℃时，掺量为0.1%～0.3%使用可以达到预期的凝结时间，故推荐掺量一般为0.1%～0.3%，可控制混凝土的初凝保持在6～8h。当温度一定时，三聚磷酸钠等无缓凝剂可以根据需要调节缓凝剂的掺量，可使缓凝时间达12h，甚至48h。掺加缓凝剂后可降低水泥水化初期的水化放热；缓凝剂掺量过多或搅拌不均时，会使混凝土或局部混凝土长时间不凝而报废，但超量不是很大时，经过延长养护时间之后，混凝土强度仍可继续发展。

(3) 缓凝剂的适用范围

缓凝剂适宜于配制大体积混凝土、水工混凝土、夏期施工混凝土、远距离运输的混凝土拌合物及夏季滑模施工混凝土。

1.3.2 引气剂

1. 常用的引气剂

在混凝土搅拌过程中，能引入大量均匀分布的微小气泡，以减少混凝土拌合物泌水、离析，改善和易性，并能显著提高硬化混凝土抗冻融耐久性的外加剂，称为引气剂。常用引气剂品种为松香热聚物、松香皂、皂甙类，引气剂属憎水性表面活性剂。

2. 引气剂的作用机理

引气剂的作用机理是由于它的表面活性，能定向吸附在水-气界面上，且显著降低水的表面张力，使水溶液易形成众多新的表面（即水在搅拌下易产生气泡）；同时，引气剂分子定向排列在气泡上，形成单分子吸附膜，使液膜坚固而不易破裂；此外，水泥中的微细颗粒以及氢氧化钙与引气剂反应生成的钙皂，被吸附在气泡膜壁上，使气泡的稳定性进一步提高。因此，可在混凝土中形成稳定的封闭球型气泡，其直径为0.01～0.5mm。

在混凝土拌合物中，气泡的存在增加了水泥浆的体积，相当于增加了水泥浆量；同时，形成的封闭、球型气泡有"滚珠轴承"的润滑作用，可提高混凝土拌合物的流动性，或可减水。在硬化后混凝土中，这些微小气泡"切断"了毛细管渗水通路，提高了混凝土的抗渗性，降低了混凝土的水饱和度；同时，这些大量的未充水的微小气泡能够在结冰时让尚未结冰的多余水进入，从而起到缓解膨胀压力，提高抗冻性的作用。在同样含气量下，气泡直径越小，则气泡数量越多，气泡间距系数越小，水迁移的距离越短，对抗冻性的改善越好。

由于气泡弹性的变形，使混凝土弹性模量有所降低。气泡的存在减少了混凝土承载面积，使强度下降。如保持混凝土拌合物流动性不变，由于减水，可补偿一部分由于承载面积减少而产生的强度损失。质量优良的引气剂对混凝土强度影响不大。

3. 引气剂的掺量

引气剂掺量很少，通常为胶凝材料的 0.5/10000～1.5/10000，可使混凝土的含气量达到 3%～6%，并可显著改善混凝土拌合物的黏聚性和保水性，减水率 8%～10%，提高抗冻性 1～6 倍及以上，抗渗性明显提高。当混凝土中掺加粉煤灰时，引气剂的掺量会成倍增加；拌合物坍落度较小或黏度较大时，引气剂的掺量也会成倍增加。

4. 引气剂使用的注意事项

(1) 使用引气剂时，含气量宜控制为 4%～6%。含气量太小时，对混凝土耐久性改善不大；含气量太大时，使混凝土强度下降过多，故应严格控制引气剂的掺量和混凝土的含气量。

(2) 引气剂不得与含钙离子的其他外加剂共同配制溶液，而应分别配制溶液并分别加入搅拌机，以免相互反应产生沉淀或絮凝现象，影响引气效果。

(3) 掺引气剂的混凝土，出料到浇筑的停放时间不宜过长。当采用插入式振捣棒振捣时，振捣时间不宜超过 20s。

5. 引气剂的适用范围

引气剂适宜于配制抗冻混凝土、泵送混凝土、防水混凝土、港口混凝土、水工混凝土、道路混凝土、轻骨料混凝土、泌水严重的混凝土以及腐蚀环境与盐结晶环境下使用的混凝土，但不宜用于蒸汽养护混凝土。

1.3.3 泵送剂

泵送剂是指能改善混凝土拌合物泵送性能的外加剂。

泵送是一种有效的混凝土运输手段，可以改善工作条件，节约劳力，提高施工效率，尤其适用于工地狭窄和有障碍物的施工现场，以及大体积混凝土结构和高层建筑。用泵送浇筑的混凝土数量在我国已普及，选择好的泵送剂也是至关重要的因素。

泵送混凝土要求混凝土有较大的流动性，并在较长时间内保持这种性能，即坍落度损失小，黏性较好，混凝土不离析、不泌水，要做到这一点，仅靠调整混凝土配合比是不够的，必须依靠混凝土外加剂，尤其是混凝土泵送剂。单一组分的外加剂很难满足泵送混凝土对外加剂性能的要求，常用的泵送剂是多种外加剂的复合产品，其主要组成如下。

普通减水剂或高效减水剂都可作为泵送剂的减水组分，视工程对混凝土泵送剂减水率的要求而定。必要时也可将几种减水剂复合使用。有些高效减水剂本身就具有控制混凝土坍落度损失的功能，可以优先选用。在配制泵送剂的组成中，某些减水剂虽然能增加混凝土拌合物的流动性，但混凝土坍落度损失较快，不利于泵送，在泵送剂中掺入适量组成的缓凝剂，可以控制混凝土坍落度损失，有利于泵送，在炎热的天气时就更为重要。一般来说，缓凝高效减水剂就是在各种高效减水剂中加入适量的缓凝等组分，使其符合标准以及工程的要求。各种高效减水剂，在正常掺量时，对水泥混凝土的凝结时间无明显影响，有时在超掺量使用时，对混凝土的凝结和硬化时间也会有较多的延长，起到缓凝高效减水剂的作用。润滑组分可在输送管壁形成润滑薄膜，减少混凝土的输送阻力，以降低泵送压力。在泵送混凝土中适量地加入引气剂,可防止离析和泌水。引气剂引入大量小的稳定气泡,对拌合物起到类似轴承滚珠的作用,这些气泡使得砂粒运动更加自由,可增加拌合物的可塑性。气泡还可以对砂粒级配起到补充作用,即减少砂子间断级配的影响。为了提高混凝土拌合物的黏聚性,在泵送剂中加入增稠组分可以提高拌合水的黏度,该类物质有纤维素酯、环氧乙烷、藻酸盐、角叉胶、聚丙烯酰胺、羟乙基聚合物和聚乙烯醇等。复合泵送剂的组成,应根据具体情况选择,不一定都含有上述组分。泵送剂主要用于泵送施工的混凝土,特别是预拌混凝土、大体积混凝土、高层建筑混凝土施工等,也可用于水下灌注混凝土,但尚应加入水中抗分离剂。

1.4 常用减水剂及缓凝剂的合成

1.4.1 萘系减水剂的合成

1. 配方

原材料配比见表 1-1。

表 1-1 原材料配比表　　　　　　　　　　　　　　　　（kg/t）

名称	工业萘	浓硫酸	甲醛	液碱
作用	合成基体	磺化剂	缩合剂	中和
用量	300	400	300	400
顺序	进反应釜	磺化 3h	滴定 3h	直接加入

2. 工艺流程

将工业萘直接加入反应釜升温,待萘粉完全溶解后,加入浓硫酸搅拌令其均匀且开始磺化,磺化 3h 后滴加甲醛进行缩合,3.5h 之后滴加完毕,保温反应 1h,加入液碱中和反应剩余的硫酸,降温至 40℃即得萘系高效减水剂。

1.4.2 脂肪族减水剂的合成配方和工艺

1. 配方

原材料配比见表 1-2。

表 1-2 原材料配比表　　　　　　　　　　　　　　　　（kg/t）

名称	亚硫酸钠	丙酮	甲醛
作用	合成基体	聚合	缩合
用量	240	90	250
工艺水	420		
顺序	进反应釜		滴定 3h

2. 工艺流程

先将420kg水加入反应釜，加入240kg对亚硫酸钠充分溶解，10min后，再加入90kg丙酮搅拌，并开始滴加250kg甲醛，3~4h滴完。反应釜内的升温时开冷却水降温，使滴完后温度为85~90℃，保温反应5h，即可检验下料，得到脂肪族减水剂，减水率达15%~28%。

3. 合成工艺的两种改进方法，通过改进甲醛添加工艺，达到保坍缓凝的效果

（1）采用单段甲醛添加工艺（A+B）

1）亚硫酸钠和水在反应釜中完全溶解后，向反应釜中滴加投入丙酮，加冷凝水；

2）向反应釜中滴加甲醛，滴加时间约1h。溶液变黄，至黑色。温度骤升，发生爆沸用水冷却；

3）滴加完毕，保温4h，结束后得成品减水剂。

（2）生产时应注意以下问题

2）温度：在加入丙酮时如温度过高反应剧烈而无法控制，同时丙酮挥发浪费过多。

3）滴加速度：甲醛滴加速度要严格控制，速度过快则整个缩合反应剧烈或无法反应。

4）爆沸控制：反应中会发生爆沸现象，用冷水冲下。

4. 采用三段甲醛添加工艺（0.33A+B）

（1）将1/3甲醛和1/2焦亚硫酸钠以及丙酮混合，不完全溶解制得A液；将1/3甲醛和1/2焦亚硫酸钠混合，不完全溶解制得B液；

（2）将A、B液混合；

（3）投入反应釜，滴加1/3甲醛，恒温（56~66℃）。保持滴加速度，滴加1h结束；

（4）滴加完毕，保温1h。得成品减水剂。

生产时应注意以下问题：

（1）温度：在加入丙酮时如温度过高反应剧烈而无法控制，同时丙酮挥发浪费过多。

（2）滴加速度：甲醛滴加速度要严格控制，速度过快则整个缩合反应剧烈或无法反应。

1.4.3 氨基磺酸盐减水剂的合成

1. 配方

原材料配比见表1-3。

表1-3 原材料配比表 （kg/t）

名称	对氨基苯磺酸钠	苯酚	甲醛	片碱	尿素
作用	合成基体	聚合	缩合	中和	保坍
用量	156	120	190	25	6
工艺水	450			50	
顺序	进反应釜		滴定2h	进反应釜	

2. 工艺流程

（1）先将450kg水加热到80℃，加入156kg对氨基苯磺酸钠，10min后，再加入120kg苯酚。

（2）片碱25kg加50kg水溶解后加入反应釜。

（3）升温60～65℃开始滴加190kg甲醛，1.5～2h滴完。再滴加开始时停止供汽，反应釜内的温度会逐渐升高，升温至85℃后降温，使滴完后温度在85～90℃，保温反应5h，加入6kg尿素，反应0.5～1h后可检验下料即得氨基磺酸盐减水剂，减水率达25%～35%。

1.4.4 聚羧酸减水剂的合成

1. 加热合成工艺配方

原材料配比见表1-4。

表1-4 原材料配比表　　　　　　　　　　　　　　　　(kg/t)

名称	TPEG	丙烯酸	双氧水	巯基乙酸
作用	大单体	聚合单体	氧化剂	分子量调节剂
用量	360	38	3	1.2
工艺水	260	82	117	138.2
顺序	进反应釜	滴定3h	滴定3h	滴定3.5h

2. 工艺流程

（1）备料：将丙烯酸38kg用82kg水稀释泵入高位罐备用，巯基乙酸1.2kg用138.2kg水稀释泵入高位罐备用，双氧水3kg用117kg水溶解后泵入高位罐备用。

（2）大单体投放：将360kg大单体溶解于260kg的80℃水中充分搅拌使之完全溶解，搅拌令其均匀且温度保持在70℃。

（3）滴定：开启滴定阀门，将高位罐中的丙烯酸溶液、双氧水溶液在3h之内滴加完毕。将高位罐中的巯基乙酸溶液在3.5h之内滴加完毕，保温反应3h。

（4）降温：保温结束后，降温至40℃即得成品。

3. 常温合成工艺配方

原材料配比见表1-5。

表1-5 原材料配比表　　　　　　　　　　　　　　　　(kg/t)

名称	异戊烯基聚氧乙烯醚	丙烯酸	甲基丙烯磺酸钠	过硫酸铵	吊白块（亚硫酸钠甲醛）
作用	大单体	聚合单体	分子量调节剂	氧化剂	聚合单体
用量	360	27	4.8	3.6	3
工艺水	350	73	45.2	46.4	87
顺序	进反应釜	直接进大单体溶液			滴定3h

4. 工艺流程

(1) 备料：将丙烯酸 27kg 用 73kg 水稀释泵入高位罐备用，甲基丙烯磺酸钠 4.8kg 用 45.2kg 水稀释泵入高位罐备用，过硫酸铵 3.6kg 用 46.4kg 水溶解后泵入高位罐备用，吊白块 3kg 用 87kg 水溶解后泵入高位罐备用。

(2) 大单体投放：将 360kg 大单体溶解于 350kg 的 80℃水中充分搅拌使之完全溶解，搅拌令其均匀且温度保持在 30℃。

(3) 滴定：开启阀门，将高位罐中的丙烯酸溶液、甲基丙烯磺酸钠水溶液和过硫酸铵水溶液依次直接加入反应釜，充分搅拌 10min，开启蠕动泵开始滴加吊白块水溶液 3h 之内滴加完毕，保温反应 1h。

(4) 降温：保温结束后，降温至 40℃即得成品。

5. 聚羧酸减水剂使用的几个常见问题

聚羧酸减水剂一般都复配了一些葡萄糖酸钠等营养型物质，这些成分通常是细菌的粮食，特别是在夏天，聚羧酸减水剂产品在存放 1~2d 后即发臭变质，这样大大地影响了产品质量。比较简单又省钱的办法是在复配产品时，加入 1.5% 的异噻唑啉酮（卡松）200mL/t，增加不到 1 元的成本，可以保证产品存放一年不变质。聚羧酸减水剂在合成时，有部分羧酸基团没有完全被中和，pH 值一般在 6 左右，容易与铁质材料发生反应，所以聚羧酸减水剂不能用铁质容器储存，一般用聚丙烯塑料桶储存，铁质容器在储存前必须做防腐蚀处理，可以在容器里用环氧树脂处理。

1.4.5 葡萄糖酸钠的合成

葡萄糖酸钠别名五羟基己酸钠，分子式为 $C_6H_{11}O_7Na$，结构式如下：

$$[HCH_2O-\underset{H}{\overset{OH}{C}}-\underset{H}{\overset{OH}{C}}-\underset{OH}{\overset{H}{C}}-\underset{H}{\overset{OH}{C}}-COO^-]Na^+$$

葡萄糖酸钠反应原理是葡萄糖在钯碳催化剂的作用下，与氧气发生氧化反应，使葡萄糖分子上的醛基被氧化成羧基，其羧基与碱发生中和反应，生产葡萄糖酸钠。

生产工艺流程如下：

(1) 在 1000L 氧化罐中加入 450kg 水，150kg 葡萄糖溶解备用，加入钯碳催化剂 1kg。升温 45℃，碱高位槽（111kg30% 烧碱）滴加液碱，使氧化罐内 pH 值在 9~9.5，开泵循环。

(2) 开氧气减压器使氧压控在 0.1MPa 下，视罐上压力表为常压。

(3) 经常从取样口取料测 pH 值为 9~9.5 来控制滴加碱液量，保持罐内温度 45℃。

(4) 2h 后应转换 98% 左右，罐上压力表压为恒定时为反应终点。

(5) 检验合格后放入过滤罐，将滤液用活性炭脱色过滤即得 25.5% 的葡萄糖酸钠溶液 712kg。

(6) 滤出的催化剂经水洗滤，115℃烘干循环再用。

1.5 超长保坍缓凝混凝土外加剂的复配

1.5.1 超长保坍缓凝混凝土外加剂配方设计计算技术基础

1. 技术基础

用于商品混凝土的超长保坍缓凝混凝土外加剂应能有效控制混凝土拌合物的坍落度损失、减少泌水和离析、改善混合物工作性，满足远距离运输、泵送、浇筑（现浇或水下浇筑）、振捣（振捣或不振捣自密实）等施工工艺的要求。超长保坍缓凝混凝土外加剂包括高效缓凝减水剂、高效缓凝引气减水剂、多功能复合防水剂、高效复合防冻剂和超缓凝减水剂等。根据商品混凝土的类型、强度和抗渗等级、原材料组成和配合比，施工工艺和环境条件正确选择超长保坍缓凝混凝土外加剂的品种和成分是确保高工作性和施工质量的关键。通常复合泵送剂由高效减水剂、缓凝剂、引气剂和辅助剂组成。可以根据混凝土原材料组成、配合比、工作性要求和环境温度等参数实现超长保坍缓凝混凝土外加剂的组成和配方设计。超长保坍缓凝混凝土外加剂对水泥适应性问题与水泥的矿物组成、含碱量、可溶性 SO_3 含量、比表面积、颗粒组成和形貌，矿物细掺料的品种和掺量，以及混凝土的原材料和配合比有关。

2. 影响混凝土拌合物坍落度损失的因素

配制高性能混凝土时，为了满足施工工艺要求必须控制混凝土拌合物的坍落度损失，主要控制初始坍落度和入泵前的坍落度，坍落度损失快时不能满足施工工艺的要求。如果初始坍落度较大，同时要求坍落度不损失，这样会使混凝土凝结较慢、拌合物长时间保持大流动状态容易造成泌水和离析或使表面产生干缩裂缝。因此对于流态混凝土是根据施工工艺的要求控制坍落度损失，而不是坍落度不损失或损失越慢越好。影响混凝土拌合物坍落度损失的因素包括水泥的矿物组成；游离水分的含量；矿物细掺料的品种和掺量；混凝土的配合比和强度等级；环境因素的影响。

3. 水泥成分的影响

水泥矿物组成、含碱量、混合材品种和掺量、石膏的形式和掺量、水泥粒子的形貌、颗粒分布和比表面积等都会影响坍落度损失的速度。其基本规律如下：

(1) 含 C_3A 高（大于8%）、碱含量高（大于1%）、比表面积大的水泥使坍落度损失速度加快。

(2) 掺硬石膏作调凝剂的水泥，或在水泥粉磨过程中使部分二水石膏转变成半水石膏或无水石膏以及三氧化硫含量不足时，使坍落度损失难以控制或损失较快。

(3) 水泥中含活性大或需水量比大的混合材使坍落度损失较快；反之则损失较小（如石灰石粉、矿渣及粉煤灰等）。

（4）水泥的形貌、颗粒组成及分布不合理（指磨机类型和粉磨工艺）使坍落度损失较快。

（5）出厂温度较高的水泥（指散装水泥）使坍落度损失较快。

4. 游离水分含量的影响

水泥浆体中存在结合水、吸附水和游离水，游离水的存在使浆体具有一定的流动性。这三种水分的比例在水泥水化过程中是变化的。水泥加水后、C_3A 开始水化、消耗大量水分产生化学结合水。随着初期水化进行产生大量凝胶，使分散体的比表面积大大增加，由于表面吸附作用产生大量吸附水（凝胶水）。结合水和吸附水的产生使游离水减少、浆体的流动性逐渐降低产生流动性经时损失。通过复合泵送剂产生分散作用和控制水化过程可以使结合水和吸附水量减少，而游离水相应增多，因此能减小流动度损失。

5. 矿物细掺料的影响

矿物细掺料对流态混凝土坍落度损失的影响主要有以下三个方面：

（1）矿物细掺料的需水量比应小于 100%，否则坍落度损失较快；

（2）矿物细掺料的活性适中，活性大时使坍落度损失较快；

（3）矿物细掺料的细度应适中，比表面太大使混凝土用水量增大、坍落度损失加快。

6. 混凝土配合比及砂率的影响

在配制流态混凝土时合适的砂率能保证好的工作性和强度，必须按石子空隙率计算得到最佳砂率。而传统配合比设计方法认为砂率越低强度越高，显然不能满足流态混凝土对工作性的要求。另外，实验证明砂率低时流态混凝土保水性差，容易产生泌水、离析和板结；砂率高时坍落度损失较快，不能满足工作性要求。

由此可以看到各种因素对砂率的影响：

（1）砂率随着用水量增加而增大；

（2）砂率随着浆体体积增加而减小；

（3）砂率随着石子最大粒径的增大而减小。

7. 环境温度的影响

温度影响水泥水化和硬化速度，随着温度增高水泥水化和硬化速度加快。因此，环境影响流态混凝土的坍落度损失速度。其表现如下：

（1）气温低于 10℃时流态混凝土坍落度损失较慢或几乎不损失；

（2）气温在 15~25℃时，由于气温变化大使坍落度损失难以控制；

（3）气温在 30℃以上时，水泥的凝结时间并不进一步加快，同时气温变化范围小，因此坍落度损失反而容易控制。

8. 延缓坍落度损失的方法

（1）增加高性能减水剂掺量、提高初始坍落度；

（2）调整超长保坍缓凝混凝土外加剂中缓凝组分的组成和剂量；

（3）采用木质素减水剂配制泵送剂时其掺量不得超过 0.15%，并且同时掺稳泡剂；

(4) 采用高效缓凝引气减水时应同时掺稳泡剂；

(5) 发现欠硫化现象时应补充可溶性 SO_3；

(6) 能延迟水化诱导期的早强剂，也能控制坍落度损失；

(7) 适当降低砂率可延缓坍落度损失。

以上延缓坍落度损失的方法可单独使用或复合使用，但首先是复合泵送剂的等效减水系数和等效缓凝系数必须满足流态混凝土的工作性要求。

1.5.2 超长保坍缓凝混凝土外加剂的配方设计

超长保坍缓凝混凝土外加剂不同于一般的高效减水剂，它在满足大的初始坍落度要求时，还能控制坍落度损失，减小泌水和离析。因为高性能混凝土首先必须有好的工作性；否则不能进行正常施工。超长保坍缓凝混凝土外加剂的主要成分应包括高效减水剂、保坍减水剂、缓凝剂、引气剂、稳定剂等。

超长保坍缓凝混凝土外加剂的组成和掺量取决于胶凝材料的组成和混凝土配合比。在相同原材料构成系列（C20～C60）流态混凝土时，因为胶凝材料量的变化较大，所以超长保坍缓凝混凝土外加剂掺量变化范围也较大。但是对于一定的混凝土体系所要求的缓凝组分的成分和剂量是相对固定的。这样在变化的掺量与相对固定的缓凝组分之间产生了矛盾。外加剂生产商为了满足工程应用的要求需频繁调整外加剂配方。超长保坍缓凝混凝土外加剂配方设计是针对一定的混凝土体系的，能较好地解决这种"变化与固定"的矛盾，得到适应性好的超长保坍缓凝混凝土外加剂配方。

超长保坍缓凝混凝土外加剂配方设计参数是由混凝土的原料性质、配合比、施工工艺和环境温度等确定的。

1. 超长保坍缓凝混凝土外加剂减水率的确定

超长保坍缓凝混凝土外加剂的减水率取决于混凝土基础坍落度、基准混凝土用水量和初始坍落度值。多年研究得出的结论是在合理的配合比设计中，减水剂主要有增加混凝土拌合物流动性的作用，外加剂的减水率正比于混凝土拌合物的坍落度。当混凝土要求的坍落度为 180mm 时，外加剂的减水率应该控制为 18%；当混凝土要求的坍落度为 220mm 时，外加剂的减水率应该控制为 22%；当混凝土要求的坍落度为 250mm 时，外加剂的减水率应该控制为 25%。

2. 超长保坍缓凝混凝土外加剂的掺量的确定

经过多年研究，确定超长保坍缓凝混凝土外加剂的掺量以水泥标准稠度用水量为基准进行检验，当外加剂已经确定时，外加剂的掺量以水泥净浆流动扩展度数值等于混凝土拌合物坍落度时的掺量为合理掺量；当配制外加剂时，外加剂的掺量是固定的，其质量以检测水泥净浆流动扩展度数值等于混凝土拌合物坍落度时为配制的控制指标。初始坍落度取决于减水母液，超长保坍缓凝对应的坍落度取决于保坍型母液。

3. 等效缓凝系数

为了实现混凝土在不同气温下都能在6～8h初凝，7～9h终凝，以20℃为基础，以1℃每吨外加剂添加1kg葡萄糖酸钠保塑缓凝达到6～8h初凝，7～9h终凝为基准，则葡萄糖酸钠的等效缓凝系数是0.001，配制1000kg外加剂混凝土缓凝剂的用量为施工现场温度乘以等效缓凝系数和环境温度求得。对超长保坍缓凝混凝土外加剂由于缓凝作用，初凝与保坍母液用量成比例。

4. 凝结时间差

各种缓凝剂不但缓凝作用不同，而且对水化速度也不相同。因此，除了设置等效缓凝系数之外，还需设置第二个参数，即凝结时间差，实现混凝土拌合物初凝要慢，终凝要快的目标。

$$\Delta t = t_2 - t_1 \tag{1-1}$$

式中　t_1——掺一定量缓凝剂时混凝土的初凝时间（h）；

　　　t_2——相同条件下的终凝时间（h）；

　　　Δt——凝结时间差（h）。

在掺量相同时 Δt：三乙醇胺＜葡萄糖酸钠＜柠檬酸钠＜糖。

根据这几个参数就可以确定用于超长保坍缓凝混凝土外加剂的组成及掺量，实现超长保坍缓凝混凝土外加剂配方设计。

1.6　超长保坍缓凝混凝土外加剂试验研究

1.6.1　C30高含粉机制砂混凝土配合比设计及试验

1. 砂石的检测

（1）砂的检测

将高含粉机制砂装入1L容积桶，压实，称得质量为2.34kg，紧密堆积密度为2340kg/m³，用4.75mm筛子筛分后测得石子的质量为0.05kg，砂子的含石率为2.1%。

称3.8kg的砂加水至能用双手捏出水来，全部装入1L容积桶，然后用压力机压至72kN，称的质量为4kg，计算出混合砂的压力吸水率5%。

砂子主要技术参数见表1-6。

表1-6　砂子的技术参数

名称	紧密堆积密度（kg/m³）	含石率（%）	压力吸水率（%）
机制砂	2340	2.1	5

（2）石子的检测

先将石子装入5L容积桶，测得堆积密度为1676kg/m³，加满水后称得质量为10.2kg，空隙率36.4%，表观密度2635kg/m³，吸水率0%。

石子的主要技术参数见表1-7。

表1-7 石子的技术参数

名称	空隙率（%）	表观密度（kg/m³）	堆积密度（kg/m³）	吸水率（%）
指标	36.4	2635	1676	0

2. C30高含粉机制砂混凝土配合比设计计算

（1）胶凝材料主要参数见表1-8。

表1-8 胶凝材料的技术参数

名称	水泥
用量（kg）	280
密度（kg/m³）	3000
需水量（%）	0.28

（2）胶凝材料用水量的计算。

$$W_B = 280 \times 0.28 = 78 \text{（kg）}$$

（3）胶凝材料拌合用水量。

泌水系数

$$M_W = \frac{280}{300} - 1 = 0$$

$$W_{胶凝材料拌合用水量} = \frac{2}{3}W_B + \frac{1}{3}W_B \times (1 - M_W)$$

$$= \frac{2}{3} \times 78 + \frac{1}{3} \times 78 \times (1 - 0)$$

$$= 52 \text{（kg）}$$

（4）胶凝材料浆体体积的计算。

$$V_{胶凝材料浆体体积} = \frac{52}{1000} + \frac{280}{3000} = 0.145 \text{m}^3$$

（5）砂子用量及用水量。

计算过程砂子采用高含粉机制砂。

$$m_{S_{高含粉机制砂}} = \frac{2340 \times 36.4\%}{1 - 2.1\%} = 870 \text{（kg）}$$

$$W_{砂子用水量} = 870 \times 7.7\% = 67 \text{（kg）}$$

（6）石子用量及用水量。

$$m_G = (1 - 0.145 - 36.4\%) \times 2635 - 2.1\% \times 870 = 1276 \text{（kg）}$$

$$W_{石子用水量} = 0 \text{kg}$$

(7) 骨料用水量。

$$W_{砂石骨料用水量}=67+0=67 \text{（kg）}$$

(8) C30 混凝土的配合比见表 1-9。

表 1-9　C30 混凝土的配合比　　　　　　　　　　　　　　（kg/m³）

名称	水泥	石粉	石子	外加剂	拌合水	预湿水
用量	280	870	1276	2.5	80	67

1.6.2　超长保坍缓凝混凝土外加剂复配试验

方案 1（外加剂 1t 按减水母液 180kg：保坍母液 100kg：缓凝剂 30kg）进行复配，观察并实测混凝土拌合物的工作性在 1～14h 的具体情况见表 1-10。

表 1-10　混凝土工作性及经时损失值

0h			1h			2h		
坍落度 (mm)	扩展度 (mm)	和易性	坍落度 (mm)	扩展度 (mm)	和易性	坍落度 (mm)	扩展度 (mm)	和易性
240	630	泌浆	240	630	泌浆	240	630	泌浆
3h			4h			5h		
坍落度 (mm)	扩展度 (mm)	和易性	坍落度 (mm)	扩展度 (mm)	和易性	坍落度 (mm)	扩展度 (mm)	和易性
240	630	泌浆	240	630	泌浆	240	630	泌浆
6h			7h			8h		
坍落度 (mm)	扩展度 (mm)	和易性	坍落度 (mm)	扩展度 (mm)	和易性	坍落度 (mm)	扩展度 (mm)	和易性
240	630	良好	240	630	良好	240	630	良好
9h			10h			11h		
坍落度 (mm)	扩展度 (mm)	和易性	坍落度 (mm)	扩展度 (mm)	和易性	坍落度 (mm)	扩展度 (mm)	和易性
240	630	良好	240	630	良好	230	620	良好
12h			13h			14h		
坍落度 (mm)	扩展度 (mm)	和易性	坍落度 (mm)	扩展度 (mm)	和易性	坍落度 (mm)	扩展度 (mm)	和易性
220	600	良好	210	590	良好	200	580	良好

由表 1-10 可以看出，混凝土拌合物可以保坍长达 10h，在 5h 之前混凝土拌合物有泌浆现象，5h 之后混凝土拌合物的各项性能指标良好，后期凝结时间正常，表面光洁。

方案 2（外加剂 1t 按减水母液 180kg：保坍母液 80kg：缓凝剂 30kg）进行复配，观察并实测混凝土拌合物的工作性在 1～10h 的具体情况见表 1-11。

1 超长保坍缓凝外加剂的研究应用

表1-11 混凝土工作性及经时损失值

0h			1h			2h		
坍落度(mm)	扩展度(mm)	和易性	坍落度(mm)	扩展度(mm)	和易性	坍落度(mm)	扩展度(mm)	和易性
240	620	泌浆	240	620	泌浆	240	620	泌浆
3h			4h			5h		
坍落度(mm)	扩展度(mm)	和易性	坍落度(mm)	扩展度(mm)	和易性	坍落度(mm)	扩展度(mm)	和易性
240	620	泌浆	240	620	泌浆	240	620	良好
6h			7h			8h		
坍落度(mm)	扩展度(mm)	和易性	坍落度(mm)	扩展度(mm)	和易性	坍落度(mm)	扩展度(mm)	和易性
240	620	良好	240	620	良好	220	580	良好
9h			10h					
坍落度(mm)	扩展度(mm)	和易性	坍落度(mm)	扩展度(mm)	和易性			
190	540	良好	160	480	良好			

由表1-11可以看出，混凝土拌合物可以保坍长达7h，在4h之前混凝土拌合物有泌浆现象，4h之后混凝土拌合物的各项性能指标良好，后期凝结时间正常，表面光洁。

方案3（外加剂1t按减水母液180kg：保坍母液60kg：缓凝剂30kg）进行复配，观察并实测混凝土拌合物的工作性在1~10h的具体情况见表1-12。

表1-12 混凝土工作性及经时损失值

0h			1h			2h		
坍落度(mm)	扩展度(mm)	和易性	坍落度(mm)	扩展度(mm)	和易性	坍落度(mm)	扩展度(mm)	和易性
240	620	泌浆	240	620	泌浆	240	620	泌浆
3h			4h			5h		
坍落度(mm)	扩展度(mm)	和易性	坍落度(mm)	扩展度(mm)	和易性	坍落度(mm)	扩展度(mm)	和易性
240	620	良好	240	620	良好	240	620	良好
6h			7h			8h		
坍落度(mm)	扩展度(mm)	和易性	坍落度(mm)	扩展度(mm)	和易性	坍落度(mm)	扩展度(mm)	和易性
210	580	良好	190	540	良好	160	500	良好
9h			10h					
坍落度(mm)	扩展度(mm)	和易性	坍落度(mm)	扩展度(mm)	和易性			
150	480	良好	140	450	良好			

由表1-12可以看出，混凝土拌合物可以保坍长达5h，在2h之前混凝土拌合物有泌浆现象，2h之后混凝土拌合物的各项性能指标良好，后期凝结时间正常，表面光亮。

方案4（外加剂1t按减水母液180kg：保坍母液40kg：缓凝剂30kg）进行复配，观察并实测混凝土拌合物的工作性在1~10h的具体情况见表1-13。

表1-13 混凝土工作性及经时损失值

0h			1h			2h		
坍落度(mm)	扩展度(mm)	和易性	坍落度(mm)	扩展度(mm)	和易性	坍落度(mm)	扩展度(mm)	和易性
240	630	良好	240	640	良好	240	630	良好
3h			4h			5h		
坍落度(mm)	扩展度(mm)	和易性	坍落度(mm)	扩展度(mm)	和易性	坍落度(mm)	扩展度(mm)	和易性
240	630	良好	220	610	良好	210	590	良好
6h			7h			8h		
坍落度(mm)	扩展度(mm)	和易性	坍落度(mm)	扩展度(mm)	和易性	坍落度(mm)	扩展度(mm)	和易性
190	550	良好	175	520	良好	155	490	良好
9h			10h					
坍落度(mm)	扩展度(mm)	和易性	坍落度(mm)	扩展度(mm)	和易性			
140	450	良好	140	440	良好			

由表1-13可以看出，混凝土拌合物可以保坍长达3h，混凝土拌合物和易性良好，后期凝结时间正常，表面光亮。

经过试验得出：

外加剂按每吨18%的减水母液、10%保坍母液、缓凝剂用量按当天平均温度呈正比例添加进行复配，混凝土拌合物保坍可长达10h不损失；

外加剂按每吨18%的减水母液、8%保坍母液、缓凝剂用量按当天平均温度呈正比例添加进行复配，混凝土拌合物保坍可长达7h不损失；

外加剂按每吨18%的减水母液、6%保坍母液、缓凝剂用量按当天平均温度呈正比例添加进行复配，混凝土拌合物保坍可长达5h不损失；

外加剂按每吨18%的减水母液、4%保坍母液、缓凝剂用量按当天平均温度呈正比例添加进行复配，混凝土拌合物保坍可长达3h不损失。

由此，可通过混凝土拌合物运输距离确定复配出与之对应保坍时长的外加剂，试验结果见表1-14。

表1-14 超长保坍缓凝混凝土外加剂的配方

减水母液 (kg)	保坍母液 (kg)	缓凝剂 (kg)	水 (kg)	最长保坍时长 (h)	最长保坍时长对应的坍落度 (mm)	最长保坍时长对应的扩展度 (mm)	和易性
180	100	30	690	10	240	630	良好
180	80	30	710	7	240	620	良好
180	60	30	730	5	240	620	良好
180	40	30	750	3	240	630	良好

1.6.3 超长保坍缓凝混凝土外加剂对混凝土抗压强度及性能的影响

1. 抗压强度试验

本试验按照普通混凝土配合比进行设计，对比基准样（外加剂中未复配缓凝保坍）与对比样（减水剂中复配入缓凝保坍）的各项性能指标，复配入缓凝保坍的减水剂的掺量和基准样的掺量相同，配合比的其他材料的用量保持不变，对比C30强度等级及以上混凝土抗压强度方面的影响。

试验参照《普通混凝土拌合物性能试验方法标准》（GB/T 50080—2016）和《混凝土物理力学性能试验方法标准》（GB/T 50081—2019）分析混凝土的工作性和抗压强度。

按照表1-15所示不同强度等级混凝土的配合比配制混凝土，留置不同龄期的标准试件进行抗压强度试验，试验结果见表1-16。

表1-15 试验混凝土配合比 （kg/m³）

强度等级	试样	水	水泥	矿粉	粉煤灰	砂	石	减水剂
C30	基准样	175	240	85	57	829	1013	6.11
C30	对比样	175	240	85	57	829	1013	6.11
C35	基准样	170	260	91	63	799	1016	7.25
C35	对比样	170	260	91	63	799	1016	7.25
C40	基准样	170	280	108	68	758	1046	8.44
C40	对比样	170	280	108	68	758	1046	8.44
C45	基准样	165	315	111	75	749	1035	10.02
C45	对比样	165	315	111	75	749	1035	10.02
C50	基准样	160	335	116	80	704	1055	11.15
C50	对比样	160	335	116	80	704	1055	11.15

表 1-16 混凝土各龄期抗压强度值

强度等级	试块样	抗压强度（MPa）		
		3d	7d	28d
C30	基准样	16.2	27.5	38.3
	对比样	16.0	28.4	39.5
C35	基准样	19.2	32.8	44.1
	对比样	18.9	33.5	45.2
C40	基准样	24.5	36.9	48.0
	对比样	24.6	38.2	51.3
C45	基准样	28.4	42.3	56.4
	对比样	28.0	45.7	58.9
C50	基准样	35.2	52.9	64.8
	对比样	35.3	57.6	68.9

从表 1-16 可以得出对比试样的各龄期抗压强度 3d 基本与基准试样持平，7d 和 28d 的抗压强度均高于基准试样。

由表 1-17 可以得出对比试样的各龄期抗压强度都高于基准试样。

表 1-17 各方案混凝土的抗压强度

强度等级	方案	试块样	抗压强度（MPa）		
			3d	7d	28d
C30	1	基准样	16.4	28.5	38.6
		对比样	16.5	29.4	39.7
	2	基准样	16.0	28.8	37.5
		对比样	16.6	29.3	39.0
	3	基准样	16.0	27.8	37.1
		对比样	16.8	2.86	38.6
	4	基准样	16.2	27.6	38.5
		对比样	17.0	28.7	39.8

2. 耐久性能试验（抗渗性能）

混凝土的抗渗性能是反映混凝土耐久性的重要指标之一。为了验证超长保坍缓凝混凝土的抗渗性能，按照标准试验方法进行抗渗性试验。试验表明，由于超长保坍缓凝混凝土具有良好的密实性，抗渗等级可达到 P35 以上，适合地下工程结构和自防水结构混凝土。

1.6.4 技术总结

(1) 本项目研究的关键技术解决了混凝土拌合物经时损失较大的问题，实现了混凝土拌合物在长距离、长时间运输的情况下其工作性依然良好，预防了现场加水和外加剂。以往解决混凝土保坍问题大多添加多种混凝土缓凝剂复合使用，相对烦琐且不稳定，本项目使用一种外加剂即可解决。

（2）通过复配外加剂的配方设计，实现预拌混凝土保坍时长的可控性。

（3）避免了在施工过程中因混凝土经时损失过快而导致工人随意加水的现象。实现对运距的宽限，降低施工现场劳动强度，预防混凝土拌合物现场加水无法保证其强度具有重要的作用。对提高企业竞争力，降低企业生产成本，节约社会资源，起到了很好的作用。

2 新型无碱速凝剂混凝土湿喷技术

2.1 技术背景

2.1.1 概述

喷射混凝土是由喷射水泥砂浆发展起来的。1914年美国在矿山和土木建筑工程中首先使用了喷射水泥砂浆。1942年瑞士阿利瓦（Aliva）公司研制成转子式混凝土喷射机，能喷射含最大粒径25mm骨料的混凝土；1947年德国BSM公司研制成双罐式混凝土喷射机。1948年至1953年兴建的奥地利卡普隆水力发电站的米尔隧洞最早使用了喷射混凝土支护。之后，瑞士、联邦德国、法国、瑞典、美国、英国、加拿大、日本等国相继在土木建筑工程中采用了喷射混凝土技术。

我国冶金、水电部门于20世纪60年代初期，即着手研究混凝土喷射机械及喷射混凝土技术，随后几年，取得了一定的成果，为我国早期喷射混凝土技术的开发奠定了基础。

20世纪70年代以后，国内外加强了喷射混凝土技术的研发工作，技术上取得了许多突破。在此期间，国际对喷射混凝土的学术交流也异常活跃。同时，关于喷射混凝土技术标准化建设工作，许多国家都很重视。美国混凝土学会于1966年首先制定了《喷射混凝土施工规范》（ACI 506—66），1977年制定了《喷射混凝土的材料、配比与施工规定》（ACI 506—77）。相继奥地利、联邦德国、芬兰也颁发了相关规范。自1976年以后，我国冶金、煤炭、铁道、水电、军工等部门相继制定了有关喷射混凝土锚杆支护的标准。

近10多年来，国内外喷射混凝土技术的新进展主要表现在新型外加剂、外掺料的开发应用，显著改善了喷射混凝土的性能。国内研制与应用的无碱粉状或液体速凝剂近年来已有较快的发展，美国也研制了新型非碱性速凝剂，这样可以使得喷射混凝土后期强度损失减小，同时还可大大减少回弹。喷射混凝土中掺入微粒尺寸仅为水泥颗粒1/60的硅粉是其最新成就之一，它的好处是可以减少回弹，增加强度，降低渗透性和显著增强粘结效应而增加一层喷层厚度。喷射纤维混凝土的研究与应用成效显著。在混合料中掺加纤维，能显著改善喷射混凝土性能，因而近年来发展迅速，应用量也在不断增加。湿拌法喷射混凝土技术有新的提升和发展。日本每年平均生产喷射混凝土100万～200万 m^3，其中湿拌法占65%。加拿大已形成湿拌、掺硅粉和钢纤维的一整套高性能喷射混凝土施工方法，在多种场合的工程中已得到广泛使用。我国中铁西南研究院对湿拌、掺硅粉、钢纤维和高效减水剂的高性能喷射混凝土开展了研究并取得良好成效。另外，在应用领域方面也有所扩大。

因高温地热问题而产生一系列有关隧道施工、运营维护、洞内设备防护等问题，而所有的这些有关高地温难题在以往国内的铁路和公路隧道建设中均很少遇到，国内外相关文献也鲜有报道。通过大量的资料调研、收集，我们对国内外存在热害问题的隧道的研究情况进行了总结。

法国贝勒多纳隧道长 18.13km，最大埋深 2000m，两端掘进，岩层温度达 35℃，除正常通风外，还在高温地带设置空调器以保证开挖顺利进行。

瑞士圣哥达隧道地温达到 55.4℃，除了采用通风、冷却等施工措施外，比较有特点的技术措施就是做不同配比的喷射混凝土，通过采用适当的配合比（如采用掺有硅粉的波特兰水泥），减少了高温引起的强度损失，并能达到较高强度。观察强度变化曲线，可见对拌和料进行预处理和后处理时曲线比较平缓，若拌和料不做处理，7d 后则曲线出现弯折。总体来说，为了获得高质量的喷射混凝土，技术人员非常重视拌和料的预处理和后处理（如暂时冷却和保持湿度）以及保持低水胶比。

日本安房公路隧道长 4350m，隧道周围的地质为古生代二叠纪-中生代侏罗纪的页岩、砂岩、燧石、石灰岩等沉积岩类，并广泛覆盖着新生代第四纪的火山喷出物、冲积扇沉积物、岩堆等，有最高温度为 73℃的热水涌出，成为"热水带"，工程技术人员对"热水带"采用了注浆进行热水截留，并研究了注浆材料的耐久性及如何确保作业环境，另采用了大型通风设备和辅助施工法，研究认为，灌注材料中 LW（水玻璃水泥系药液）效果最好。为了进一步提高截水效果，LW 和硅溶胶混合灌注。从耐久性来看，水泥浆系的灌注材料比其他材料效果好，所以 LW 的耐久性也能充分发挥截水及改良围岩的作用，此外，水泥中添加了高炉矿渣。在高温温泉水地带的二次混凝土衬砌施工中，为了提高耐久性，用了普通水泥、高炉矿渣水泥（混合粉碎和分离粉碎）、中热水泥、中热水泥、粉煤灰水泥 5 个种类，用温泉水和自来水进行养护，研究结果是，高炉矿渣水泥（分离粉碎）几乎不受侵蚀，对温泉水的耐久性明显优越。另外，在防水板和混凝土衬砌之间设置了隔热材料，因此隔断了从岩体传播来的热量，使混凝土内的温度应力降低。

我国在以往的铁路隧道建设中，由于其埋深都较浅，隧道内原始岩温不是很高，未遇到过大的热害，因此对于这方面的研究还没有开展起来。秦岭隧道位于陕西省长安县与柞水县交界处，最大埋深 1645m，最大埋深处原始岩温达到 40℃以上，加之掌子面的机械散热和爆破时炸药散热，掌子面出现一定的热害，因此对掌子面施工通风时的温度进行预测，并据此对掌子面采取相应的降温措施。

近年来，随着国内西部铁路建设的飞速发展，隧道内也遇到了高温地热水问题，玉蒙铁路旧寨隧道就遇到了高温地热水问题。旧寨隧道位于云南省滇南地区蒙自境内，全长 4460m，最大埋深约 150m。2007 年 6 月施工时，洞内温度逐渐升高，开始掌子面气温

43℃，当时隧道内未发现有地下热水渗流，仅有季节性的地下水流出，最初认为是洞内通风效果不佳。随着开挖的进行，洞内气温基本维持在40℃左右，拱顶、边墙、隧底多处出水点，地下水均为热水，水温37～47℃。

黑白水三级电站的引水隧道在施工中遭遇高温高压热水的影响。施工全面进入高温高压热水区及其影响滞后，洞内热水温度高达57℃，洞内气温上升至43℃，通过在工作面加大通风设备功率，降低了洞内气温（降至36～38℃），改善了施工环境。但是随着施工的深入，洞内的热水温度达60℃，通风机在不间断运行的条件下，掌子面气温达43℃，洞内人员无法正常作业，施工缓慢。最后采取加强排水，加强通风，增加冷水掺入量、局部冷水喷雾等综合办法攻克难关，洞内工作面气温由原来的40℃以上降到了35～38℃，施工得以进行。隧道贯通后条件进一步改善。

大瑞线高黎贡山隧道位于印度洋板块与欧亚板块相碰撞的板块缝合线地带，为青、藏、滇、缅巨形"歹"字形构造西支中段弧形构造带，其西北为腾冲地块，地热资源异常丰富，故高黎贡山隧道是到目前为止可能遇到热害最为严重的，无论是地温的绝对温度，还是隧道通过高温段的长度，在国内外的隧道建设史上都是前所未有的。因此，也需针对隧道热害处理开展相关课题研究。

从调研资料来看，目前工程界已开始重视地热对隧道施工和工程质量的影响，但总体来说还没有针对性强和很有效的技术措施。从结构和构造设计、施工措施以及应用材料上能够参阅的资料很少，石油部门在堵水上应用了一些耐高温的材料，如丙烯酰胺型耐高温堵水剂、聚氨酯型耐热堵水材料和适用于高温高盐大孔道地层堵水剂。工业建筑上应用的隔热材料所要求的高温条件高，因此选择性能优良的隔热材料相对容易，如苯乙烯泡沫、玻璃棉、硬质聚氨酯以及矿渣棉等，但非常关键的是如何保持隔热材料的干燥，如果不能保证隔热材料的干燥，隔热效果将大打折扣，甚至完全丧失。公路工程中应用了较多的耐高温防水板材，但其功能主要是短期耐高温，如何做到持续耐高温，需要做改性研究。混凝土耐高温问题有较多的研究，但也存在持续耐高温的性能研究很少。

随着矿井开采深度的增加，热害问题也越来越严重，因此国内外针对矿井的热害问题也做了大量相关的研究。但是主要集中在分析矿井热害的成因，研究选择高温矿井的降温措施，如非制冷降温、人工制冷水降温、制冰降温、压气节流降温技术、空气压缩制冷降温技术、分离式热管降温和采取个体防护等不同措施。

总体来说，无论是热害隧道还是热害矿井，对于喷射混凝土存在的热害问题是相通的。目前的研究主要局限在通过外部措施或临时措施改善当时的热害问题，而并未进行机理性的探索及对长期高温下材料热害性能的研究。

为解决上述问题，山西路桥建设集团所属山西三维华邦集团有限公司联合相关单位共同攻关，研发出JW-18新型无碱速凝剂，应用到工程中，通过总结施工工艺，形成综合配套的施工方法。该工艺经过现场实践，喷射混凝土回弹率降低到10%以下，混凝土后期强度保留率可以达到100%,并且施工环境得到明显改善,施工速度得到了明显提高。

2.1.2 研究现状及分析

喷射混凝土现有工艺主要分为潮喷、湿喷两种。潮喷法通常采用粉剂速凝剂,施工中喷射混凝土回弹率在35%左右。湿喷法2018年前施工中通常采用液体有碱速凝剂,由于有碱速凝剂碱含量较高,容易出现碱-骨料反应,喷射混凝土回弹率在30%左右。采用上述两种材料进行喷射混凝土施工,均有喷射混凝土回弹率大,产生大量固废,混凝土后期强度损失较大,28d抗压强度比仅能达到70%左右,且施工过程中粉尘大,施工环境污染严重。喷射混凝土在湿热环境条件下施工工艺参数和物理力学指标与常温状态下不同,因此,高地热及高温水(汽)作用可能导致喷射混凝土回弹量增大,后期强度大幅下降等问题。而喷射混凝土作为直接与基层(岩石、混凝土)粘结起支护的结构,其性能和效果直接反映的是本身所发挥的支护作用,而间接上还会影响防水、隔热以及衬砌混凝土的性能和耐久性问题。所以,喷射混凝土的热害问题有待研究。为了剖析高地温对喷射混凝土的影响机理并找出有效的防治措施,需要从微观机理和宏观性能两个方面进行研究。

由于在土木工程建筑领域内喷射混凝土用于矿山井巷与地下工程的支护衬砌、建筑结构的补强加固等均显示出其独特的功能和显著的效益,国内外学者对喷射混凝土技术做了一定的相关研究。针对热害问题的研究,矿井热害方面,主要在通过外部措施进行降温防治方面做了相关研究;对于高温隧道高地温难题,国内外针对性的研究更少,而且仅从降温措施方面做了一些探索。对于直接与基层(岩石、混凝土)粘结的喷射混凝土,还未有文献对其高温情况下的微观机理和宏观性能做实质性的研究。

2.2 原理探索及实验研究

2.2.1 项目主要研究内容

本书使用新型无碱速凝剂,使用湿喷工艺技术进行施工、创新施工技术、优化施工细节,提升喷射混凝土施工效率、改善施工环境、降低混凝土回弹率。该技术通过专家鉴定,达到国内领先水平。具体研究内容如下:

(1)市场需求调研、产品可行性分析及立项。

(2)制备原材料优选、实(试)验方法的确定。对各类原材料进行优选,确定最佳配方及生产工艺。

(3)确定无碱速凝剂使用量。在满足速凝剂标准要求的性能指标的前提下以最小掺加量为推荐使用掺量。

(4)通过试验确定混凝土湿喷工艺路线与参数。

（5）优化技术路线，细化操作规程。根据大量施工数据分析评价，不断优化施工方法。

（6）进行实际施工验证试验，根据实际施工情况修改技术规范。在满足速凝剂施工使用要求的前提下，以不断提高工作效率和降低施工成本为目标。

2.2.2 解决的关键技术问题及主要创新点

本项目主要解决了喷射混凝土施工过程中污染大、操作不规范，以及后期混凝土回弹率高等实际施工中的问题，通过使用新型速凝剂、调整混凝土配方、创新喷射混凝土施工工艺、优化细化施工操作等创新方法达到解决关键技术问题。本项目的创新点如下：

（1）使用新型无碱速凝剂。该速凝剂具有无碱、无氯盐、稳定性好、早期强度高，不影响混凝土的耐久性。

（2）采用湿喷技术。减少支护时间，加快施工进度，降低混凝土的回弹量，节省原材料。

（3）创新施工工艺。合理分段，使用可调整喷嘴，确保混凝土喷射密实，粘结良好。

（4）优化施工细节。及时调整速凝剂喷射掺量，加大喷射工作面，降低喷射厚度，确保特殊部位喷射质量。

2.2.3 技术方案和技术路线

本项目采用新型无碱速凝剂湿喷技术，对传统喷射混凝土施工工艺进行了优化创新改进。首先，通过试验确定无碱速凝剂配方与技术性能指标；其次，通过无碱速凝剂在喷射混凝土施工使用试验，确定施工技术方案；最后，优化技术细节、规范技术操作流程，形成完整的技术方案。具体技术路线如图2-1所示。

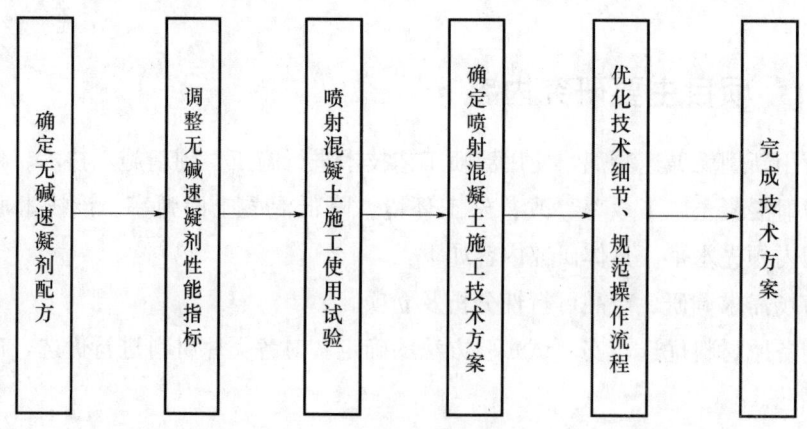

图2-1 具体技术路线

具体施工技术方案如图2-2所示。

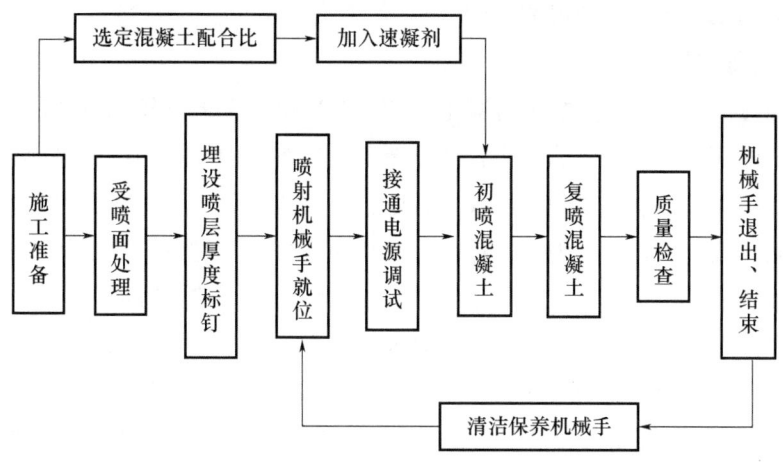

图 2-2 施工技术方案

2.3 新型无碱速凝剂混凝土湿喷技术

2.3.1 技术思路

本项目采用新型无碱速凝剂湿喷技术,通过试验确定无碱速凝剂配方与技术性能指标;通过无碱速凝剂在喷射混凝土施工使用试验,确定施工技术方案;最后优化技术细节、规范技术操作流程,形成完整的技术方案。

2.3.2 技术原理

无碱速凝剂的促凝机理。速凝剂中的钡硫铝酸盐或铝酸盐和外加的水溶性铝盐、硫酸盐等化合物与硅酸三钙水化溶出的钙离子迅速化合形成大量AFt,促进网状结构的形成,由于钙离子不断被消耗,使得生成的水化硅酸钙的钙硅比水平较低,渗透性较好,从而水可以不断向硅酸三钙内部扩散,硅酸三钙内部的钙离子也可以向外扩散从而消除诱导期或延迟到凝结之后。水化硅酸钙迅速大量形成,与AFt骨架胶结而迅速凝结硬化。

1. 技术方法

(1) 喷射混凝土在拌和站初拌过程中,添加高适应性喷射混凝土专用JW-11超塑剂,提高喷射混凝土初始和易性。

(2) 喷射混凝土到达施工现场后,通过湿喷机高压泵送,经管道流到喷嘴处,泵送物料经过湿喷机车载混凝土泵加压送到喷嘴混流器,在喷嘴混流器处与高压空气混流形成喷射,通过调节高压空气可改善湿混物效果,从而减少粉尘的产生和材料浪费。同时在喷头混流器处加入JW-18无碱速凝剂,利用该速凝剂凝结时间快,强度高,粘结力强,碱含量低等性能,达到明显降低喷射混凝土回弹率,提高混凝土强度,加快施工进度,减少固废产生，改善喷射混凝土施工环境的目的。

2. 技术实施内容

低喷射厚度，分多次多层喷射混凝土，切忌对准同一个地方长时间喷射。

（1）喷射顺序。喷射应先墙后拱，从下至上、以 S 形曲线移动进行喷射。隧道从两侧边墙底部开始喷射，喷射到拱顶中心线位置闭合，完成一环喷射混凝土的一次喷射。

（2）喷射角度。喷射时，喷头应保持与受喷面垂直。喷射夹角过小将增加混凝土的回弹率，降低喷射密实度；垂直于岩面喷射时，连续的混凝土"稀薄流"对反弹物有二次嵌入作用，可以降低回弹率，增加一次喷射厚度。

（3）喷射距离。由于湿喷要求的风压较大，如果喷头距受喷面太近，高压风会将刚"附着"在受喷面上的混凝土吹掉，使混凝土的回弹量增大，要求机械手的喷头与岩面垂直，距离为 1~2m，喷射混凝土应划分区域，分层喷射。

（4）喷头移动。喷射混凝土回弹在刚喷射时最大，当岩面喷厚达到 2~3cm 后，回弹最小，且稳定，先进的施工工艺和优秀的湿喷设备能有效地防止喷射混凝土的滑落或流淌，如遇特殊施工情况，如渗水或超挖等，应等喷射混凝土初凝后方能进行复喷。

（5）喷射时首先伸展机械手大臂调整喷头在边墙底部施喷位置，使用机械手小臂自动平行功能调整小臂与地面水平，与隧道边墙平行，调整喷头距离、角度，完成上述工作后可开始喷射，喷射过程中可根据受喷面的成型效果及时调整喷头的距离和角度并使用自动伸缩功能控制喷头在小臂上自动伸缩，即从一端缓慢运行到另一端来回 2~3 次可完成一遍喷射；然后伸展大臂 30cm 左右（在拱部根据隧道轮廓小臂做适当翻转），大臂做垂直、水平移动，确保喷头与岩面的角度和距离，按上述顺序喷射下一部位，如此循环完成需喷混凝土的喷面。

（6）在喷射过程中禁止往混凝土中随意加水，如混凝土状态需要调整，应及时通知现场技术员，再做相应处理。对于有超挖或渗水结构复杂部位，应提前增加速凝剂喷射掺量，加大喷射工作面次数，降这样不利于水泥正常凝结。在每个班组施工完成后，应对湿喷台车的泵送管路以及速凝剂输送管道进行充分清洗，保证管路畅通。对于速凝剂的存储，应严格按照规范要求，加盖保温，做好防冻防晒工作。

2.3.3 实际应用效果及推广情况

左涉新建公路总承包项目部 LJ2 分部段苏亭隧道位于山西省左权县苏亭村，属短隧道，隧道采用双向四车道高速公路标准，设计速度 60km/h。隧道建筑限界：分离式隧道净高：5.0m，隧道净宽：0.75+0.5+2×3.5+0.75+0.75=9.75（m）。隧道轴线走向约 150°。洞体左线全长 384m，进口段里程桩号为 L11+616，洞口底板设计高程为 1036.684m，出口段里程桩号为 LK12+000，洞口底板设计高程为 1033.727m，洞体最大埋深 112.92m，位于 LK11+800；洞体右线全长 400m，进口段里程桩号为 RK11+605，洞口底板设计高程为 1036.769m，出口段里程桩号为 RK12+005，洞口底板设计高程为

1033.689m；洞体最大埋深129.10m，位于RK11+800。

隧址所在地隶属于山西省左权县苏亭村。隧道施工中采用了"新型无碱速凝剂混凝土湿喷施工技术"，减轻施工人员的劳动强度，改善施工现场环境，提高施工人员的健全安全保障，提升施工效率和进度；缩短喷锚时间，通过降低喷射料的回弹率和减少喷射料污染浪费节约喷射料25%左右，提升喷射准度和均质化水平，取得了良好的社会效益和经济效益。施工如图2-3～图2-5所示。

图2-3 苏亭隧道口

图2-4 混凝土运输罐车配合湿喷机进行湿喷施工

图 2-5　无碱速凝剂储备吨桶

2.3.4　经济效益

1. 液体无碱速凝剂与液体有碱速凝剂对比优势

（1）对人体伤害小

液体有碱速凝剂碱含量高，pH≥13 施工时对操作人员皮肤、眼睛伤害较大。而无碱液体速凝剂一般呈中性或微酸，极大地降低了对人体的伤害。

（2）混凝土质量稳定

液体有碱速凝剂由于碱含量较高，会生成结构松散的铝酸盐结构，并且增加了碱-骨料反应的可能性，从而使混凝土后期强度损失一般为20%～50%。而掺加液体无碱速凝剂的喷射混凝土一般采用预拌混凝土，搅拌均匀且质量可靠，密实度较高，对混凝土抗渗性、耐久性影响较小或无不良影响。另外，掺无碱液体速凝剂的胶砂试件的1d强度最高可达到15MPa，后期强度保有率可达90%～100%，甚至更高。

（3）回弹率低、节约成本

与液体有碱速凝剂相比，液体无碱速凝剂喷射混凝土的回弹率更低，降低原材料的浪费、节约施工成本。

2. 经济效益

左涉新建公路总承包项目部LJ3分部桥上隧道施工采用了"新型无碱速凝剂湿喷施工工法"。采用该工法后，喷射混凝土回弹量从35%降低到了10%以下。按每立方米混凝土750元，回弹量差异25%将会直接节省187.5元/m³的成本。双向四车道隧道喷射混凝土施工每千米节省喷射混凝土 560 余万元,减轻施工人员的劳动强度,提升施工效率,施工进度比实施前平均提高约 20%;缩短喷锚时间,取得了良好的经济效益。湿喷施工的喷射混凝土强度高、粉尘和回弹料少,可以很好地改善作业环境,减少环境污染;可以基本消除对操作人员的身体伤害,因此具有很好的社会效益。

3 机制砂制备技术及其在桥梁工程中的应用研究

3.1 技术背景

3.1.1 项目背景概述

混凝土是工程建设中应用最为广泛的材料，砂作为细骨料，约占混凝土总体积的30%，而天然河砂是细骨料的主要来源。但近年来，质量稳定、颗粒级配良好的优质天然砂资源日益紧缺，加上政府严格限制或禁止开采天然河砂法规政策等的出台，天然砂价格持续上涨。这是由天然砂这一地方性资源的不均匀分布性与短期不可再生性所决定的。同时，天然砂资源的乱采滥挖现象也造成了严重的环保问题。因此，亟待开发一种可替代砂源来解决河砂资源短缺甚至是无资源的窘境。为满足基础建设用砂的刚性需求，采用机制砂（Manufactured sand）部分或全部替代天然砂作为混凝土细骨料已势在必行。

目前，机制砂在生产及应用中存在两个主要问题。一方面，国内外对机制砂的研究多局限于对单一岩性机制砂的研究，而针对不同母岩材料所制备的机制砂特性的研究罕有报道。机制砂作为地方性资源，在制备过程中往往需要因地制宜、就地取材。然而，机制砂在我国的分布十分广泛，生产设备和工艺均差异较大，得到的机制砂质量也是参差不齐，包括粒形问题、级配问题、石粉问题等。对不同岩性的机制砂特性缺乏系统的研究，导致工程技术与管理人员对机制砂混凝土的工艺特点、技术经验掌握不够全面，从而降低了高强度机制砂混凝土的质量，限制了机制砂的应用和推广。另一方面，国内外机制砂质量标准的不统一，如对级配区间的划定、对石粉含量限制的规定，间接导致了机制砂级配水平的降低，较大骨料间隙的断档级配容易引起混凝土离析、泌水现象等工作性能变差的问题。目前没有全机制砂混凝土配合比设计规范，系统地研究机制砂特性进而探讨适用全机制砂高强度混凝土的配合比优化设计方法已成为当前机制砂研究中亟待解决的问题。

鉴于此，中铁十七局集团有限公司先后开展了"高品质机制砂制砂工艺技术""C50、C55高强混凝土配合比设计技术"课题研究，后综合为"机制砂制备技术及在桥梁工程中的应用研究"课题研究，该课题被列入中铁十七局集团2018年度科研项目计划课题研究。

3.1.2 原理探索及实验研究

1. 总体思路

（1）为实现机制砂的优质生产，利用改进后的装载机铲料斗（孔洞宽20～30mm）从根源上大大减少了泥土、泥块和较湿粉碎渣的混入。采用此技术生产出的成品机制砂与传统制备工艺相比，能够有效降低砂中的含泥量和MB值。

（2）为实现高品质机制砂的量化生产，通过对制砂设备的技术改良，优化制砂设备组合，改进干法制砂和湿法制砂新工艺，攻克了传统工艺制备机制砂中断档级配的弊端，有效防止了机制砂出料时的离析问题，生产出的成品机制砂级配良好，品质优良，完全符合规范要求。

（3）为更好地进行机制砂混凝土配合比设计，同时能让相关施工人员和管理人员全面认识和掌握机制砂的基本特性，以天然砂和四种不同岩性的机制砂为研究对象，开展了基于七项技术检测指标的对比试验。试验结果充分彰显了天然砂与机制砂的差异化特征。该部分课题的开展刷新了工程技术人员对机制砂的认知，奠定了全机制砂混凝土配合比设计的基石。

（4）为寻求与实际工程相适应的全机制砂混凝土配合比和设计方法，基于天然砂混凝土配合比设计的一般方法，综合考虑机制砂的特性，以机制砂细度模数和石粉含量为基准，优化调控石粉含量、砂率及减水剂用量，成功配制C50和C55强度等级的全机制砂混凝土配合比，其工作性能及力学性能试验结果均满足规范要求和工程现场实际需求。该项考虑细度模数和石粉含量波动所探寻的机制砂混凝土配合比设计调控技术，打破了完全以遵照传统混凝土配制机制砂混凝土的局限性，解决了砂率和减水剂在机制砂混凝土中应用的关键技术问题，提高了机制砂的应用技术水平。

2. 技术方法

机制砂特性与应用现状分析：

《建设用砂》（GB/T 14684—2011）定义机制砂：经除土处理，由机械破碎、筛分制成的粒径小于4.75mm的岩石、矿山尾矿或工业废渣颗粒，但不包括软质、风化的颗粒，俗称人工砂。

机制砂是经专业制砂机加工除土开采的地方母岩，机械破碎后筛除大于4.75mm的颗粒，可根据不同的需求有效控制机制砂的细度模数、粒型和颗粒级配、MB值等参数。由于全国各地母岩岩性和制砂设备及工艺的不同，所制备的机制砂在外观、化学成分、颗粒形状、颗粒级配以及特细颗粒含量等性能方面与天然砂都有明显的区别。相对于天然河砂，机制砂特性如下。

（1）形貌特征

机制砂的形貌特征包括粒形和表面粗糙度。与颗粒圆润的天然砂不同，机制砂形状各异，颗粒尖锐且富有棱角，多呈三角体或方矩体，表面粗糙，界面新鲜，如图3-1和图3-2所示。

图 3-1 天然河砂

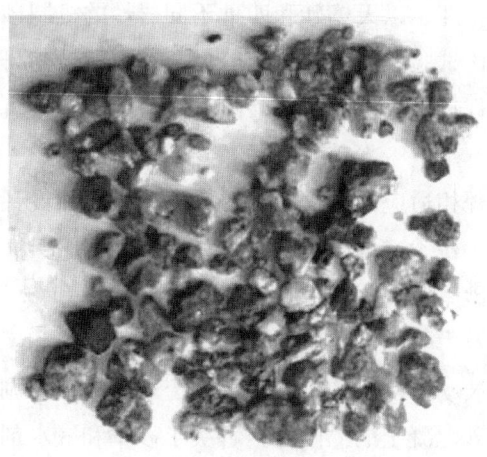

图 3-2 机制砂

(2) 颗粒级配

颗粒级配是机制砂品质好坏的内在决定因素，然而各国对机制砂颗粒级配的规定并不完全相同，见表 3-1。美国和日本关于机制砂级配的规定较为严格，我国标准规定 1 区和 2 区砂均可用。

表 3-1 各国对机制砂级配的规定

方孔筛（mm）	美国 ASTM-C33	澳大利亚 AS 2758.1	日本 JISA 5005	中国 GB/T 14684—2011
4.75	0～5	0～20	0～10	0～10
2.36	0～20	0～40	0～20	5～35
1.18	15～50	15～60	10～50	35～65
0.6	40～75	40～80	33～75	71～85
0.3	70～95	60～90	65～90	80～95
0.015	90～100	70～100	85～98	85～97

目前,传统的制砂工艺生产的机制砂,其细度模数一般为3.0～3.7,大量的研究结果表明,机制砂的级配中大于1.18mm与小于0.15mm的颗粒偏多,而中间颗粒偏少(尤其是0.3～1.18mm粒级),甚至会出现某一粒级断档。细度模数越大,则粒径>1.18mm颗粒较多,<0.3mm颗粒较少;细度模数越小,则<75μm颗粒较多,0.3～1.18mm颗粒较少,经过粗加工的机制砂级配不合理。因此,为了改善机制砂的级配,可以通过生产工艺参数和不同的组分组合调整来实现全机制砂生产,达到生产细度模数较小、级配优良的机制砂。

(3)粉料含量和MB值

机制砂中含有一定量的石粉是其与天然砂最大的区别之一。石粉是指机制砂中粒径小于75mm的颗粒。大量的研究结果表明,适量的石粉有利于粉体达到最紧密堆积状态,在机制砂混凝土中起到润滑以及填充孔隙的作用,从而增加混凝土的密实性。由于机制砂中的石粉与天然砂中的泥粉在混凝土中的作用存在本质的区别,通过亚甲蓝试验(MB值,methylene blue value)测试机制砂石粉中的泥粉含量,以控制石粉质量满足混凝土的性能要求是十分必要的。当MB<1.4,则判断机制砂以石粉为主;当MB>1.4时,则判定以泥粉为主,机制砂MB值控制在1.2以下为宜。机制砂中含有适量的石粉对混凝土的性能是有益的,但由于机制砂母岩材料属于地方性资源,加上生产设备及工艺均难以统一,致使各国及我国各地方标准对石粉含量限值并不统一,见表3-2和表3-3。

表3-2 各国家标准对混凝土机制砂石粉含量的最高限值

国家	界限(V pm)	最高限值(%)	标准
中国	75	10	GB/T 14684—2011
美国	75	5～7	ASTM C33
日本	75	7	JIS A5005—1993
法国	63	12～18	NF P 15-540,1997
英国	63	15	BSEN 12620,2002
澳大利亚	75	25	AS 2758.1—1998

表3-3 我国各地方标准对机制砂石粉含量限值的规定

标准	指标	指标(按质量计,%)		
		Ⅰ级	Ⅱ级	Ⅲ级
人工砂应用技术规程(北京) DBJ/T 01-65—2002	MB<1.40 石粉含量	<3.0	<5.0	<7.0
	MB>1.40 石粉含量	<1.0	<3.0	<5.0
混凝土中人工砂应用技术规程(福建) DBJ/T 13-116—2009	MB<1.40 石粉含量	<3.0	<5.0	<7.0
	MB>1.40 石粉含量	<1.0	<3.0	<5.0

续表

标准	指标	指标（按质量计,%）		
		Ⅰ级	Ⅱ级	Ⅲ级
机制砂在混凝土中应用技术规程（上海）DG/TJ 08-506—2002	MB<1.40 石粉含量	<3.0	<5.0	<7.0
	MB>1.40 石粉含量	<1.0	<3.0	<5.0
山砂混凝土技术规程（贵州）DB24/016—2010	强度等级	C55~C50	C45~C30	<C25
	MB<1.4 石粉含量	<7.0	<10	<15
	MB>1.4 石粉含量	<3.0	<3.0	<5.0
贵州高速公路机制砂高强混凝土技术规程（贵州）DBJ 52-55—2008	强度等级	C60	C55/C50	C55/C50
	MB<1.4 石粉含量	<5.0	<7.0	<10.0
	MB>1.4 石粉含量	<2.0	<3.0	—
人工砂混凝土应用技术规程（重庆）JGJ/T 241—2011	强度等级	>C60	C40~C30	<C25
	MB<1.4 石粉含量	W5	<7.0	<10.0
	MB>1.4 石粉含量	<2.0	<3.0	<5.0
人工砂生产应用技术规程（山西）DBJ 04-259—2008	强度等级	>C60	C55~C30	<C20
	MB<1.4 石粉含量	<6.0	<15	<20
	MB<1.0 石粉含量	<6.0	<15	<20
	MB<0.6 石粉含量	<6.0	<15	<20

3. 高品质机制砂制备新工艺

砂石资源主要分为四大类型矿床：山地型、陆地型、河川型、海底型。机制砂的制备通常采用岩石硬度在196MPa以下的山地型岩石作为制砂原料，如花岗岩、玄武岩、石灰岩等。

在确定制备机制砂所用的母岩之前，应验证母岩是否具有碱-骨料反应活性，应依据《建设用砂》（GB/T 14684—2011）先用岩相法鉴定岩石种类及所含的活性矿物种类。若检验结果中含有活性二氧化硅，应进一步采用快速碱-硅酸反应法检验碱活性。若含有活性碳酸盐岩，应进一步采用岩石柱法检验碱活性。

制砂原料一般可通过矿山石料开采、石场采购或隧道洞碴利用的方式获取，本项目中机制砂生产的主要原料为隧道洞碴。选择母岩强度高、质地好的矿石，如玄武岩、花岗岩、石灰岩、变质砂岩等，不得使用泥岩、片麻岩、砂岩等软弱风化岩石。对于隧道开挖弃渣岩石利用，应严格按照岩性、围岩等级批次区别堆放，检测母岩质地和强度，将符合要求的母岩用作加工碎石和机制砂的原料并分类存放。本项目选取花岗岩、变质砂岩、石灰岩、玄武岩作为制砂母岩材料，其基本性能参数见表3-4。

表 3-4 母岩材料的基本性能参数

花岗岩	143.4	125.3	0.87
变质砂岩	125.3	100.5	0.80
石灰岩	88.0	77.7	0.88
玄武岩	147.8	125.5	0.85

3.2 机制砂制备技术

3.2.1 技术方案

机制砂制备过程大致可以分为矿山开采—除杂（土）处理—破碎（粗碎、中碎、细碎）—筛分—收尘（控制石粉）。

为减少机制砂生产过程中的泥粉含量，将装载机上料斗改装为镂空长条网格形，长条宽度应为 20～30mm，以装载机斗宽 2.5m 为例，其示意如图 3-3 所示，上料前通过左右摇晃铲料斗，可有效阻隔、过滤泥土、泥块和较湿的粉碎渣混入，从问题根源入手，建立第一道技术防线以降低机制砂含泥量。为不影响装载机正常使用功能，设置一块与料斗底部尺寸相同的 5mm 耐磨钢板。

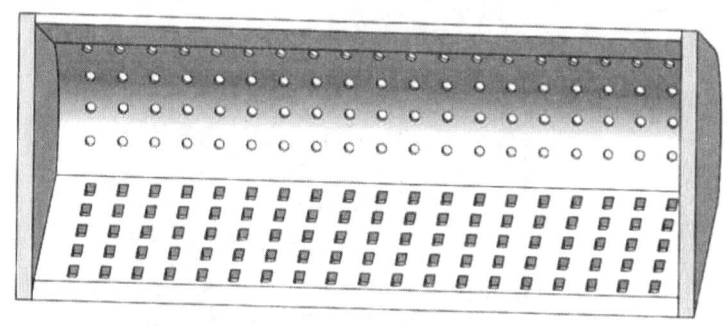

图 3-3 改进的装载机铲料斗示意

根据料原地环境条件、水文气候状况、母岩来源、岩性抗压强度、开挖山体夹泥等状况的不同，选择不同的配套设备组合方案加工生产。

方案 1：颚破—反击破—振动筛—各种粗细骨料；

方案 2：颚破—立轴破—振动筛—各种粗细骨料；

方案 3：颚破—圆锥破—振动筛—各种粗细骨料；

方案 4：颚破—离心冲击破—振动筛—各种粗细骨料。

以上四种方案为传统的机制砂制备工艺，振动筛通常安装角度为 30°～45°，筛片的孔径尺寸通常采用 30mm、19mm、9mm、5mm 四种，整片筛的尺寸为 1.5m×6m，每种规格筛片由 1.5m×2m 三片相同筛孔的筛片组成，加工生产 5～10mm、10～20mm、16～31.5（20～30）mm 三种常用碎石和最大粒径 5mm 的机制砂。采用该工艺生产所得机制砂因喂料粒级梯度范围较宽，细度模数、石粉含量波动较大，而且没有解决机制砂两头粗，中间细的现实问题，工艺需要改进。

改进措施：采用 3.5mm、4.5mm、5.5mm 多孔径筛网组合的底层筛片，从上至下安装替代 5mm 单孔径筛片解决机制砂细度模数偏大，1.18mm 和 2.36mm 筛片上筛余量偏多的问题，如图 3-4 所示。另外，分别采用 KX 型高效涡流离心式选粉机和螺旋洗砂机对干湿法生产的机制砂石粉含量进行改善，新工艺所生产的机制砂质量均符合 C50 以下强度等级混凝土用细骨料要求。但该方法因喂料梯度范围较宽，生产的机制砂质量在合格范围内变化较大。混凝土业内有句话"不怕材料差，就怕材料批批变化大"，因批次进场的机制砂质量在合格范围内变化波动较大，不利于混凝土匀质性指标控制和工作性指标的稳定。因此，本项目将该砂限定于 C40 及以下强度等级混凝土使用。

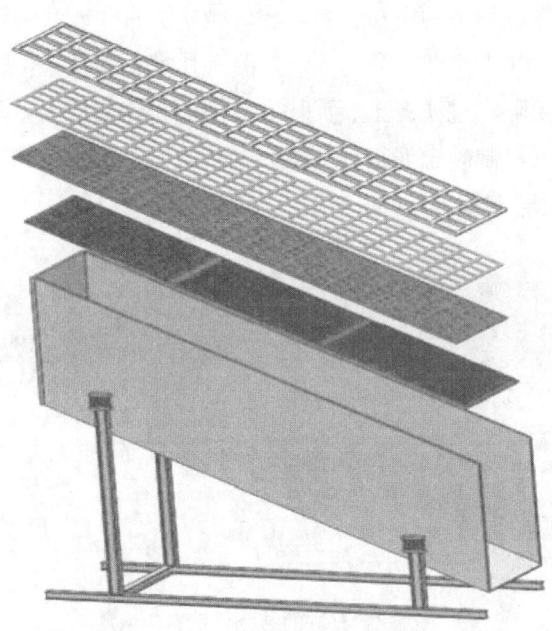

图 3-4 振动筛组合效果

为确保高强度等级混凝土用机制砂级配、石粉含量相对稳定，亚甲蓝 MB 值得到有效控制，采用 5～10mm 碎石、10～20mm 碎石、20～30mm 碎石的任意一种作为加工高品质机制砂的原料，选用干法和湿法两种不同的工艺方法制备机制砂。

以一种机制砂为研究对象，通过上述几种破碎方式得到成品机制砂，测试它们的颗粒级配，绘制级配曲线，如图 3-5 所示，从图中可以看出这四种破碎方式制成的机制砂均能够符合规范要求。

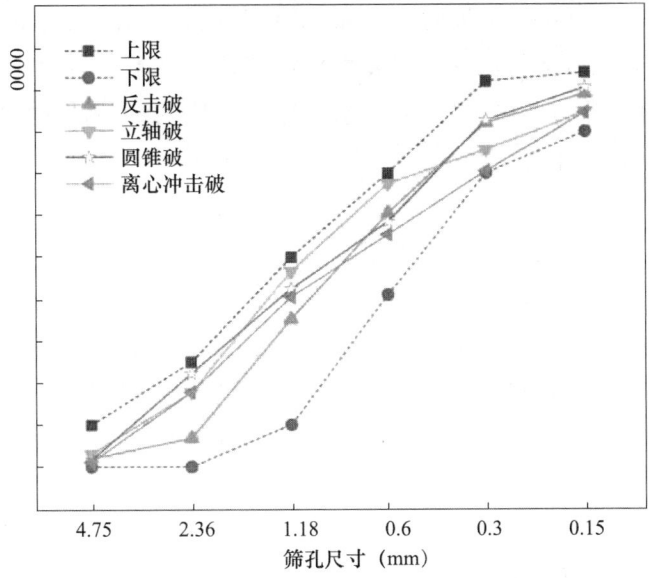

图 3-5 不同破碎方式制备的机制砂的颗粒级配

3.2.2 制砂工艺

1. 干法制砂工艺

干法制砂工艺为目前最主要的机制砂制备工艺。干法制砂工艺是指在机制砂的生产过程中采用收尘装置而非水洗除粉的方式来控制机制砂中的石粉含量。干法制砂工艺的除粉设备主要有干法分级机和选粉机两种。本项目采用带选粉设备的干法工艺，即在制备机制砂时增设 KX 型高效涡流离心式选粉机，将多余的过细石粉从机制砂中分离出来，以备掺配使用。

（1）干法制砂设备的选用

1）锤破设备型号为 1014 卧轴锤式破碎机，本项目采用 22 个锤头，锤头采用锰钢加工而成，采用普通钢材加工的 8mm 筛板，出料粒度为 5mm 以下机制砂。

2）筛分设备为振动砂石筛，根据用量可选不同规格型号产品，本项目采用 $\phi1.5m \times 7m$ 规格的振动砂石筛，安装角度 37°，从上至下分别为 3.5mm、4.5mm、5.5mm 孔径的筛片，3 段长度均为 2m。采用此方法可有效筛除 2.36mm 以上的石屑。

3）本项目所用选粉机为 KX 高效涡流离心式选粉机，通过高速离心振荡吸尘设备可以将石粉与机制砂彻底分开。

（2）干法制砂工艺的特点

1）矿山的选择不必考虑水源和地域环境的限制，能耗低、环境负荷小、可就地取材生产，也可采用干燥隧道内洞碴原料，适合我国北方寒冷、干旱、水资源严重缺乏、矿石原料中夹土料能通过筛分剔除干净的地区，可代替水洗法，既节约用水又减少污染，在建材行业中应用广泛。

2) 级配易于控制：解决了两头机制砂两头粗的问题，干法制砂通过多孔径筛片组合有效改善了 1.18mm、2.36mm 筛片上筛余量偏大的问题；选粉机进行选粉，将小于 75pm 的石粉颗粒分离出来，通过在拌和站配料斗进行掺配使用，掺配后各种颗粒级配均匀，级配曲线良好，对改善混凝土工作性能及泵送性能非常有利。

3) 干法制砂工艺方法，整体生产成本相对较低，质量可控，制备的机制砂性能稳定，对于机制砂的推广应用奠定了一定的研究基础。

(3) 干法制砂工艺的防离析措施

本项目创新性地采用 30mm 螺旋钢管自制新型机制砂成品防离析装置，如图 3-6、图 3-7 所示。料斗 1 的进料口和制砂机的出料口连接，料斗 1 的出料口与串筒 2 的进料口连接；串筒 2 的出料口置于地面的上方；串筒 2 的侧壁上沿其轴向方向间隔布置有若干个侧部出料口 3。通过在制砂机下料口处增设料斗和串筒的方式，并将串筒的出料口置于距离地面＜2m 的位置处，降低机制砂的下落高度，进而减少了因高度过大造成机制砂离析的情况发生，利用在串筒的侧壁上间隔开设（间隔距离为 1m）的侧部出料口，解决了机制砂成品下落后小颗粒中间堆集，大颗粒散落两边，造成机制砂离析级配差的问题，使得机制砂级配质量得到明显提高，生产出的机制砂能够满足现场各类混凝土型号的使用；本项目设计使用的防离析装置结构简单、易于实现。此外，机制砂成品应合理存放，堆码高度不宜超过 3m。

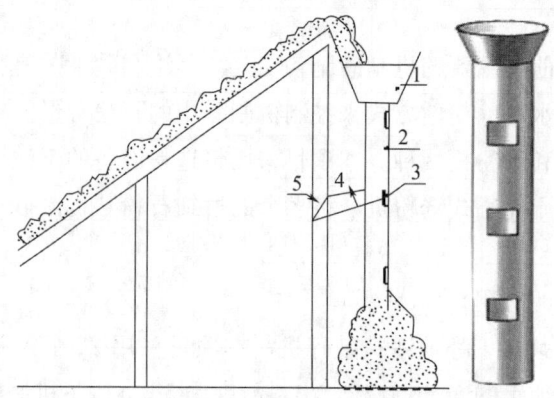

图 3-6 自制机制砂成品防离析装置示意图

图 3-7 30mm 螺旋钢管防离析装置的应用

2. 湿法制砂工艺

在机制砂制备过程中采用水洗方式除去石粉或泥粉的方式称为湿法制砂工艺，其工艺流程如图 3-8 所示。

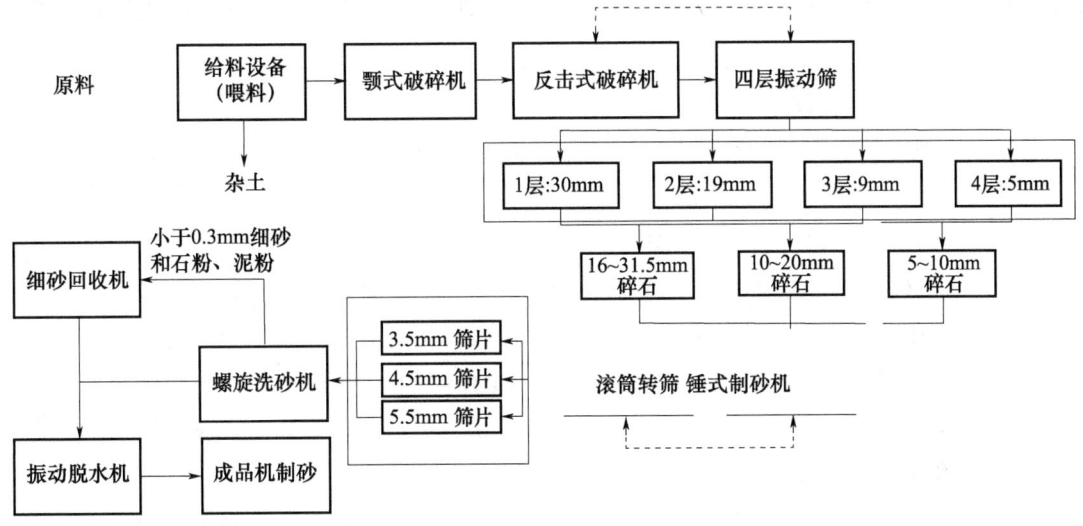

图 3-8　湿法制砂工艺流程

（1）湿法制砂设备的选用

1）卧轴锤式破碎机与滚筒砂石筛。

2）筛分设备为滚筒砂石转筛，如图 3-9 所示，根据用量可选不同规格型号产品，本项目采用 2.5m×9m 规格的滚筒砂石转筛，安装角度 37°，从上至下分别为 3.5mm、4.5mm、5.5mm 孔径的筛片，3 段长度均为 3m。采用此方法可有效筛除 1.18mm 以上的石屑。

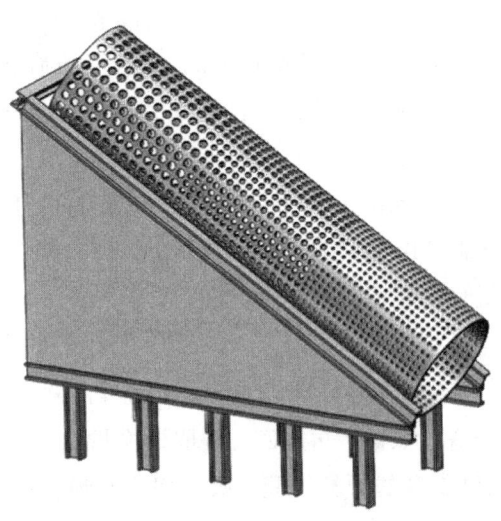

图 3-9　滚筒砂石转筛示意

3) 本项目所用洗砂机为 XS1500 螺旋洗砂机,螺旋直径 750mm,长度 9m,也可采用轮式洗砂机。其特点是通过调节水量有效控制石粉含量,配套使用细砂回收机可将水洗过程中散失的 0.15mm、0.3mm 颗粒有效回收利用,通过该工艺可将机制砂细度模数控制为 2.8～3.3,石粉含量控制为 1%～7%,MB 值控制在 1.2 以下,制备出品质优良的机制砂。

(2) 湿法制砂工艺特点

1) 湿法制砂必须考虑水源因素,一般在北方寒冷的冬季无法生产,主要适用于我国南方,水资源丰富、隧道富水段落弃碴利用、含泥量超标的机制砂,包括严格要求无粉尘产生的情况,在水利水电行业中应用广泛。

2) 湿法制砂在洗砂过程中,石粉及部分超细砂会被一起洗掉,虽然产品洁净度较高,但由于成品砂中石粉和超细砂较少,采用细砂回收设备可有效避免细粉散失问题。

3) 湿法制砂的泥砂处理系统在满足环保要求的情况下,必须建设相配套的大沉淀池或者最好配套螺旋洗砂机、旋流器、浓缩机、压滤机等设备,但整体生产成本相对较高。

(3) 干湿法制砂新技术的优势

1) 采用干法制砂时,可通过调剂风机送风量和风压,灵活调整机制砂石粉含量,石粉含量可控制在 7%以内。可将石粉彻底分离提取,按掺配比例进行精确掺量调整使用。

2) 干法制砂时,采用定制多孔径组合振动筛(复合砂石滚筒筛),可以有效改善机制砂颗粒集配状况,使 1.18mm 以上石屑偏多的问题得到实质性的解决。实际使用过程中,应按照设备实际选粉效果和功效合理选择,并根据机制砂中工艺要求,确定控制性参数和工况,生产的机制砂细度模数控制为 2.8～3.3。

3) 湿法制砂时,轮式洗砂机和螺旋式洗砂机均可采用,通过调整用水流量、洗砂机倾角和转速来调控细砂和石粉含量,避免造成级配不符合要求,使得机制砂细度模数相对于传统湿法制砂较易控制。此外,借助对滚筒筛筛片的调节,即用不同孔径的筛网及不同面积的网片混合安装,可克服机制砂 1.18mm 和 2.36mm 两档筛上石屑偏多的缺陷。经多次筛分调试石粉的含量,固定筛网尺寸及面积,确保生产出合格的机制砂,石粉含量可精确控制在 7%以下。

4) 以 5～10mm 碎石、10～20mm 碎石、20～30mm 碎石的任意一种作为加工高品质机制砂的原料,可以有效控制 MB 值,且使机制砂级配良好、稳定,质量在合格范围内波动和变化较小,混凝土匀质性指标得到根本性控制。

(4) 机制砂制备过程中的控制要点

1) 对于干法机制砂,抽样方法不科学,常常会出现样品离散性很大的情况,可采用在皮带上停机截取一个断面进行取样,再用四分法取样检测。

2) 在料源地重点控制机制砂的颗粒级配、吸水率、石粉含量、细度模数等指标,加强科学管控。

3) 对于干法制砂,当出料口至地面不足 3m 时可自由倾落,大于 3m 时应在成品下料口处设置防离析漏斗。

（5）不同岩性机制砂与天然河砂特性的对比

以天然砂（RS）特性测试结果为参照，选取 4 种不同岩性（花岗岩、变质砂岩、石灰岩、玄武岩）母材制备机制砂，分别记为 MSA/MSB/MSC/MSD，检测了它们的 7 项技术指标（粒形、颗粒级配、石粉含量、MB 值、密度、空隙率、压碎指标）进行评估。7 项指标的检测结果见表 3-5，颗粒级配曲线如图 3-10 所示。

表 3-5 天然砂与机制砂的主要性能指标

类型	各粒级（mm）筛余累计（%）							细度模数	石粉含量（%）	MB（g/kg）	表观密度（kg/m³）	堆积密度（kg/m³）	空隙率（%）	压碎值（%）
	4.75	2.36	1.18	0.6	0.3	0.15	筛底							
RS	0	12.6	27.9	50.0	76.2	92.1	99.8	2.62	0.2	—	2626	1660	40.2	9.42
MSA	5.2	20.1	46.0	67.5	88.1	91.2	99.4	3.02	3.6	1.1	2720	1650	39.5	16.0
MSB	6.0	21.5	40.5	69.0	86.0	94.0	99.6	2.99	2.6	1.1	2694	1648	38.8	16.0
MSC	3.4	15.1	39.8	60.9	81.8	96.0	99.2	2.86	3.2	1.2	2686	1649	38.6	16.0
MSD	3.3	13.2	41.5	61.4	81.3	94.4	99.6	2.84	2.8	0.6	2754	1659	38.6	16.0

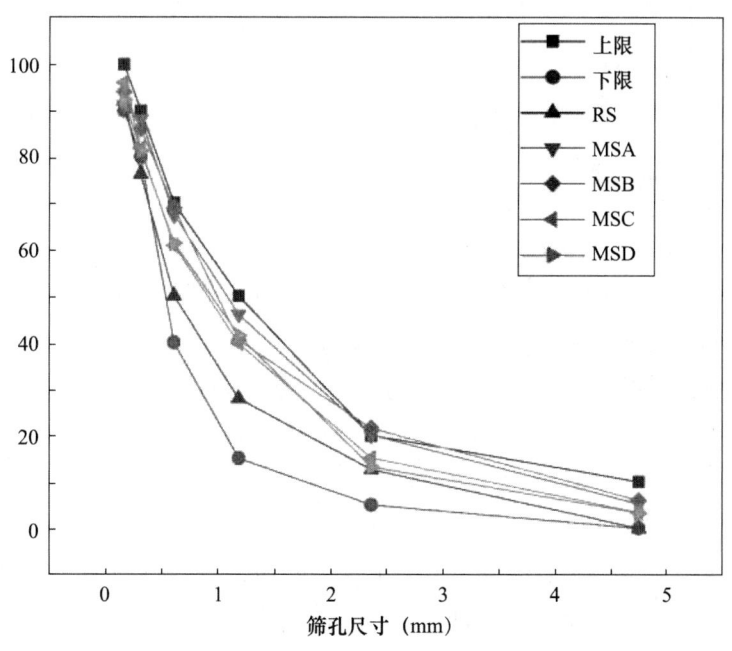

图 3-10 天然砂与机制砂级配曲线

本项目生产机制砂的设备简单，工艺掌握较容易，细度模数可精准控制为 2.8～3.3，级配曲线接近于中值，完全克服了传统工艺生产的机制砂断档级配的弊端；湿法机制砂石粉含量可精确控制为 1%～6%、干法机制砂可以实现机制砂石粉含量精确控制等优点。本工艺生产的机制砂级配良好、品质优良、质量稳定。

3.3 基于细度模数和石粉含量的机制砂混凝土配合比设计调控关键技术

3.3.1 设计说明

1. 工程概况

昭通至泸州高速公路彝良至镇雄段第二合同段，左线全长 23.788km；右线全长 23.836km，桥隧比为 74.73%，混凝土总量约为 100 万 m³。桥涵工程：主线桥梁工程共 30 座，单线总长 8608km，其中 20m、30m、40mmT 形梁共有 1236 片，混凝土强度等级为 C50，标段内共需浇筑 C50 机制砂混凝土 71469m³；标段内中场河特大桥（100＋180＋100）m 连续刚构箱梁、肖家梁 2 号大桥 2×77m 连续刚构箱梁为本标段控制性及重难点工程，强度等级为 C55，标段内需浇筑 C55 机制砂混凝土 21213m³。

2. 技术要求

混凝土设计强度等级为 50MPa、55MPa，坍落度值为 160～200mm，含气量为 2%～4%，弹性模量设计值为 $3.45×10^4$ MPa、$3.55×10^4$ MPa。粉煤灰掺量控制在 20% 以内。

3. 机制砂混凝土部位

预制 T 形梁、墩身、横隔板、翼板湿接缝、连续钢构箱梁、桥面现浇层等部位。

3.3.2 设计依据

JTG/T 3650—2020《公路桥涵施工技术规范》；
JTG F80/1—2017《公路工程质量检验评定标准 第一册 土建工程》；
JGJ 55—2011《普通混凝土配合比设计规程》；
GB/T 50080—2016《普通混凝土拌合物性能试验方法标准》；
GB/T 50081—2019《混凝土物理力学性能试验方法标准》。

3.3.3 原材料

水泥：四川筠连西南水泥有限公司 P·O 52.5 水泥，28d 抗压强度 57.3MPa。

粉煤灰：宜宾福溪粉煤灰开发有限公司Ⅰ级粉煤灰，掺量为胶凝材料 15%。

粗骨料：镇雄县坪上镇肖家梁碎石场 5～20mm 碎石，其中 5～10mm 占比 30%，10～20mm 占比 70%（质量比）。

细骨料：镇雄县坪上镇肖家梁碎石场机制砂，各项指标，颗粒级配。

外加剂：石家庄长安育才建材有限公司高性能减水剂，减水率为 33%，掺量为 1%。

拌合用水：采用地下水。

依据项目对机制砂生产工艺控制水平，采用 3.5mm、4.5mm、5.5mm 多孔径筛网组合的滚筒转筛或 3.5mm、4.5mm、5.5mm 多孔径筛片组合的高频砂石振动筛有效克服了传统工艺生产机制砂致使 1.18mm、2.36mm 二粒级分计筛余偏大的问题。干法制砂采用 KX 型高效涡流离心式选粉机，通过工况和风压调整使机制砂的石粉含量精准控制为 0%～7%，湿法制砂采用螺旋洗砂机，通过调整水量使机制砂石粉含量精准控制为 0%～7%，有效地解决了传统机制砂生产石粉含量不可控的难点。

采用传统的机制砂生产工艺，由于其石粉含量出现较大波动，造成传统机制砂按照普通的混凝土配合比设计指标无法满足现场实际施工需要。为解决该问题，在实验室进行配合比设计时，针对不同细度模数及石粉含量的机制砂进行试验试配，通过调整机制砂的石粉含量及混凝土减水剂掺量等控制指标来实现调整混凝土和易性的目的。

以本项目制备的 C55 混凝土为例，若基准配合比使用的机制砂细度模数为 3.3，石粉含量为 1%，减水剂掺量为 1%，颗粒级配良好和细度模数均满足规范要求，配合比其他参数基本不变，只在规范允许的范围内对砂率和减水剂分别做 2% 和 0.1% 的调整，混凝土会导致坍落度偏低、损失变快等不利因素的产生。为有效解决上述问题，本项目在设计机制砂配合比时，将机制砂中的石粉彻底筛出，配制与实际控制水平相近的 3 种细度模数及石粉含量的机制砂样品，机制砂参数见表 3-6，颗粒级配曲线如图 3-11 所示。

表 3-6　三种机制砂的主要参数指标

类型	各粒级（mm）筛余累计（%）						细度模数	石粉含量	碎石饱和面干吸水率（%）	砂子饱和面干吸水率（%）
	4.75	2.36	1.18	0.6	0.3	0.15				
MA	4.5	17.1	38.6	61.7	85.1	91.5	2.84	6.3	0.68	8.3
MB	4.3	22.0	45.8	67.3	86.2	92.4	3.05	4.1	0.68	7.4
MC	4.4	27.6	53.9	75.8	87.1	93.0	3.30	2.2	0.68	6.2

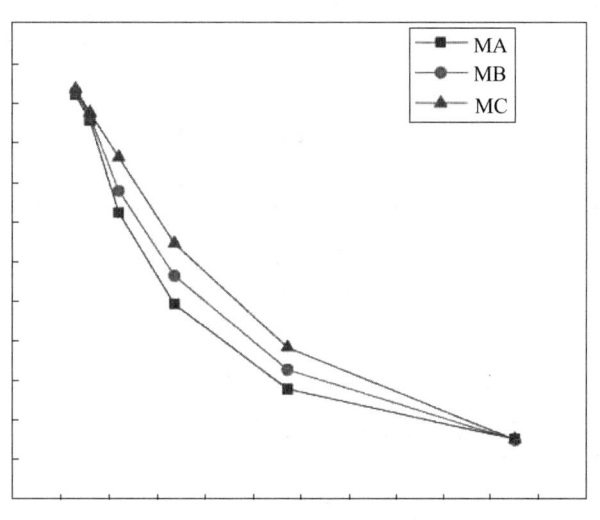

图 3-11　颗粒级配曲线

3.3.4 基准配合比设计

通过改善机制砂自身的物理性能,引起机制砂混凝土和易性及力学性能等的变化。相比天然砂而言,采用不同岩性的母岩制备的机制砂,会导致机制砂技术指标的变化较大,对混凝土施工性能影响显著。在实际工程中需要根据原材料特性,尤其是机制砂细度模数以及石粉含量参数,不断调整和优化配合比得到施工性能优良、质量过硬的混凝土,见表3-7。

表3-7 机制砂混凝土试拌材料用量　　　　　　　　　　　　　　　　（kg）

编号	水泥	粉煤灰	细骨料	粗骨料		减水剂	水	水胶比
				5～10	10～20			
SY-1	8.54	2.14	15.58	6.19	14.45	0.107	3.1	0.29
SY-2	8	2.0	15.86	6.31	14.73	0.10	3.1	0.31
SY-3	7.52	1.88	16.12	6.41	14.97	0.094	3.1	0.33

采用MB组机制砂,使用三个砂率进行机制砂混凝土试拌,每次拌和量为20L。结果表明,砂率为43%时,采用三个水胶比对新拌机制砂混凝土黏聚性、流动性、保水性最佳,混凝土拌合物性能试验实测结果(格式)见表3-8。其3d、7d、28d抗压强度结果见表3-9。基于此,依据《普通混凝土配合比设计规程》(JGJ 55—2011)进行全机制砂混凝土的配合比设计计算,得到初步配合比,见表3-10。

表3-8 混凝土拌合物性能试验实测结果

检测项目	坍落度（mm）		扩展度（mm）		含气量（%）		凝结时间（min）	
序号	0min	60min	0min	60min	0min	60min	初凝	终凝
SY-1	200	190	540	540	2.9	2.7	385	490
SY-2	195	185	560	550	2.8	2.5	370	485
SY-3	180	175	550	530	2.8	2.6	400	495

注：三组混凝土拌合物和易性良好。

表3-9 力学性能检测结果

编号	抗压强度（MPa）		
	3d	7d	28d
SY-1	41.3	56.2	67.1
SY-2	38.6	54.7	65.3
SY-3	35.3	48.8	61.2

表3-10 初步配合比　　　　　　　　　　　　　　　　（kg/m³）

水泥	粉煤灰	细骨料	粗骨料	减水剂	水
400	100	793	1052	5.0	155

3.3.5 机制砂混凝土配合比设计调控关键技术

考虑实际使用过程中,机制砂石粉含量、细度模数波动较大。一种固定的配方减水剂掺量相同、砂率相同很难满足实际施工需要,一般的配合比参数调整范围:砂率2%、减水剂掺量0.1%,调整范围过大时经审批的配合比将与现场脱节,失去应有的指导意义。因此,配合比设计应充分考虑机制砂的质量控制范围和水平,项目组通过料原地工艺控制,机制砂细度模数波动范围为2.8~3.3,石粉含量控制为1%~7%,根据机制砂质量控制水平,为适应现场需要,采用MA、MB、MC三个砂样品设计出砂率、减水剂掺量不同的三套配比以满足实际需要。

机制砂混凝土试拌采用三个不同的配合比进行,其配合比见表3-11,其拌合物性能试验实测结果见表3-12。

表3-11 机制砂混凝土配合比 (kg/m³)

编号	水泥	粉煤灰	细骨料	粗骨料	减水剂	水	水胶比
SJ-1	411	73	763	1098	5.32	155	0.32
SJ-2	425	75	793	1052	5.00	155	0.31
SJ-3	439	78	823	1005	4.65	155	0.30

表3-12 机制砂混凝土拌合物性能试验实测结果

序号	坍落度(mm)		扩展(mm)		含气量(%)		凝结时间(min)	
	0min	60min	0min	60min	0min	60min	初凝	终凝
SJ-1	200	190	550	540	2.7	2.5	375	435
SJ-2	195	190	560	555	2.8	2.5	380	475
SY-3	195	190	570	560	2.7	2.5	390	490

考虑机制砂特性的混凝土配合比设计调控技术的核心是依据细度模数调整砂率,依据石粉含量增减减水剂用量,以满足实际工程需求。

其中,SJ-1配方内机制砂细度模数为2.8,砂率取41%,石粉含量为6.3%;减水剂掺量为1.1%;SJ-2配方内机制砂细度模数为3.1,砂率取43%,石粉含量为4.1%,减水剂掺量为1%;SJ-3配方内机制砂细度模数为3.3,砂率取45%,石粉含量为2.2%,减水剂掺量为0.9%。

3.3.6 技术总结

(1)通过改进装载机铲料斗、设计螺旋式防离析漏斗,优化制砂设备选型和组合,利用三粒级多孔筛、涡流离心式选粉机和螺旋洗砂机改进干湿法制砂工艺,实现了级配良好、石粉含量精准可控的稳定型高品质机制砂的量化生产,为机制砂的推广应用奠定了研究基础。

(2)以机制砂(隧道洞碴为制备原料)细度模数和石粉含量为自变量,砂率与减水剂掺量为因变量,通过优化和易性、抗压强度参数,设计出C50和C55机制砂混凝土配合比,探索出一套适合机制砂特性的混凝土配合比设计方法,具有普遍适用性。

4 矿山固废在混凝土生产中的应用

4.1 技术背景

1. 概述

由于市场竞争压力和机制砂、河砂等资源有限，在这样的条件下，再生骨料已成为各个混凝土公司不得不使用的原材料，但同时对质量需要更进一步的把关。所以对配合比优化和再生骨料的合理应用成了对再生骨料进行使用的第一个难题。利用原有的技术数据，结合多组分混凝土理论，把混凝土设计强度值和胶凝材料强度的对应关系实现数字量化计算，利用石子填充理论结合骨料的参数合理地计算出砂石的用量，用预湿骨料技术原理计算出合理用水量，最后得出一套合理的配合比。通过合理的砂石用量和预湿效果，外加剂用量降低成本，同时工作性能达到最佳效果，通过胶材用量和强度数字量化，使胶材对强度贡献充分体现，减少胶材的富裕而降低成本，通过减少对原材使用的同时达到环保节能的经济效应。

2. 混凝土配比设计思路

由多组分混凝土强度理论数学模型 $f=\sigma\times u\times m$ 可知，混凝土的强度由硬化水泥混合砂浆理论强度、胶凝材料的填充强度贡献率和硬化密实浆体的体积百分比决定。以下介绍依据多组分混凝土理论进行混凝土配合比设计的具体步骤。

胶凝材料和外加剂的确定，以使用水泥配制混凝土为计算基础，根据水泥强度、需水量和表观密度求出1MPa强度水泥的用量，以此计算出满足设计强度等级所需水泥的量，其次根据掺合料的活性系数和填充系数用等活性替换和等填充替换求得胶凝材料的合理分配比例，然后用胶凝材料求得标准用水量对应的水胶比，在这一水胶比条件下确定合理的外加剂用量以及胶凝材料所需的搅拌用水量。

骨料的确定，首先测得石子的空隙率，根据砂子完全填充于石子的空隙中求得每立方米混凝土砂子的准确用量，然后按照混凝土体积组成石子填充模型，用石子的堆积密度扣除胶凝材料，即可求得每立方混凝土石子的准确用量，通过试验求得砂子和石子的吸水率即可求得润湿砂石所需的水。

在计算的过程中，除去含气量，由于砂子的空隙率所占体积和胶凝材料水化所需水分在混凝土最后占据的体积基本相同，因此计算过程不考虑砂子的孔隙率和拌合水的体积。

4.2 配合比设计方法

4.2.1 原材料

1. 胶凝材料主要技术参数

胶凝材料主要技术参数见表 4-1。

表 4-1 胶凝材料主要技术参数

名称	P·S 42.5 水泥	矿渣粉	粉煤灰	硅灰
强度	R_{28}	—	—	—
密度	ρ_C	ρ_K	ρ_F	ρ_{Si}
比表面积	S_C	S_K	S_F	S_{Si}
需水量（比）	W	β_K	β_F	β_{Si}
活性指数	—	A_{28}	H_{28}	

2. 水泥质量强度比的计算

（1）水泥在砂浆中的体积比例

$$V_C = \frac{\dfrac{C_0}{\rho_C}}{\dfrac{C_0}{\rho_C}+\dfrac{S_0}{\rho_{S0}}+\dfrac{W_0}{\rho_{W0}}} \tag{4-1}$$

（2）标准稠度水泥浆体的强度

$$\sigma = \frac{R_{28}}{V_C} \tag{4-2}$$

（3）标准稠度水泥浆体的密度

$$\rho_0 = \frac{\rho_C \times \left(1+\dfrac{W_0}{100}\right)}{1+\dfrac{\rho_C}{\rho_W}\times\dfrac{W_0}{100}} \tag{4-3}$$

（4）水泥的质量强度比

$$R_C = \frac{\rho_0}{\sigma} \tag{4-4}$$

3. 矿渣粉活性系数

$$\alpha_3 = \frac{A_{28}-50}{50} \tag{4-5}$$

4. 粉煤灰的活性系数

$$\alpha_2 = \frac{H_{28}-70}{30} \tag{4-6}$$

5. 硅灰的填充系数

$$u_4 = \sqrt{\frac{\rho_{Si} S_{Si}}{\rho_C S_C}} \tag{4-7}$$

4.2.2 砂石主要技术参数

(1) 石子的技术参数见表4-2。

表4-2 石子的技术参数

堆积密度	空隙率	表观密度	吸水率
ρ_g堆积	P	ρ_g表观	X_W

(2) 砂子的技术参数表4-3。

表4-3 砂子的技术参数

紧密堆积密度	含石率	含水率	压力吸水率	含泥量
ρ_s	H_G	H_W	Y_W	H_n

4.2.3 外加剂主要技术参数

称取水泥、水，按照厂家推荐掺量试验，要求混凝土拌合物坍落度为 T，水泥净浆流动扩展度 $D=T$，确定外加剂掺量。

4.2.4 混凝土配合比设计计算过程

1. 混凝土配制强度的确定

$$f_{cu,0} = f_{cu,k} + 1.645\sigma \tag{4-8}$$

2. 基准水泥用量

$$m_{C0} = R_C \times f_{cu,0} \tag{4-9}$$

3. 胶凝材料的分配

(1) $C_0 \leqslant 300$kg

$$m_{C0} = \alpha_1 \times m_C + \alpha_2 \times m_F \tag{4-10}$$

$$B = m_C + m_F \tag{4-11}$$

(2) $300\text{kg} \leqslant C_0 \leqslant 600\text{kg}$

$$m_{C0} = \alpha_1 \times m_C + \alpha_2 \times m_F + \alpha_3 \times m_K \tag{4-12}$$

$$m_{C0} = \mu_1 \times m_C + \mu_2 \times m_F + \mu_3 \times m_K \tag{4-13}$$

$$B = m_C + m_F + m_K \tag{4-14}$$

也可以先确定水泥、矿渣粉和粉煤灰代替基准水泥的比例 X_C、X_F、X_K。用下式计算：

$$m_C = m_{C0C} = X_C \times m_{C0} \tag{4-15}$$

$$m_F = \frac{m_{C0F}}{\alpha_2} = \frac{X_F \times m_{C0}}{\alpha_2} \tag{4-16}$$

$$m_K = \frac{m_{C0K}}{\alpha_3} = \frac{X_K \times m_{C0}}{\alpha_3} \tag{4-17}$$

(3) $C_0 \geqslant 600\text{kg}$

$$m_C = \alpha_1 \times m_C + \alpha_3 \times m_K + \alpha_4 \times m_{Si} \tag{4-18}$$

$$m_{C0} = \mu_1 \times m_C + \mu_3 \times m_K + \mu_4 \times m_{Si} \tag{4-19}$$

$$m_C + m_K + m_{Si} = 600 \tag{4-20}$$

也可以先确定水泥、矿渣粉和硅灰代替基准水泥的比例 X_C、X_F、X_S。用下式计算：

$$m_C = m_{C0C} = X_C \times m_{C0} \tag{4-21}$$

$$m_K = \frac{m_{C0K}}{\alpha_3} \times \frac{X_K \times m_{C0}}{\alpha_3} \tag{4-22}$$

$$m_{Si} = \frac{C_{0Si}}{u_4} = \frac{X_{Si} \times C_0}{u_4} \tag{4-23}$$

4. 胶凝材料标准稠度用水量

（1）试验法

$$W_B = (m_C + m_F + m_K + m_{Si}) \times \frac{W_0}{100} \tag{4-24}$$

（2）计算法

$$W_B = (m_C + m_F \times \beta_F + m_K \times \beta_K + m_{Si} \times \beta_{Si}) \times \frac{W_0}{100} \tag{4-25}$$

5. 泌水系数

$$M_W = \frac{m_C + m_F + m_K + m_{Si}}{300} - 1 \tag{4-26}$$

6. 胶凝材料拌合用水量

$$W_1 = W_B \times \frac{2}{3} + W_B \times \frac{1}{3} \times (1 - M_W) \tag{4-27}$$

7. 胶凝材料浆体体积

$$V_{浆体} = \frac{m_C}{\rho_C} + \frac{m_F}{\rho_F} + \frac{m_K}{\rho_K} + \frac{m_{Si}}{\rho_{Si}} + \frac{W_1}{\rho_W} \tag{4-28}$$

8. 外加剂掺量

$$A = (m_C + m_F + m_K + m_{Si}) \times c_A\% \tag{4-29}$$

9. 砂子用量用水量

（1）砂子用量

$$m_S = \frac{\rho_S \times P}{1 - H_G} \tag{4-30}$$

（2）机制砂

$$W_{2\min} = (5.7\% - H_W) \times m_S \tag{4-31}$$

$$W_{2\max} = (7.7\% - H_W) \times m_S \qquad (4-32)$$

(3) 天然砂

$$W_{2\min} = (6\% - H_W) \times m_S \qquad (4-33)$$

$$W_{2\max} = (8\% - H_W) \times m_S \qquad (4-34)$$

(4) 再生细骨料

$$W_2 = m_S \times Y_W \qquad (4-35)$$

10. 石子用量及用水量

$$m_G = (1 - V_{浆体} - P) \times \rho_{表观} - S \times H_G \qquad (4-36)$$

$$W_3 = m_G \times X_W \qquad (4-37)$$

11. 混凝土配合比

混凝土配合比见表 4-4。

表 4-4　混凝土配合比

水泥	矿粉	粉煤灰	硅灰	外加剂	砂	石子	拌合水	预湿水
C	K	F	Si	A	S	G	W_1	W_{2+3}

4.2.5　原材分析

利用公司现有的原材料，水泥为椰树水泥和天涯水泥，技术数据采用 28d 胶砂强度、标准稠度用水量、密度，结合水泥与外加剂的适应性试验。矿粉技术数据采用 28d 活性系数、流动度比、密度、比表面积。粉煤灰技术数据采用 28d 活性系数、需水量比、密度。对粗骨料技术数据采用石子堆积密度、空隙率、吸水率、石子含砂、含水、颗粒级配，细骨料技术数据采用紧密堆积密度、含石率、吸水率、含水率、颗粒级配、细度模数。外加剂技术数据采用净浆流动扩展度、减水率试验。对于水泥，椰树水泥早期强度好后期增长幅度小，且混凝土颜色泛黄，而且坍落度损失较大，天涯水泥强度发展规律好，混凝土颜色正常，坍落度损失小。矿粉是檀溪矿粉，符合 GB/T 18046—2017 中 S95 标准，粉煤灰是石粉磨细灰，活性低，白石粉砂含细粉是惰性材料，对粗骨料和浆体的界面粘结作用有降低粘结力的作用，黑石粉砂有活性，对混凝土强度有贡献，但使用黑石粉砂混凝土黏度会增加。石子花岗岩级配不好，5~10mm 含量高，级配差，针片状含量高，粒形差，界面光滑，但混凝土坍落度损失小，火山岩石子粒形好，级配好，界面好，但是含泥和吸水率高坍落度损失大。

4.2.6　原材数据及技术参数

水泥：表观密度 $=3100kg/m^3$，标准稠度用水量 $=27.2\%$，28d 胶砂强度 $=54MPa$，比表面积 $=332m^2/kg$。

矿粉：表观密度 $=2910kg/m^3$，流动度比 $=100\%$，28d 胶砂强度 $=52MPa$，比表面积 $=473.7m^2/kg$。

4 矿山固废在混凝土生产中的应用

粉煤灰：表观密度=2930kg/m³，需水量比=100%，筛余=22.9%。

砂：再生骨料1：紧密堆积密度=1900kg/m³，吸水率=10.5%，含石=16.3%，含粉=9.6%，亚甲蓝=2.4～3.1。

再生骨料2：紧密堆积密度=2070kg/m³，吸水率=11.6%，含石=9.7%，含粉=13.4%，亚甲蓝=1.8～2.8。

石子：花岗岩1：堆积密度=1466kg/m³，表观密度=2600kg/m³，空隙率=43.4%，吸水率=2.5%。

花岗岩2：堆积密度=1536kg/m³，表观密度=2543kg/m³，空隙率=39.4%，吸水率=2.8%。

火山岩：堆积密度=1438kg/m³，表观密度=2577kg/m³，空隙率=44.2%，吸水率=3.3%。

外加剂：太和外加剂，按照水泥1.6%掺加，扩展度290mm，280mm，减水率25%。

水：生活用水。

4.3 性能试验及结果分析

4.3.1 试配试验

根据石子和再生骨料检测数据，结合多组分混凝土和预湿骨料技术，计算得出理论配合比。通过试配确定最佳配合比，试验不同用水量及外加剂用量确定混凝土和易性及强度统计。

（1）花岗岩和火山岩与再生骨料试配实验，花岗岩与再生骨料2试配配合比见表4-5。

表4-5 花岗岩与再生骨料2试配配合比

试配编号	强度等级	原材用量（kg）								性能参数		
		水泥	矿粉	粉煤灰	再生骨料1	再生骨料2	花岗岩	外加剂	水	水胶比	堆积密度（kg/m³）	状态
Sp-1	C30	172	100	60	0	1060	760	13	150	0.45	2315	外加剂多。和易性、包裹性、流动性良好，黏
Sp-2	C30	172	100	60	0	1060	760	11.5	160	0.48	2324	和易性、包裹性、流动性好，外加剂微多，黏
Sp-3	C30	172	100	60	0	1060	760	8	170	0.51	2330	和易性、包裹性、流动性好，黏
Sp-4	C30	172	100	60	0	1060	760	7.5	180	0.54	2340	和易性、包裹性、流动性好，微黏
Sp-5	C30	172	100	60	0	1060	760	6.8	190	0.57	2349	和易性、包裹性、流动性好

续表

试配编号	强度等级	原材用量（kg）								性能参数		
		水泥	矿粉	粉煤灰	再生骨料1	再生骨料2	花岗岩	外加剂	水	水胶比	堆积密度（kg/m³）	状态
Sp-6	C30	172	100	60	0	1060	760	6.5	200	0.60	2359	和易性、包裹性、流动性好
Sp-7	C30	172	100	60	0	1060	760	6	210	0.63	2368	和易性、包裹性、流动性好

（2）火山岩和再生骨料1试配配合比见表4-6。

表4-6 火山岩和再生骨料1试配配合比

试配编号	强度等级	原材用量（kg）								性能参数		
		水泥	矿粉	粉煤灰	再生骨料1	再生骨料2	火山岩	外加剂	水	水胶比	堆积密度（kg/m³）	状态
Sp-1	C30	172	100	60	1040	0	780	14.5	150	0.45	2317	黏，流动缓慢
Sp-2	C30	172	100	60	1040	0	780	13.3	160	0.48	2325	黏，流动性比Sp-1好
Sp-3	C30	172	100	60	1040	0	780	f11	170	0.51	2333	黏，流动性比Sp-3好
Sp-4	C30	172	100	60	1040	0	780	9.5	180	0.54	2342	微黏，流动性好，和易性包裹性好
Sp-5	C30	172	100	60	1040	0	780	8.6	190	0.57	2351	流动性好，和易性包裹性好
Sp-6	C30	172	100	60	1040	0	780	7.8	200	0.60	2360	流动性好，和易性包裹性好
Sp-7	C30	172	100	60	1040	0	780	7	210	0.63	2369	流动性好，和易性、包裹性好

（3）火山岩和再生骨料2试配配合比见表4-7。

表4-7 火山岩和再生骨料2试配配合比

试配编号	强度等级	原材用量（kg）								性能参数		
		水泥	矿粉	粉煤灰	再生骨料1	再生骨料2	火山岩	外加剂	水	水胶比	堆积密度（kg/m³）	状态
Sp-1	C30	172	100	60	0	1010	820	13.5	150	0.45	2326	出机包裹性好，和易性、包裹性好，流动性良好，30s流平，过黏
Sp-2	C30	172	100	60	0	1010	820	12.2	160	0.48	2334	出机包裹性好，和易性、包裹性好，流动性良好，30s流平，过黏

续表

试配编号	强度等级	原材用量（kg）								性能参数		
		水泥	矿粉	粉煤灰	再生骨料1	再生骨料2	火山岩	外加剂	水	水胶比	堆积密度(kg/m³)	状态
Sp-3	C30	172	100	60	0	1010	820	11	170	0.51	2343	和易性、包裹性好，流动性良好
Sp-4	C30	172	100	60	0	1010	820	9.8	180	0.54	2352	和易性、包裹性好、流动性好
Sp-5	C30	172	100	60	0	1010	820	8.3	190	0.57	2360	和易性、包裹性好、流动性好
Sp-6	C30	172	100	60	0	1010	820	7	200	0.60	2369	和易性、包裹性好、流动性好
Sp-7	C30	172	100	60	0	1010	820	6.5	210	0.63	2379	和易性、包裹性好、流动性良好，含泥高，扩展度小

4.3.2 试配强度统计

（1）花岗岩和细骨料2试配各龄期强度见表4-8。

表4-8 花岗岩和细骨料2试配各龄期强度 （MPa）

强度等级	用水量/kg	水胶比	3d强度	7d强度	14d强度	28d强度
C30	150	0.45	23.7	40.5	47.9	52.9
C30	160	0.48	20	33.6	39.6	46.7
C30	170	0.51	18	30.3	34.5	41.7
C30	180	0.54	15.2	26.4	32.9	38.5
C30	190	0.57	13.7	24.2	30	35.8
C30	200	0.60	13.2	23.3	28.7	31.4
C30	210	0.63	10.7	19.8	24.2	30.6

（2）火山岩和再生骨料2试配各龄期强度见表4-9。

表4-9 火山岩和再生骨料2试配各龄期强度 （MPa）

试配编号	强度等级	用水量/kg	水胶比	3d强度	7d强度	14d强度	28d强度
Sp-1	C30	150	0.45	29.3	43.1	48.9	55.3
Sp-2	C30	160	0.48	26	37.8	45.6	50.4
Sp-3	C30	170	0.51	20.5	30.6	35.9	44
Sp-4	C30	180	0.54	16.6	26.2	28.9	33
Sp-5	C30	190	0.57	13	20.4	26.5	32.2
Sp-6	C30	200	0.60	12.8	20.6	25.9	30
Sp-7	C30	210	0.63	10	17.8	21.5	28

(3) 火山岩和再生骨料 1 试配各龄期强度见表 4-10。

表 4-10 火山岩和再生骨料 1 试配各龄期强度　　　　　　　　（MPa）

试配编号	强度等级	用水量/kg	水胶比	3d 强度	7d 强度	14d 强度	28d 强度
Sp-1	C30	150	0.45	24.8	38.9	44.7	50.3
Sp-2	C30	160	0.48	23.4	37.3	43.6	47.2
Sp-3	C30	170	0.51	22.6	35.9	42.8	45.0
Sp-4	C30	180	0.54	19.1	31.4	38.9	40.2
Sp-5	C30	190	0.57	13.6	22.1	25.3	33.8
Sp-6	C30	200	0.60	13.6	22.6	29.7	34.3
Sp-7	C30	210	0.63	13.8	22.5	27.9	30.5

(4) 抗压强度综合见表 4-11。

表 4-11 抗压强度　　　　　　　　（MPa）

试配编号	强度等级	用水量/kg	水胶比	分类	3d 强度	7d 强度	14d 强度	28d 强度
Sp-1	C30	150	0.45	花+再生骨料 2	23.7	40.5	47.9	52.9
				火+再生骨料 1	29.3	43.1	48.9	55.3
				火+再生骨料 2	24.8	38.9	44.7	50.3
Sp-2	C30	160	0.48	花+再生骨料 2	20.0	33.6	39.6	46.7
				火+再生骨料 1	26.0	37.8	45.6	50.4
				火+再生骨料 2	23.4	37.3	43.6	47.2
Sp-3	C30	170	0.51	花+再生骨料 2	18.0	30.3	34.5	41.7
				火+再生骨料 1	20.5	30.6	35.9	44.0
				火+再生骨料 2	22.6	35.9	42.8	45.0
Sp-4	C30	180	0.54	花+再生骨料 2	15.7	26.4	32.9	38.5
				火+再生骨料 1	16.6	26.2	28.9	33.0
				火+再生骨料 2	19.1	31.4	38.9	40.2
Sp-5	C30	190	0.57	花+再生骨料 2	13.7	24.2	30.0	35.8
				火+再生骨料 1	13.0	20.4	26.5	32.2
				火+再生骨料 2	13.6	22.1	25.3	33.8
Sp-6	C30	200	0.60	花+再生骨料 2	13.2	23.3	28.7	31.4
				火+再生骨料 1	12.8	20.6	25.9	30.0
				火+再生骨料 2	13.6	22.6	29.7	34.3
Sp-7	C30	210	0.63	花+再生骨料 2	10.7	19.8	24.2	30.6
				火+再生骨料 1	10.0	17.8	21.5	28.0
				火+再生骨料 2	13.8	22.2	27.9	30.5

4.3.3 总结及数据分析

通过再生骨料1、再生骨料2和花岗岩、火山岩交叉试验对比，通过各个试配逐渐提高用水量，可以分别得出各种原材料的强度随着用水量的变化规律，不同配合比用水量对强度和和易性的影响，不同的石子和再生骨料的搭配使用的强度值，且试配28d强度值可以看出用水量控制在180kg/m³强度值和和易性均满足要求，可以作为混凝土细骨料使用，降低成本保证质量，节能环保，再生利用减小环境破坏。

4.4 工程应用

4.4.1 海口滨江海岸

1. 工程概况

海口滨江海岸三期位于海口市海甸岛，于2013年开始建设至今，建筑面积46.5万m²。其中7.39万m²本项目由商业步行街、国际标准写字楼、五星级酒店、产权式酒店、现代风格水景大宅组成，为大型商业、办公、住宅综合体。该项目设计根据规划设计条件及业主的开发要求，将两栋120m高的酒店和办公塔楼布置在西北角临城市主干道，成为项目的主要城市入口，打造整个区域的门户形象，与东侧沿海住宅群遥相呼应。现14号商业住宅楼C35和C40板面混凝土采用再生骨料生产。

2. 再生骨料混凝土的试生产

（1）再生骨料混凝土的试生产的要求

①原材料的计量必须由专人负责，并记录计量结果。计量精度允许偏差：水泥±1%；掺合料±1%；砂石±2%；外加剂±0.5%；水±1%，免养护剂±0.1%。

②必须先进行物料的均化。

③生产过程有专人负责，抽检不合格及时通知相关部门有关领导进行处理。

（2）原材料的选用

①水泥：P·O 42.5级；

②石子：粒径为5~25mm海口碎石；

③砂：再生骨料细骨料；

④外加剂：聚羧酸减水剂；

⑤矿物掺合料：矿粉、粉煤灰；

⑥水：符合国家标准的饮用水。

（3）配合比

采用实验室理论配合比进行试拌，根据原材料含水率确定施工配合比。

(4) 拌合物性能

对所配制的再生骨料混凝土拌合物坍落度及其损失值、凝结时间、含气量等进行检测，结果见表 4-12。

表 4-12 再生骨料混凝土拌合物性能应用试验数据

混凝土强度等级	坍落度（mm）			扩展度 mm	含气量（%）	排空时间（s）
	0	1h	1.5h			
C30	230	220	215	560	2.5	8

(5) 力学性能

再生骨料混凝土运输到施工现场后，负责现场的监理和甲方技术人员非常满意。施工单位在现场依据规范要求共同取样留置试件，分别编号，标准养护及同条件养护至规定龄期分别送第三方检测，强度 C35 平均值 49.6MPa，C40 强度值 50.3MPa，根据 GB/T 50107—2010 评定为合格。

4.4.2 海口佳园江畔

1. 工程概况

海口佳园江畔，由浙江三建承建，采用海南华森建材销售有限公司配制的再生骨料混凝土。其中桩基部分为 C40 水下混凝土，采用再生骨料混凝土配制浇筑施工顺利，且强度满足设计要求。

2. 再生骨料混凝土的试生产

(1) 再生骨料混凝土的试生产的要求

①原材料的计量必须由专人负责，并记录计量结果。计量精度允许偏差：水泥±1%；掺合料±1%；砂石±2%；外加剂±0.5%；水±1%。

②必须先进行物料的均化。

③生产过程有专人负责，抽检不合格及时通知相关部门有关领导进行处理。

(2) 原材料的选用

①水泥：P·O 42.5 级；

②石子：粒径为 5～25mm 海口碎石；

③砂：再生骨料细骨料；

④外加剂：聚羧酸减水剂；

⑤矿物掺合料：矿粉、粉煤灰；

⑥水：符合国家标准的饮用水。

3. 配合比

采用实验室理论配合比进行试拌，根据原材料含水率确定施工配合比。

4. 拌合物性能

对所配制的再生骨料混凝土拌合物坍落度及其损失值、凝结时间、含气量等进行检测，结果见表 4-13。

表 4-13 再生骨料混凝土拌合物性能应用试验数据

混凝土强度等级	坍落度（mm）			扩展度 mm	含气量（%）	排空时间（s）
	0	1h	1.5h			
C40 水下	220	210	210	540	2.2	9

5. 力学性能

再生骨料混凝土运输到施工现场后，负责现场的监理和甲方技术人员非常满意。我公司与施工单位在现场依据规范要求共同取样留置试件，分别编号，标养及同条件养护至规定龄期分别送第三方检测，强度平均值 46.6MPa，根据 GB/T 50107—2010 评定为合格。

5 免养护混凝土技术的研究应用

5.1 技术背景

5.1.1 研究与开发免养护混凝土的意义

随着现代建筑物的逐渐变高以及施工进度的加快，施工人力成本不断提高，混凝土的养护工作往往被忽视。混凝土的开裂和回弹强度低已成为混凝土行业的通病，也是所有搅拌站最为头疼的难题。造成这个问题的主要原因就在于混凝土的养护不到位，导致混凝土早期产生裂纹，然后开裂，在后期验收时回弹强度不达标。据统计，全国80%以上的建筑工程的养护都没有到位。所以在养护问题上必须想办法解决，从而保证混凝土的质量，减少早期开裂产生的裂缝问题。本研究在配合比设计中加入免养护剂，混凝土拆模后不需要养护，可有效预防混凝土开裂，减少碳化，提高表面回弹强度。本研究配制的免养护混凝土在基准配合比的基础上28d强度值提高了2~4MPa，使企业的产品更加具有竞争力，同时保证了工程质量。因此，研究和开发免养护混凝土具有重要的意义。

5.1.2 技术原理和路线

1. 技术原理

通过在混凝土中掺加免养护剂，使混凝土拌合物凝固前免养护剂漂浮到混凝土表面，在混凝土上表面形成一层薄薄的膜，这层膜在空气中快速硬化，使水分无法从上表面蒸发散失，拆除模板后，侧面和底部的混凝土表面由于免养护剂的渗透作用，渗透到拆模后的混凝土外露表层形成一层隔离膜，并很快硬化，将混凝土表皮封闭起来，水分无法蒸发，对于水泥和胶凝材料水化过程中出现的小缺陷，免养护剂会快速渗透到该部位修补使其愈合，使水泥水化体系在较长时间内保持较高的内部相对湿度，既保证了水泥水化的持续进行，又抑制了混凝土界面的早期干燥。这样就有效地预防了混凝土的塑性收缩和化学缩减引起的开裂。保证混凝土拆模后，免养护混凝土与标准养护的混凝土相比具有更好的抗裂性，得到回弹强度并且提高。在减少40kg水泥用量的基础上，加入免养护剂的混凝土和基准配合比的混凝土具有相同的工作性能、力学性能及耐久性能。

2. 技术路线

具体技术路线就是在配合比设计上采取预湿骨料和调整砂率相结合的技术措施，解决砂石含泥量与石粉量高以及吸水率大导致混凝土拌合物初始坍落度小、坍落度经时损失大以及外加剂掺量高的技术难题；采用掺加免养护剂的方法解决混凝土开裂和回弹强度低的问题。针对搅拌站砂石料特定的条件，每一批砂石料都有一个最佳砂率，首先通过试验求出最佳砂率；其次求得胶凝材料混合后搅拌达到标准稠度时的用水量，然后经试验求得润湿砂石所用水量，用于生产即可实现控制质量降低成本的目标；通过对不同强度等级混凝土掺入不同品种和用量免养护剂的方法解决混凝土开裂和回弹强度低的问题。

在具体的操作过程中，在搅拌站砂石料皮带头位置增加一套喷淋设备，使喷水过程和砂石的生产过程同步进行，以便节约时间，使砂石料进入搅拌机之前实现表面润湿和内部空隙达到饱水状态，在生产时外加剂和水分就全部用于胶凝材料的润湿以及工作性的改善，初始坍落度提高，坍落度经时损失减小。达到节约减水剂，保证工作性，预防坍落度损失，降低混凝土成本以及实现混凝土免养护的目的。

5.1.3 原理探索及试验研究

1. 试验要求

采用常规生产工艺，利用山东地区常用砂、石和 P·O 42.5 水泥，选择适宜的外加剂和掺合料，配制不同 C20~C60 的泵送免养护混凝土，其性能指标要求如下：

(1) 试配强度：$f_{cu,28} \geqslant f_{cu,k}+1.645\sigma$（MPa）；

(2) 坍落度：(220±30) mm；

(3) 扩展度：$D \geqslant 500$mm；

(4) 2h 内混凝土坍落度损失：≤10%。

2. 方案设计

根据试验要求，考虑研究目的，试验方案设计如下：

(1) 对外加剂、掺合料等原材进行选择性试验；

(2) 对免养护剂的物理力学性能检测并优选出合理的免养护剂；

(3) 试配免养护混凝土，进行工作性能、力学性能和耐久性能检测，优选出免养护剂在混凝土中的最佳掺入量；

(4) 验证性试验；

(5) 工程应用。

3. 试验设备及相关条件

(1) 设备：60L 强制式搅拌机。

(2) 搅拌时间：2min。

(3) 成型方式：机械振捣。

(4) 养护条件：标准养护、同条件养护。

(5) 龄期：3d、7d、28d。

5.2 试验研究

5.2.1 原材料的选择

1. 水泥

常用的几种水泥的主要技术数据见表 5-1。

表 5-1 水泥技术数据

水泥品种	细度 (%)	密度 (kg/m³)	标准稠度 (%)	抗折强度 (MPa)		抗压强度 (MPa)	
				3d	28d	3d	28d
鲁碧 P·O 42.5	7.1	3014	27.2	6.6	9.7	30.5	55.7
宝山 P·O 42.5	7.5	2950	28.3	6.9	9.5	33.1	53.2
万华 P·O 42.5	6.8	3045	27.4	7.2	9.4	31.5	55.0

经过试验对比，本研究初步确定从鲁碧、宝山和万华三种水泥中选择 28d 强度好、质量性能稳定的 P·O 42.5 水泥。分别采用这三种不同的水泥，同一种外加剂的三种不同掺量进行流动度对比试验，根据净浆流动度对比试验结果，选用鲁碧 P·O 42.5 水泥，其性能见表 5-2。

表 5-2 鲁碧 P·O 42.5 水泥性能

化学成分	C_3A (%)	R_2O (%)	Cl^- (%)	SO_3 (%)	C_4AF (%)
含量	15.2	0.84	0.0004	2.56	9.3

物理性能	烧失量 (%)	标准稠度 (%)	凝结时间 (h)		抗折强度 (MPa)		抗压强度 (MPa)	
			初凝	终凝	3d	7d	3d	28d
	2.02	27.2	2h10min	3h55min	6.6	9.7	30.5	55.7

通过对水泥的密度、标准稠度用水量、28d 胶砂强度，数字量化强度和水泥用量的关系，得出单位强度需要的水泥用量，见表 5-3。

表 5-3 鲁碧 P·O 42.5 水泥性能

检测指标	标准稠度用水量 (%)	表观密度 (kg/m³)	28d 胶砂强度 (MPa)	水泥强度贡献 (kg/MPa)
实测值	27.2	3014	55.7	7.1

2. 细骨料

细骨料采用洁净的中砂，细度模数为 2.6~3.0。其性能见表 5-4。

表 5-4 砂的技术指标

细度模数	表观密度	堆积密度	含泥量	泥块含量
2.8	2010kg/m³	1550kg/m³	1.0%	0.8%

3. 粗骨料

粗骨料采用质地坚硬、级配良好、界面条件较好的机制碎石,针片状含量低,石子的粒径为5～25mm。性能指标见表5-5。

表5-5 碎石的技术指标

公称粒径	表观密度	堆积密度	含泥量	针片状含量	压碎指标
5～25mm	2630kg/m³	1550kg/m³	0.3%	5.6%	12%

4. 拌合水

采用自来水。

5. 外加剂

通过净浆流动度法检验外加剂和水泥的适应性,本研究采用自配聚羧酸系减水剂,最佳掺量为2%。它具有无氯、低碱、高效等特点,能非常明显地改善混凝土和易性及黏聚性,提高混凝土的密实性和耐久性等,其技术指标见表5-6。

表5-6 减水剂的技术指标

减水率(%)	25.0	
碱含量(%)	0.37	
相对密度(20℃)	1.04	
pH值	7.1	
固含量(%)	9.8	
对钢筋锈蚀	无	
抗压强度比(%)	标准值	本品值
1d	≥140	165
3d	≥130	—
7d	≥125	130
28d	≥120	130

6. 矿渣粉

采用鲁碧粒化高炉矿渣粉,其物理力学性能指标及化学成分见表5-7和表5-8。

表5-7 矿渣的物理力学性能指标

项目		级别			实测值
		S105	S95	S75	
密度(g/cm³) 不小于			2.8		2.85
比表面积(m²/kg) 不小于			350		420
活性指数(%) 不小于	7d	95	75	55	98
	28d	105	95	75	102
流动度比(%) 不小于		85	90	95	93
烧失量(%) 不大于			3.0		1.0
氯离子(%)			—		0.01

表 5-8 矿渣粉的化学成分

化学成分	SiO$_2$	Al$_2$O$_3$	Fe$_2$O$_3$	CaO	MgO	K$_2$O	Na$_2$O	TiO$_2$
含量（%）	33.56	11.4	0.33	40.39	11.20	0.57	0.57	1.34

通过胶砂强度，计算出矿粉的活性指数和取代系数，见表 5-9。

表 5-9 矿渣粉的技术指标

检测指标	流动度比（%）	表观密度（kg/m³）	28d 胶砂强度（MPa）	活性指数	取代系数
实测值	93	2800	56.9	102.1%	1.04

7. 粉煤灰

粉煤灰能改善混凝土施工性能和力学性能，减少混凝土需水量，避免混凝土拌合物的离析、泌水，改善工作性，减少坍落度损失。本研究使用的粉煤灰各项技术指标见表 5-10。

表 5-10 粉煤灰性能指标

技术指标	分级标准		华电	非华电
	Ⅰ级	Ⅱ级		
细度（0.045mm 方孔筛筛余%）	12	20	18	19.3
需水量比（%）	95	105	94	103
烧失量（%）	5	8	1.89	3.46
SO$_3$（%）	3	3	0.68	0.96

通过胶砂强度，计算出粉煤灰的活性指数和取代系数，见表 5-11。

表 5-11 粉煤灰技术指标

检测指标	需水量比（%）	表观密度（kg/m³）	28d 胶砂强度（MPa）	活性指数	取代系数
实测值	101	2230	40	71.7%	0.062

5.2.2 免养护剂品种的选择

1. 试验设计

免养护技术有自身养护，提高强度、有效预防开裂、减小碳化等优点。在选择原材时，采集了五种免养护剂（A，B，C，D，E），通过试验优选出最佳的免养护剂应用于混凝土试验和生产中。

以 C30 为试验基准进行配合比设计及试验，对现有混凝土配合比方案进行优选，配合比见表 5-12。

表 5-12 配合比

目录	C30 配合比（kg/m³）								
	水泥	矿粉	粉煤灰	石	砂	预湿水	拌合水	外加剂	免养护剂
A	230	90	50	860	960	74	96	9.0	1
B	230	90	50	860	960	74	96	9.5	1
C	230	90	50	860	960	74	96	9.5	1
D	230	90	50	860	960	74	96	9.5	1
E	230	90	50	860	960	74	96	9.5	1

2. 新拌混凝土性能试验

混凝土拌合物的工作性能实测值见表 5-13，经时坍落度损失如图 5-1 所示。

表 5-13 免养护混凝土拌合物工作性能　　　　　（mm）

目录	初始状态	T_{0h}	T_{1h}	D_{0h}	D_{1h}
A	和易性好，流动性好	230	200	600	560
B	和易性好，流动性好	230	210	590	550
C	和易性好，流动性好	240	220	600	540
D	和易性好，流动性好	240	220	610	560
E	和易性好，流动性好	240	220	590	550

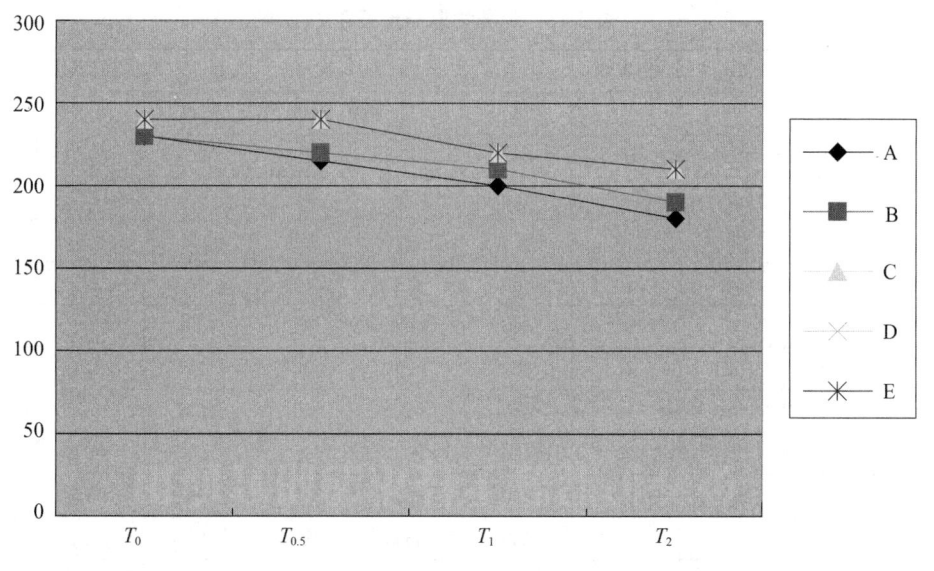

图 5-1 混凝土坍落度随时间损失图

3. 硬化混凝土力学性能试验

按照已确定的配合比进行试件立方体抗压强度的试验，试验结果见表 5-14。

表 5-14 免养护混凝土的抗压强度及回弹强度　　　　　　　　　　（MPa）

目录	3d 抗压强度	3d 回弹强度	7d 抗压强度	7d 回弹强度	28d 抗压强度	28d 回弹强度
A	18.9	22.0	27.4	31.0	38.8	37.5
B	17.4	20.5	23.3	27.5	33.9	35.0
C	20.6	23.8	27.5	30.5	38.3	37.0
D	21.3	23.5	28.8	30.4	38.3	38.5
E	15.6	18.5	20.5	26.5	26.0	29.5

通过试验对比，最终确定试验和生产用的免养护剂为 D。

5.2.3 免养护剂掺入量的试验

1. 试验设计

在设计免养护混凝土中免养护剂在混凝土中的最佳掺量时，通过设计不同的免养护剂在混凝土中的掺入量，对混凝土工作性能、力学性能、耐久性能，以及混凝土早期的开裂情况，根据 3d、7d、28d 回弹值和标准养护试件的抗压值的差值，综合质量稳定性和成本，通过试验合理地选择免养护剂的掺入量。

在本试验中，同时设计了 C25～C35 多个强度等级的混凝土进行试验，免养护剂的掺入量取单方混凝土中加入 0.3kg、0.5kg、1.0kg、1.5kg、2.0kg 和基准配合比进行对比，优选出最佳掺量，再进行一组减少 40kg 水泥用量掺入免养护剂的试验。试验设计配合比见表 5-15。

表 5-15 免养护混凝土配合比　　　　　　　　　　（kg/m³）

强度等级	水泥	矿粉	粉煤灰	石	砂	预湿水	拌合水	外加剂	免养护剂
C25	160	70	80	860	1000	80	90	9.3	0
	160	70	80	860	1000	82	90	9.8	0.3
	160	70	80	860	1000	82	90	10.0	0.5
	160	70	80	860	1000	82	90	9.5	1.0
	160	70	80	860	1000	82	90	9.5	1.5
	160	70	80	860	1000	82	90	10.0	2.0
	120	70	80	860	1040	82	90	9.5	1.0
C30	190	70	90	860	960	80	90	10.5	0
	190	70	90	860	960	80	90	10.7	0.3
	190	70	90	860	960	80	90	10.7	0.5
	190	70	90	860	960	80	90	10.7	1.0
	190	70	90	860	960	80	90	10.7	1.5
	190	70	90	860	960	80	90	10.7	2.0
	150	70	90	860	1000	80	90	10.7	1.0

续表

强度等级	水泥	矿粉	粉煤灰	石	砂	预湿水	拌合水	外加剂	免养护剂
C35	200	90	70	860	950	74	98	10.5	0
	200	90	70	860	950	74	98	10.5	0.3
	200	90	70	860	950	74	98	10.5	0.5
	200	90	70	860	950	74	98	10.5	1.0
	200	90	70	860	950	74	98	10.8	1.5
	200	90	70	860	950	74	98	11.0	2.0
	160	90	70	860	950	74	98	10.5	1.0

2. 试验各龄期的立方体抗压强度和回弹强度统计

各试件的各个龄期的回弹强度和试压抗压强度见表5-16。

表5-16　各龄期试验强度和回弹强度值　　　　　　　　　　（MPa）

强度等级	免养护剂（kg）	3d抗压强度	3d回弹强度	7d抗压强度	7d回弹强度	28d抗压强度	28d回弹强度
C25	0	12.4	18.5	20.0	24.8	28.2	29.0
	0.3	12.3	18.1	21.3	25.6	28.8	27.5
	0.5	14.3	17.9	21.8	24.5	27.4	30.0
	1.0	15.6	20.3	22.3	26.8	30.0	30.5
	1.5	14.9	19.7	22.0	25.8	30.2	28.5
	2.0	15.0	18.9	20.8	25.3	25.7	30.6
减40kg水泥	1.0	14.5	17.5	20.4	23.8	29.8	30.0
C30	0	20.7	22.0	29.4	29.1	36.0	32.5
	0.3	18.6	21.4	25.2	28.6	37.7	34.5
	0.5	18.0	22.5	25.9	29.0	34.5	30.5
	1.0	18.8	23.0	27.1	29.7	38.6	35.5
	1.5	17.3	20.3	24.9	28.8	35.3	34.0
	2.0	17.9	20.0	24.5	27.4	35.4	32.5
减40kg水泥	1.0	17.0	19.8	24.2	27.0	34.6	34.2
C35	0	22.5	24.5	29.7	33.0	39.1	38.5
	0.3	20.3	23.8	28.5	31.2	38.8	38.0
	0.5	21.4	24.5	30.4	32.3	39.4	40.2
	1.0	22.9	25.0	31.1	33.4	42.3	40.5
	1.5	20.8	23.3	29.5	32.8	38.1	39.5
	2.0	22.2	24.0	27.9	31.8	36.8	37.0
减40kg水泥	1.0	20.9	23.1	29.0	32.0	37.4	38.4

3. 总结分析

在本次试验数据结果中，从不同强度等级的混凝土和不同养护剂的掺入量可以得出，掺入免养护剂 0.3kg、0.5kg 的混凝土状态不受影响,但是强度波动不稳定,在实体施工中质量难以保证。免养护剂掺入量 1.5kg、2.0kg 混凝土和易性良好,流动性扩展度降低,施工难度增加,强度和掺入 1.0kg 的差不多,多方面综合考虑,选择单方掺入量 1.0kg 免养护剂。

4. 验证性试验

(1) 验证性调整试验

在以上的试验中,已经确定在免养护混凝土中单方加入 1kg 免养护剂的配合比是最合理的,以 C30 配合比为基准重复进行了立方体抗压强度的试验,验证该配合比的稳定性。试验配合比见表 5-17,试验结果见表 5-18。

表 5-17 C30 免养护混凝土配合比 (kg/m³)

目录	C30 配合比								
	水泥	矿粉	粉煤灰	石	砂	预湿水	拌合水	外加剂	免养护剂
C30	190	70	90	860	960	80	90	10.5	1.0

表 5-18 免养护混凝土的抗压强度及回弹强度

目录	强度值（MPa）							
3d 抗压强度	18.7	19.4	20.2	17.9	22.0	17.9	16.8	21.3
3d 回弹强度	22.0	23.4	19.8	21.5	24.7	22.6	20.8	25.0
7d 抗压强度	26.4	27.1	25.9	27.5	26.9	25.9	27.3	27.0
7d 回弹强度	28.0	29.0	27.5	31.0	30.5	28.5	29.5	30.6
28d 抗压强度	35.2	37.7	36.4	34.5	33.6	36.8	37.2	32.9
28d 回弹强度	36.5	38.0	37.5	36.5	36.0	38.0	38.5	35.5

从试验结果可以看出,采用免养护技术配合比配制出的混凝土,不用养护 C30 其 28d 抗压强度能稳定地达到设计标准,且回弹强度和标准养护抗压强度接近,回弹强度和试件抗压强度高于基准配合比,加入免养护剂有效地防止了工地不养护导致的强度低,节省养护人力成本。

(2) 强度发展规律

由表 5-18 对免养护混凝土进行的 3d、7d、28d 立方体抗压强度和回弹强度试验结果,可以看出加入免养护剂的混凝土的抗压和回弹强度值接近,加入免养护剂减少了内部水分的流失,使混凝土实体回弹强度与标准养护试件强度一致。以上试验结果表明,混凝土中加入一定量的免养护剂后,28dC30 免养护混凝土抗压强度和回弹强度很接近,甚至高于抗压强度。

5. 耐久性能试验

(1) 收缩性能

混凝土的收缩性能是指混凝土在规定温度、湿度条件下,不受外力作用引起的长度变化。本试验成型了 100mm×100mm×515mm 的免养护混凝土试件 5 组,对比样一组,为了测定混凝土的早期收缩,分别在水中养护 1d 和 3d;再放在温度为 (20±3)℃,相对湿度为 (60±5)% 的恒温恒湿室测量其长度变化。

试验结果表明:由于免养护混凝土加入免养护剂,使混凝土在自然环境中具有自养护的功能,使混凝土的抗压强度提高的同时,具有使混凝土早期因养护不到位引起的收缩开裂减少,同时减少了内部水分的流失,收缩率小。

(2) 抗渗性能

混凝土的抗渗性能是反映混凝土耐久性的重要指标之一。为了验证免养护混凝土的抗渗性能,按照标准试验方法进行抗渗性试验。试验表明,由于免养护混凝土中掺入了部分矿物掺合料,具有良好的密实性,同时加入免养护剂使混凝土的内部和表层均完全水化致密,抗渗等级可达到 P35 以上,适合于地下工程结构和自防水结构混凝土。

(3) 抗冻性能

混凝土的抗冻性是指其在饱和状态下遭受冰冻时,抵抗冰冻破坏的能力,它是评定混凝土耐久性的重要指标,以抗冻等级(F)表示。本试验成型了 100mm×100mm×400mm 的免养护混凝土试件进行了抗冻融性试验,试验数据见表 5-19。

表 5-19 C30 免养护混凝土冻融试验结果

强度等级	D50 次冻融后				D100 次冻融后				D200 次冻融后			
	相对动弹性模量(%)	平均(%)	质量损失率(%)	平均(%)	相对动弹性模量(%)	平均(%)	质量损失率(%)	平均(%)	相对动弹性模量(%)	平均(%)	质量损失率(%)	平均(%)
C30	94.5	95.4	0.00	0.00	95.5	95.8	0.00	0.00	93.0	93.2	0.00	0.00
	95.4		0.00		95.9		0.00		92.0		0.00	
	96.3		0.00		96.1		0.00		94.6		0.00	

试验结果表明,由于免养护混凝土具有自身养护功能,且能减少内部水分流失,从而减少了内部水分流失而产生的通道,提高了混凝土内部的密实度,结构致密,所以抗冻融性能好。经过 200 次冻融循环后,质量损失率为零,相对动弹性模量仍保持在 93.2%,在不养护的条件下远远优于不加免养护剂的混凝土,混凝土表面和内部水化更完全,所以免养护混凝土具有良好的耐久性能,这种免养护混凝土结构的使用寿命更长,有更好的耐久性。

(4) 氯离子扩散试验

混凝土中孔溶液的 pH>10 时,如果钢筋表面的孔溶液中氯离子浓度超过某一定值,就会破坏钢筋表面的钝化膜,使钢筋局部活化形成阳极区。钢筋一旦失钝,氯离子的存在就会使钢筋局部酸化,导致锈蚀速率加快。因为 $FeCl_2$ 的水解性强,氯离子能长期反复地起作用,而增大孔溶液的导电率和电腐蚀电流。所以,氯离子的渗透性对于混凝土的耐久性极为重要。

对免养护混凝土进行了氯离子扩散试验,并和 C30 基准配合比混凝土进行了对比。试验结果见表 5-20。

表 5-20　免养护混凝土的离子渗透试验数据

强度等级	氯离子扩散系数（×10^{-8}cm^2/s）			
	1	2	3	平均值
C30 基准	2.47	2.83	2.83	2.71
C30 免养护	1.35	1.65	1.61	1.54

(5) 混凝土的碳化试验

空气中的 CO_2 不断向混凝土内部扩散，且溶于毛细孔的孔隙水呈弱酸性；溶于水的 CO_2 与水泥碱性水化物 $Ca(OH)_2$ 发生反应，生成不溶于水的 $CaCO_3$，使混凝土孔溶液的 pH 值降低，这种现象称为中性化，又称碳化。当混凝土中的孔隙水的 pH<10 时，钢筋的钝化膜被破坏，钢筋要发生锈蚀。钢筋生锈后的体积要比原来钢筋的体积膨胀 2.5 倍，因此会导致混凝土开裂，与钢筋的粘结力降低，混凝土保护层剥落，钢筋断面积发生缺损，严重影响混凝土结构的耐久性。

本试验成型了五组免养护混凝土试件，按照规定龄期放入 CO_2 浓度（20±3)％、温度（20±5)℃、湿度（70±5)％的碳化箱中加速碳化，测得 3d、7d 混凝土的碳化深度均为零，14d、28d 混凝土的碳化深度均小于 3mm，试验数据见表 5-21。试验结果证明免养护混凝土的密实性好，具有较高的抗碳化能力。

表 5-21　免养护混凝土的碳化试验数据

组数	碳化龄期（3d）碳化深度（mm）	碳化龄期（7d）碳化深度（mm）	碳化龄期（14d）碳化深度（mm）	碳化龄期（28d）碳化深度（mm）
1	0	0	1	2
2	0	0.5	1.5	2.5
3	0	0	1	2
4	0	0	1	2
5	0	0	1	2

(6) 微观孔结构分析

采用压汞法对混凝土结构进行微观孔结构分析，试验结果表明，免养护混凝土的总孔隙率为 6.94％，其中>100nm 的孔为 1.43％；50~100nm 的孔为 0.27％；10~50nm 的孔为 1.14％；<10nm 的孔为 4.10％，可以看出：总孔隙率低，且绝大多数孔的孔径<100nm 属于无害孔。在混凝土的孔径分布中，一般认为>100nm 的孔为有害孔，<50nm 的孔为无害孔。因此可以认为免养护混凝土的孔结构分布合理，这是保证混凝土耐久性能的重要条件。

5.2.4　技术总结

(1) 本研究利用常规材料掺加免养护剂配制成功免养护混凝土，流动性好、坍落度经时损失小，适合于高层建筑和大型混凝土结构的泵送施工。

（2）免养护混凝土具有自养护的功能，内部水分流失少，拆模后结构致密、没有开裂的现象，有效预防了混凝土的塑性开裂。

（3）免养护混凝土 28d 抗压强度和回弹强度平均高于基准配合比混凝土 2～4MPa，实现了免养护混凝土回弹强度值和抗压强度值与标准养护试件对比的一致。

（4）免养护混凝土在基准配合比的基础上可以减少 40kg 水泥，力学性能不变，既保证强度和工作性能满足要求，又节约能源，保护环境，降低制造成本，符合可持续发展战略，具有较强的市场竞争力。

（5）免养护混凝土水化完全、碳化值低、收缩率小、对钢筋保护性好、耐久性优异，抗渗等级可达到 P35 以上，可用于自防水混凝土结构工程，可以有效预防因养护引起的一系列工程质量问题。

6 兴泉铁路C50混凝土连续梁智能张拉技术

6.1 C50混凝土配比设计

6.1.1 概述

兴泉铁路宁化跨泉南高速特大桥连续梁采用（32+48+32）m一联三跨结构形式，主跨（34号墩～35号墩）跨越既有205省道公路。连续梁起讫里程为D1K159+934.55～D1K160+047.65，梁体全长为113.1m。梁体为单箱单室、变高度、变截面箱梁，底板、腹板局部向内侧变薄，均按直线线性变化。中支点截面中心线处梁高3.80m，跨中11m直线段及边跨14.1m直线段截面中心线梁高2.50m，梁体下缘按二次抛物线变化。梁体桥面宽度为6.6m。主梁共分25个梁段，其中0号梁段长12m，合龙梁段长2.0m，边孔现浇梁段长3.1m，其余梁段长分别为4m、4.5m两种。边支座中心线至梁端0.6m。本章介绍了兴泉高铁预应力连续梁C50高性能混凝土配合比设计技术。

6.1.2 原材料

1. 水泥

为了满足兴泉高铁预应力连续梁C50混凝土张拉需求，在配合比设计过程中优选万年青P·O42.5水泥，在进场过程中对水泥中的化学成分、碱含量、安定性以及强度都严格按工程项目技术要求控制，对水泥的比表面积、组分、不溶物、烧失量、氧化镁、三氧化硫、氯离子和碱含量逐项进行了复检。水泥与混凝土配合比设计计算相关的主要技术指标见表6-1。

表6-1 水泥主要技术指标

规格型号	细度(mm)	密度(kg/m³)	标准稠度(%)	抗折强度（MPa）		抗压强度（MPa）	
				3d	28d	3d	28d
P·O42.5	0.03	3090	27	6.1	9.3	28.4	46.8

2. 粉煤灰

为确保混凝土质量，在连续梁C50预应力混凝土试验及工程应用中选用萍乡电厂Ⅰ级粉煤灰，在进场过程中对粉煤灰中SiO_2、Al_2O_3、Fe_2O_3、CaO、SO_3、Na_2O和K_2O严格控制，对粉煤灰的颜色、密度、表观密度、细度、比表面积、含水量和需水量比逐项进行了复检。粉煤灰与混凝土配合比设计计算相关的主要技术指标见表6-2。

表6-2 粉煤灰技术指标

名称	密度 (kg/m³)	细度 (%)	活性指数 (%)	需水量比	烧失量 (%)	三氧化硫 (%)
技术指标	2200	10.8	91.5	1.05	4.21	0.68

3. 砂子

在兴泉高铁的施工过程中，开凿隧道产生了大量的洞碴，为了充分利用资源，本项目通过对洞碴冲洗除泥，采用先进的制砂设备现场生产机制砂用于项目施工，机制砂的细度模数控制在2.0~3.0，在满足机制砂国家标准的基础上，本项目严格控制机制砂0.60mm、0.30mm和0.15mm三个级配的分级筛余在20%，确保砂子的级配处于最佳状态，采用这样级配的自制机制砂配制的混凝土具有良好的包裹性。在配合比设计过程中，机制砂主要控制指标有紧密堆积密度、含石率和含水率。试验用机制砂主要性能指标见表6-3。

表6-3 砂的性能指标

产地厂家	细度模数	紧密堆积密度 (kg/m³)	含水率 (%)	含石率 (%)	表观密度 (kg/m³)
石城	2.6	1850	2.76	17.2	2600

4. 石子

本项目使用的碎石是通过对洞碴冲洗除泥，采用先进的破碎设备现场生产的，根据混凝土强度等级和施工部位的不同，碎石粒径分为5~10mm、5~16mm、5~20mm、5~25mm、5~31.5mm和5~40mm。在满足国家标准混凝土用砂石标准的基础上，本项目严格控制碎石的堆积密度、空隙率和吸水率。通过颗粒级配调整堆积密度和空隙率，实现胶凝材料用量最小化，提高混凝土的流动性和包裹性。同时改善界面粘结性能，提高混凝土的连续性，以便预应力张拉。本项目生产的碎石质地坚硬、级配良好、界面较好，C50混凝土使用的石子粒径为5~25mm；在配合比设计过程中，主要技术指标有堆积密度、空隙率、表观密度和吸水率。本项目使用的碎石性能指标见表6-4。

表6-4 碎石的性能指标

产地厂家	粒径 (mm)	表观密度 (kg/m³)	堆积密度 (kg/m³)	吸水率 (%)	针片状含量 (%)	压碎指数 (%)	空隙率 (%)
石城	5~25	2648	1589	2.7	2.9	4.2	40

5. 外加剂

为了预防钢筋生锈，在铁路建设过程中推荐使用聚羧酸减水剂，这类外加剂主要由四种成分组成：减水母液、保坍母液、缓凝组分和引气组分。减水母液确保混凝土拌合物有良好的流动性，保坍母液能够保证混凝土拌合物具有很好的坍落度保持性能，缓凝组分能够保证混凝土拌合物具有满足拆模要求的初凝和终凝时间，引气组分确保混凝土适宜的含气量，实现混凝土良好抗冻融性能，保证混凝土的耐久性。本试验及工程应用的聚羧酸减水剂技术指标见表6-5。

表6-5 聚羧酸减水剂的技术指标

厂家	减水率（%）	碱含量（%）	pH	固含量（%）	对钢筋腐蚀	抗压强度比（%）			
						1d	3d	7d	28d
山西运城	23	0.03	7.3	15.56	无	152	—	126	126

6.1.3 配合比设计及试验

1. 设计要求

（1）强度等级

C50，混凝土配制强度应该满足铁路混凝土标准和项目设计要求。

（2）工作性

混凝土坍落度 $T=$（200±30mm），扩展度 $D=$（600±30mm）。

（3）耐久性

抗渗等级P10，抗冻等级F300。

2. 配合比设计

（1）胶凝材料用量

①混凝土配制强度。

混凝土抗压强度的标准偏差 σ 的取值见表6-6。

表6-6 σ 取值

强度等级	C10～C25	C30～C55	C60～C100
σ（MPa）	4	5	6

$$f_{cu,0}=50+1.645\times5=58.2（MPa）$$

②水泥在标准胶砂中的体积比

水泥计算参数：P·O 42.5水泥，水泥用量450kg，水泥密度 $\rho_c=3090 kg/m^3$，细度0.03mm，标准稠度 $W_0=27\%$

水泥在标准胶砂中体积比 V_{c0} 的计算公式是将标准砂的密度、拌合水的密度、水泥的密度及已知数据（C、S、W）代入公式，标准胶砂中砂的用量为1350g，标准砂的密度为2700kg/m³，标准胶砂中水的用量为225g，水的密度为1000kg/m³。

$$V_{C0}=\frac{\frac{450}{3090}}{\frac{450}{3090}+\frac{1350}{2700}+\frac{225}{1000}}=0.170$$

③水泥水化形成浆体强度 σ_C

$$\sigma_C = \frac{46.8}{0.170} = 275 \text{ （MPa）}$$

（2）水泥基准用量的确定

①标准稠度水泥浆的表观密度

$$\rho_0 = \frac{3090 \times \left(1 + \frac{27}{100}\right)}{1 + \frac{3090}{1000} \times \frac{27}{100}} = 2138 \text{ （kg/m}^3\text{）}$$

②水泥质量/强度比

$$c = \frac{2138}{275} = [7.78 \text{kg}/(\text{MPa} \cdot \text{m}^3)]$$

③基准水泥用量

$$C_0 = 7.78 \times 58.2 = 453 \text{ （kg）}$$

④胶凝材料的分配

考虑原材料成本和水化反应放热，设定水泥和粉煤灰占基准水泥用量的百分比：$X_C = 85\%$，$X_F = 15\%$。经检测，粉煤灰活性指数为91.5，则粉煤灰的活性系数

$$\alpha_F = \frac{91.5 - 70}{30} = 0.717$$

计算得到水泥和粉煤灰的用量：

$$C = 453 \times 85\% = 385 \text{ （kg）}$$

$$F = \frac{453 \times 15\%}{0.717} = 95 \text{ （kg）}$$

3. 胶凝材料用水量及外加剂用量的确定

（1）胶凝材料标准稠度用水量

胶凝材料标准稠度用水量 W_B 的计算主要是为了确定混凝土外加剂掺量和胶凝材料拌合用水量。

$$W_B = (385 + 95 \times 1.05) \times 0.27 = 113 \text{ （kg）}$$

（2）泌水系数

泌水系数的计算主要是为了解决胶凝材料拌合用水量的计算过程中扣除粘结用水量。

$$M_w = \frac{385 + 95}{300} - 1 = 0.6$$

（3）胶凝材料拌合用水量

$$W_1 = 113 \times \frac{2}{3} + 113 \times \frac{1}{3} \times (1 - 0.6) = 105 \text{ （kg）}$$

（4）浆体体积

$$V_{浆体} = \frac{385}{3090} + \frac{105}{1000} + \frac{95}{2200} = 0.27 \text{ （m}^3\text{）}$$

(5) 外加剂用量的确定

以推荐掺量2%进行试验，水泥净浆流动扩展度达到240mm，1h保留值235mm，大于设计坍落度（200±30）mm；将掺量调整到1.8%进行试验，净浆流动扩展达到210mm，1h保留值200mm，与设计坍落度200mm一致，确定外加剂合理掺量为1.8%。

4. 砂子用量及用水量的确定

石子的空隙率$p=40\%$。在配制混凝土的过程中，考虑砂子完全填充于石子的空隙中，每立方米混凝土中砂子的准确用量为砂子的紧密堆积密度乘以石子的空隙率求得，由于本试验混凝土用于桥梁工程，砂子的紧密堆积密度是砂子在200kN压力下测得的密度值，实测值为1850kg/m³。砂子的含石率=17.2%，砂子的含水率=2.76%。

(1) 砂子用量

$$m_S = \frac{1850 \times 40\%}{1-17.2\%} = 894 \text{（kg）}$$

(2) 砂子润湿用水量

$$W_{2,\min} = (6\% - 2.76\%) \times 894 = 29 \text{（kg）}$$

$$W_{2,\max} = (8\% - 2.76\%) \times 894 = 47 \text{（kg）}$$

5. 石子用量及用水量的确定

石子表观密度=2648kg/m³，堆积密度=1589kg/m³，吸水率=2.7%，空隙率=40%。

(1) 石子用量

$$m_G = \left[1 - \left(\frac{894}{2600} + \frac{894 \times 6\%}{1000}\right) - 0.27\right] \times 2648 - 894 \times 17.2\% = 725 \text{（kg）}$$

(2) 石子润湿用水量

$$W_3 = 725 \times 2.7 = 20 \text{（kg）}$$

6. 总用水量的确定

胶凝材料拌合用水量为105（kg）；

润湿砂子所需的水为29~47（kg）；

润湿石子所需的水为20（kg）；

混凝土总用水量为

$$W_{总} = W_1 + W_2 + W_3 = 145 \sim 172 \text{（kg）}$$

7. C50混凝土配合比设计计算结果见表6-7

表6-7　C50混凝土配合比设计计算结果　　　　　　　　　　（kg/m³）

名称	水泥	粉煤灰	砂子	石子	预湿用水量	胶材用水量	外加剂
用量	385	95	894	725	49~67	105	4.8

6.1.4 试配

1. 工作性

用以上配合比进行试配,配制的混凝土拌合物和易性良好,初始坍落度 230mm,扩展度 580mm,3h 坍落度损失 20mm,含气量 4%,不离析、不泌水,满足施工设计要求。

2. 混凝土力学性能

(1) 抗压强度

按照已确定的配合比进行重复试验,将其做成边长为 100mm 的立方体试块并对其做各龄期的抗压强度检测,验证该配合比的稳定性,试验结果见表 6-8。

表 6-8　C50 混凝土的抗压强度　　　　　　　　　　(MPa)

序号	1	2	3	4	5	6	7	8	9	10
3d	34.2	31.3	37.1	37.5	33.4	32.6	36.1	35.2	35.5	37.4
7d	46.1	47.2	44.2	45.5	44.7	41.2	43.7	47.4	47.3	45.5
28d	60.3	59.8	62.7	58.5	59.1	61.7	58.9	57.3	59.7	61.3
60d	63.5	64.9	66.3	62.7	63.1	63.9	65.1	63.2	61.9	63.7
90d	74.3	75.9	74.9	72.6	70.3	71.5	73.7	72.8	69.9	73.1

从试验结果可以看到,采用以上原材料和配合比试配成的 C50 混凝土,其 28d 抗压强度全部能够达到设计要求,28d 以后强度仍会继续增长,完全满足兴泉高铁连续梁 C50 预应力混凝土的技术要求。

(2) 耐久性

连续梁预应力混凝土耐久性主要考虑抗渗性和抗冻性,本试验按照标准试验方法进行抗渗性和抗冻性试验。试验结果表明,本试验配制的 C50 混凝土抗渗等级达到 P10,抗冻等级达到 F300,完全满足预应力连续梁工程结构使用。

6.1.5 工程应用

1. 工程概况

经过试验检测合格后,采用以上配比生产的 C50 混凝土应用于兴泉铁路宁化跨泉南高速特大桥预应力连续梁工程项目施工。

2. 拌合物性能

为保证工程质量,在混凝土生产过程中,随机抽取样品,观察运输与施工过程中混凝土拌合物坍落度及其损失值、含气量,检测结果见表 6-9。

表 6-9　混凝土拌合物性能数据

混凝土强度等级	坍落度 (mm)			扩展度 (mm)	含气量 (%)
	0	30min	1h		
C50	220	215	200	500	2.0

3. 抗压强度

在施工现场留置 3d、7d、28d 的立方体试件,养护到龄期后进行检测及评定,结果见表 6-10。

表 6-10 C50 混凝土强度评定

组数	抗压强度均值 μ_{fcu} (MPa)	均方差 S_{fcu} (MPa)	验收函数 A	验收界限 B	$A \geqslant B$
60	62.7	2.7	μ_{fcu}	$[f_{cu,min} + \lambda_1 S_{fcu}]$	$A \geqslant B$
			62.7	52.6	
			$f_{cu,min}$	$[\lambda_1 \times f_{cu,k}]$	$A \geqslant B$
			58.6	42.5	
结论	强度合格				

4. 耐久性

在混凝土施工过程中制作的 C50 混凝土抗渗试件和抗冻试件,养护达到龄期经第三方检测抗渗等级达到 P10,抗冻等级达到 F300。

5. 质量评定

本项目生产的 C50 混凝土在兴泉高铁项目连续梁大范围使用,混凝土拌合物运送到施工现场时,坍落度损失小于 10%,工作性能良好,易于泵送,满足了桥梁工程对混凝土浇筑连续性的要求,经检测评定,混凝土各项技术指标达到设计要求。

6.1.6 结论

本项目采用 P·O 42.5 水泥,自制中砂和碎石,利用数字量化混凝土配合比设计计算方法和预湿骨料工艺,配制出优质的混凝土,成功应用于兴泉高铁连续梁工程项目,保证了桥梁工程对混凝土质量的要求,得到了业主和设计单位的好评,值得混凝土行业推广。

6.2 技术要求及准备工作

6.2.1 材料要求

1. 混凝土

梁体混凝土强度等级为 C50,封锚采用强度等级为 C50 的干硬性补偿收缩混凝土,防护墙、遮板及电缆槽竖墙混凝土强度等级为 C40。

2. 预应力体系

纵向预应力筋采用 1×7-15.2-1860-GB/T 5224—2014 预应力混凝土用钢绞线,抗拉强度标准值为 $f_{pk} = 1860$ MPa,弹性模量 $E_p = 195$ GPa。竖向预应力采用 PSU16-2 预应力混凝土用钢棒螺纹锚具组件,质量符合 GB/T 5223.3—2017 有关规定的要求,预应力钢棒锚固体系采用 M17×1.5mm 支承式锚固螺母,其质量应符合 GB/T 14370—2015 有关规定的要求。

纵向预应力筋管道形成采用圆形镀锌金属波纹管成孔,锚固体系采用自锚式拉丝体系,张拉采用与之配套的机具设备。张拉体系采用 JB 1006-4 型智能自动张拉设备。

3. 钢筋

采用 HPB300、HRB400 钢筋。

4. 钢束布置

箱梁腹板、顶板预应力束均由 7 根钢绞线组成。

6.2.2 张拉要求

1. 混凝土技术要求

各梁段预应力钢绞线张拉应在该梁段混凝土强度达到设计规范值的 95%,弹性模量达到设计规范值的 100%,且必须保证张拉时梁体混凝土龄期大于 5d,方可张拉。钢束采用两端同步张拉,预施力应采用双控措施,预施应力值以油压表读数为主,以预应力筋伸长值进行校核。张拉过程中应保持两端的伸长量一致,误差不超过 6%。

2. 钢板材料技术要求

张拉时按先长束后短束,并左右对称进行,最大不平衡束不应超过 1 束,张拉顺序先腹板束,后顶板束,从外到内左右对称进行。

6.2.3 施工准备

1. 施工前准备

(1) 钢绞线、锚具及夹片试验

钢绞线、锚具及夹片采用甲方指定的厂家生产的产品,产品进场时必须附有出厂质量合格证等。钢绞线、锚具及夹片进场后根据有关施工规程进行试验,检验钢绞线的强度、锚具及夹片的硬度,对试验不合格或有裂纹、伤痕、锈蚀的不得使用。

(2) 张拉设备的选择和校验

本桥钢绞线张拉采用 YDC-2400、YDC-4000 型千斤顶,采用 YJB1006-4 型智能自动张拉设备进行张拉控制,油压表为数显电子压力表,施加预应力所用的机具由专人使用和管理,并应定期维护和校验,千斤顶与压力表应配套校验,以确定张拉力与压力表之间的关系曲线。千斤顶与压力表标定后必须按照标定配组配套使用,严禁错用。

张拉机具设备应与锚具配套使用,并在进场时进行检查和校验,当千斤顶使用超过 1 个月或 200 次或在使用过程中出现不正常现象或检修以后应重新校验。

(3) 预应力筋下料

下料采用切割机,长度按设计要求,人工配合机械穿束,穿束在混凝土浇筑后进行。

(4) 张拉准备工作

①预应力张拉前后应做好技术交底工作,施工现场配置具备预应力施工知识和正确操作的项目部施工技术人员,张拉机械操作人员必须经培训合格持证上岗。

②箱梁混凝土试块经试验,混凝土强度达到 95% 的设计强度要求。

③施工现场具备确保全体操作人员和设备安全的必要的预防措施。

④实施张拉时,应使千斤顶的张拉力作用线与预应力线的轴线重合一致,双向张拉的钢绞线安装锚具时应防止波纹管内钢绞线扭成麻花状。

2. 施工机械、工机具及要求

(1) 施工机械、工机具数量(表 6-11)

表 6-11 施工机械、工机具数量

序号	名称	规格/型号	数量	备注
1	千斤顶	YDC-2400/YDC-4000	8 台	新购
2	自动张拉设备(内置压力表)	YJB1006-4 型	2 台	新购

(2) 施工机械、工机具要求

施工中使用的千斤顶、智能张拉设备及电子油压表等必须经过检查校验合格,并有出厂合格证,方可使用。

6.2.4 智能张拉技术

1. 预应力张拉计算参数

(1) 预应力钢绞线弹性模量 $E_g = 1.95 \times 10^5 \text{MPa}$;

(2) 预应力单根钢绞线截面面积 $A_g = 140 \text{mm}^2$;

(3) 预应力钢绞线标准强度 $f_{pk} = 1860 \text{MPa}$;

(4) 孔道每米局部偏差对摩擦的影响系数 $k = 0.00267$;

(5) 预应力钢材与孔道壁的摩擦系数 $\mu = 0.259$。

2. 预应力张拉计算公式

$$\Delta L = P \times L \left[1 - e^{-(kx+\mu\theta)}\right] / \left[A_p \times E_p (kx + \mu\theta)\right] \tag{6-1}$$

式中 P——预应力筋张拉端拉力(N);

x——从张拉端至计算截面的孔道长度(m);

L——预应力筋长度(mm);

θ——从张拉端至计算截面曲线孔道部分切线的夹角之和(rad);

K——孔道每延米局部偏差对摩擦的影响系数;

μ——预应力筋与孔道壁的摩擦系数;

E_p——预应力筋的弹性模量(MPa);

A_p——预应力筋的截面面积(mm²)。

3. 张拉工艺要求

（1）混凝土张拉工艺要求

连续梁预应力张拉应在梁体混凝土强度达到95％，弹性模量达到设计强度的100％后进行，且必须保证张拉梁体混凝土龄期大于5d。合龙段张拉前必须保证梁体强度达到95％，弹性模量达到设计强度的100％，且必须保证张拉梁体混凝土龄期大于5d。

（2）钢板张拉工艺要求

预应力筋采用两端同步张拉，先长束后短束，并左右对称进行，最大不平衡约束不超过1束，张拉顺序先腹板束，后顶板束，从外到内左右对称进行。

（3）预应力采用措施

预应力采用双控措施，预应力值以油压表读数为准，以预应力伸长量进行校核。预施应力过程中应保持两段的伸长值基本一致。若实际单侧伸长值与设计理论值相差大于6％时，应查明原因再进行张拉。

（4）施工要求

张拉施工前应根据施工现场实际情况搭设简易、安全、实用的作业平台。平台面积需满足施工要求，并有足够的安全保障措施。

（5）安全防护

张拉过程测量钢绞线伸长量的作业人员属高空作业，注意佩戴安全带及防护用品。

（6）张拉操作要点

张拉工件安装顺序：安装工作锚→安装工作夹片→安装限位板→安装千斤顶→安装工具锚→安装工具夹片。

①纵向钢绞线应按顺直方向每根对应穿过锚板孔，使工作锚板紧贴锚垫板。

②将夹片用橡皮盘捆住，使夹片沿钢绞线滑移到锚环孔内。

③夹片装完后，用一内径略大于钢绞线直径，长度约500mm的钢管将夹片捅捣整齐并打紧。

④安装限位板及千斤顶，将钢绞线穿入油顶，使油顶限位器、锚环、千斤顶尽量靠拢并对位。

⑤在千斤顶的后面安装一工具锚及夹片。为使工具锚好退下，可在工具锚上涂油或在夹片上打蜡。

⑥用小锤轻敲工具锚的夹片，以防滑丝。

⑦调整千斤顶、锚具呈一条直线，并与孔道方向一致。

（7）张拉操作内容

①安装工作锚：使锚板与锚垫板尽可能安装在同一轴线上。安装钢束前要检查锚垫板喇叭口内有无水泥浆，如有，必须清理干净；如波纹管插入喇叭口内，要把波纹管拆至喇叭入口根处。检查锚垫板与锚板接触部位是否干净、平整，用砂布等擦除浮锈与其他杂物。

②安装工作夹片：装夹片前检查锚板的锚孔和夹片是否干净，应擦除浮锈与其他杂

物,预应力钢绞线也同样要干净,以免增大摩阻损失。每副夹片(两片)用"O"形胶圈套在一起,然后从钢绞线端头套入并用钢管轻轻打入锚板锥孔内。要求锚板所有束上的夹片露出的长度应尽量一致并且使两夹片间隙均匀在2~3mm,以保持受力均匀。

③安装限位板:本工程纵向、横向预应力钢束采用ϕ15.20的钢绞线,应将打有15.2印记的一面限位板扣装在锚板上,要注意限位板企口与锚板外径相对应,注意各孔与工作锚锚孔一一对应。检查锚板外圈有无损伤,是否影响与限位板的配合。

④安装千斤顶:千斤顶可以用倒链或钢丝绳悬吊于搭设的横向钢管上或起重设备吊钩上。注意千斤顶的前端和尾端不要颠倒位置,千斤顶应安放平稳,且千斤顶、限位板及工作锚圈之间要吻合严密。千斤顶前端企口应对准限位板,使钢绞线在千斤顶内不发生扭绞、交叉,以保证工具锚安装的正确。

⑤安装工具锚:应注意使锚板锥孔表面和工具夹片内无污物,并在锥孔表面和工具夹片外表锥面上涂一层润滑剂,以保证张拉锚固后退锚顺利。安装工具锚应与前端张拉端工作锚对正,不得使工具锚与工作锚之间的钢绞线扭绞、交叉。要注意工具锚的夹片要均匀打紧,不要松紧不一。

⑥接装压油泵和千斤顶之间的进、回油管线及油压表。要注意千斤顶和油压表的配套使用,千斤顶的前端接进油线。

⑦张拉前检查连接管路安装是否正确、牢固;张拉系统是否安全可靠。张拉时,操作人员应站在千斤顶的侧面,正面严禁站人以免发生意外。

6.2.5 纵向预应力张拉程序

1. 张拉程序

纵向钢束采用两端对称张拉,设计采用高强度低松弛预应力用钢绞线,张拉程序为

$$0 \longrightarrow k10\%\delta_k \longrightarrow 100\%\delta_k (持荷5min) 锚固$$

(注:δ_k为锚下张拉控制应力)

(1)钢绞线调整:向张拉缸加油,按实际控制应力$10\%\delta_k$为初应力进行钢绞线预调整,使同束内的各根钢绞线受力均匀。

(2)继续向张拉缸加油,按张拉程序逐级张拉至锚下张拉控制应力。

(3)根据智能自动张拉设备显示钢绞线实际伸长量与理论伸长量进行仔细校核。

(4)锚固:钢绞线张拉控制应力到位后智能张拉设备自动进行稳压及张拉力校核,持荷5min后按退缸键进行锚固,按"退缸"键后张拉缸油压缓慢地降至零,活塞回程,夹片自动跟进锚固。

(5)在张拉锚固后,用石笔在钢绞线上做记号,观察钢绞线的回缩及滑丝情况。

2. 张拉应力控制

(1)预应力筋的张拉控制应力符合设计要求。

(2)预应力张拉以张拉力及伸长值进行双控,实际伸长值与理论伸长值的差值应控制

在6%以内。如两者相差超出6%。则应暂停张拉,待查明原因并采取措施予以调整后继续张拉。

钢束张拉采用张拉力和引伸量双控,预应力值以油表读数为主,以预应力伸长量进行校核。

按照设计图纸,初始张拉吨位按10%设计张拉力计算。后张法低松弛预应力钢绞线张拉程序:

$$0 \longrightarrow 初应力10\%\delta_k \longrightarrow \delta_k \text{(持荷5min锚固)}$$
$$\text{测量初始伸长值}L_0 \quad \text{测量最终伸长值}L_k$$

张拉达到设计吨位时,两端实测引伸量之和与设计引伸量的差值,应符合规范要求。若超出此范围,则应找出原因,必要时与设计部门联系。对伸长量不足的查明原因,采取补张拉措施,并观察有无滑丝、断丝现象,做好张拉记录。

实测张拉伸长值与计算值相差不得超过6%。如有超出要查明原因,进行修正后方可继续张拉,张拉完毕应及时压浆、封锚。

3. 张拉操作

(1) 安装工作锚及夹片之前要用高标号石蜡涂抹以便退卸。

(2) 利用工作支架安装千斤顶。

(3) 在智能自动张拉机上输入张拉数据,启动智能张拉设备,千斤顶送油工作。

(4) 张拉到由计算确定的初始张拉力时智能张拉设备自行停止送油,显示油压表读数及钢绞线伸长量并自动记录保存数据。

(5) 按张拉力 0→10%→100%分级张拉,智能张拉设备自行调整两张拉端张拉速度,并确保两端钢绞线伸长尺寸基本一致,当张拉至100%时,持荷5min,回油锚固。

(6) 校核实际伸长量和理论伸长量,其差值要符合规范要求,不符合时要找原因。

(7) 在智能张拉机上按退缸键,开启油阀,退卸千斤顶。

(8) 当活塞行程不够可反复数次张拉至设计荷载100%后,回油锚固,并做好记录。

6.2.6 竖向预应力张拉施工

1. 张拉程序与工艺流程

竖向预应力采用 YGD-350-70 型穿心式专用千斤顶,设有自锁装置,使用前与油压表配套标定,竖向预应力钢棒张拉滞后,纵向预应力张拉不宜大于3个悬浇梁段。

竖向预应力钢棒张拉程序为

$$0 \longrightarrow 10\%\delta_k \longrightarrow 100\%\delta_k \text{(同步旋紧锚固螺母)} \longrightarrow \text{持荷2s后锁紧锚固螺母进行锚固}$$

实际伸长量与理论伸长量的差值控制在6%以内。实测伸长量以10%张拉力作为测量的初始点。其张拉工艺流程如下:

清理张拉锚穴→清理钢棒端部螺纹→安装张拉杆件→安装六方套筒→摆放张拉支架至正确位置→安装千斤顶→安装千斤顶底部锁母→油泵加荷开始张拉→链钳带动六方套筒锁紧锚固螺母→卸除荷载千斤顶回油复位→拆除千斤顶→锚固挡板及锚固螺母安装

2. 具体操作步骤

(1) 张拉施工前首先对锚穴进行清理，使得锚垫板外露面平整清洁；

(2) 对预应力钢棒端部外露螺纹进行清理，使螺纹处无杂物或混凝土残渣；

(3) 将张拉杆与张拉头连接，组装件与钢棒端部螺纹连接，连接长度不小于 30mm；

(4) 将六方套筒从张拉杆件顶端穿入，使六方套筒与锚固螺母咬合；

(5) 摆放张拉支架，使张拉杆件能从张拉支架面板的中心孔穿出，便于安装千斤顶，张拉支架应可靠摆放；

(6) 安装千斤顶并在张拉杆件安装锁母，固定千斤顶；

(7) 开启油泵加荷至设计力值，同时采用锁紧链钳带动六方套筒锁紧锚固螺母；

(8) 卸除荷载，千斤顶回油复位，依次拆除张拉工装，按相同步骤进行其他钢棒的张拉作业。

(9) 张拉完成后，将锚固挡板从两支无粘结预应力钢棒端头同时穿入，将锚固挡板推至与锚固螺母外侧贴合后，再依次紧固锚固螺母。

3. 张拉工序的注意事项

(1) 若张拉过程中出现断丝现象，可先用卸锚器松锚，然后移动钢束，用单孔小顶进行张拉，这样就缩短了千斤顶占用长度。

(2) 若张拉过程中出现滑丝现象，一般采用单孔补张，补张不成功时可用叠加锚环法处理。

(3) 在预应力作业中，必须特别注意安全。因为预应力有很高的能量，万一预应力筋被拉断或锚具与张拉千斤顶失效，巨大能量急剧释放，有可能造成很大危害。因此，在任何情况下作业人员不得站在预应力筋的两端，同时在张拉千斤顶的后面应设立防护装置。

(4) 安装千斤顶人员，应站在千斤顶侧面操作，严格遵守操作规程。智能张拉机开动过程中，不得擅自离开岗位。如需离开，必须按"暂停"键停止张拉作业。

箱梁预应力张拉工艺流程如图 6-1 所示。

4. 压浆及封锚

(1) 压浆工艺

预应力张拉完成后 48h 以内必须完成压浆，以确保孔道中的预应力筋体系在完成灌浆工序前不出现锈迹。压浆应严格按《铁路后张法预应力混凝土梁管道压浆技术条件》(Q/CR 409—2017)的各项规定进行。

进行预应力混凝土孔道压浆施工前，应对压浆材料的性能参数进行专门的试验，试验测试的内容包括初始流动度、流动度的延时变化与温度敏感性、压力引起的最大泌水量、膨胀性能、阻锈性能以及强度发展速率等。

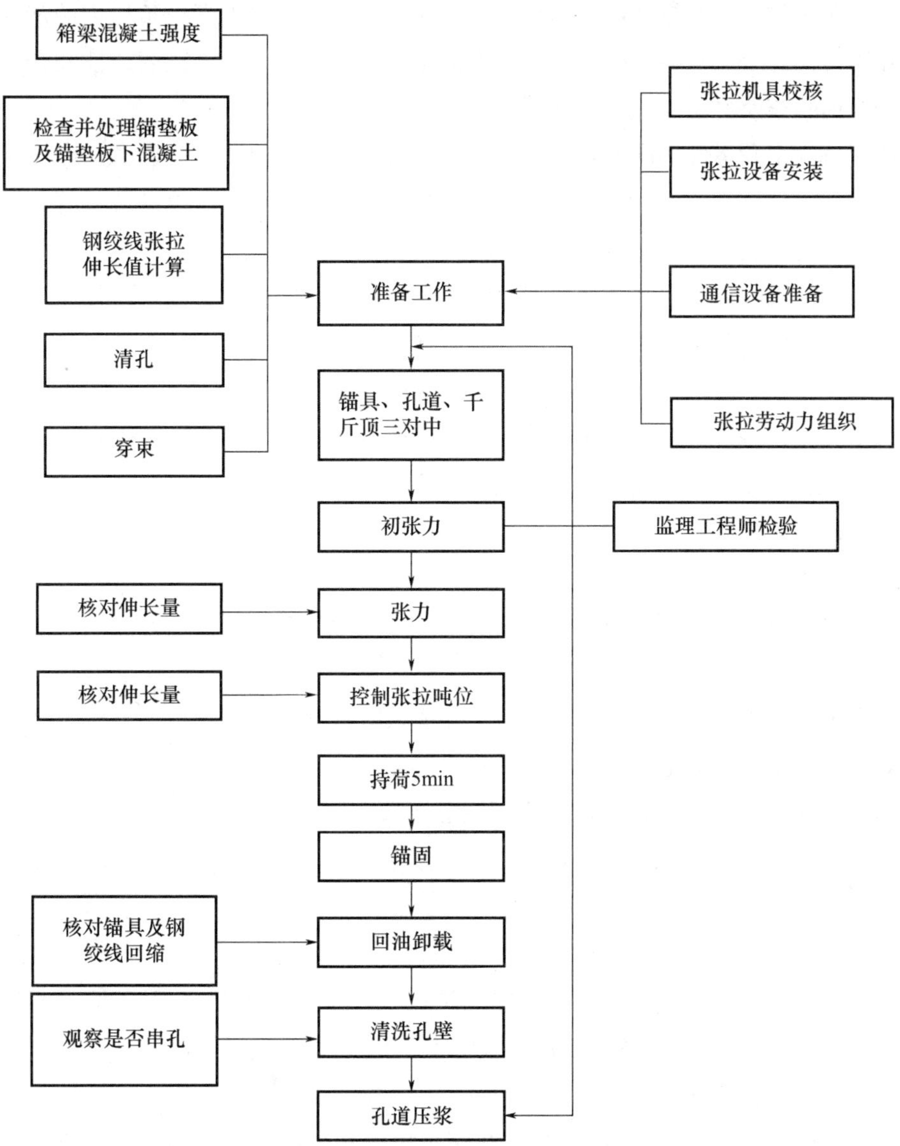

6 兴泉铁路C50混凝土连续梁智能张拉技术

图 6-1 箱梁预应力张拉工艺流程图

压浆前应清除管道内的杂物及积水。为保证压浆密实饱满，采用真空吸浆工艺。在压浆之前，首先用真空泵抽吸预应力孔道中的空气，使孔道的真空度达到80%以上。然后在孔道的另一端用智能压浆机以大于0.7MPa的正常压力将水泥浆压入预应力孔道中。由于孔道中只有极少的空气，很难形成气泡，同时，由于孔道与压浆机之间的正负压力差，大大提高了孔道压浆的饱满度和密实度。

真空吸浆工艺的主要工艺流程：

①在浆液出口及入口处接上密封阀门，将真空泵连接在非压浆端上，压浆泵连接在压浆端上，以串联的方式将负压容器、三向阀门和锚具盖连接起来，其中锚具盖帽和阀门之间用一段透明的喉管连接。

②在压浆前关闭所有排气阀门并启动真空泵 10min，显示出真空负压力的产生，应能达到负压力-0.06~-0.08MPa，如果没有满足此数据，则表示波纹管未能完全密封，需在继续压浆前检查及更正。

③在保持真空泵运转的同时，开始往压浆端的水泥浆入口压浆。注意，在压浆过程中真空压力将会下降约 0.3MPa。从透明的喉管中观察水泥浆是否已填满波纹管，继续加压直至水泥浆到达安装在负压容器上方的三向阀门。

④操作阀门以隔离真空泵及水泥浆，将水泥浆导向废浆桶的方向，继续压浆直至所溢出的水泥浆形成流畅及一致性，没有不规则的摆动。

⑤关闭真空泵，关闭设在压浆泵出浆处的阀门。

⑥智能压浆设备进行自动保压状态，并保持压力在 0.8MPa 下继续压浆 3min。

⑦在智能自动注浆机上按结束注浆键结束注浆。

(2) 管道压浆施工注意问题

①进浆孔和排气孔设备

纵向管道进浆孔和排气孔均设于锚垫板上，用铁管与喇叭管接通。

②灰浆调制及技术要求

孔道压浆采用预应力管道专用压浆料，并掺入阻锈剂，灰浆强度不低于设计强度，水胶比为 0.32，加入 2%的阻锈剂，初凝≥4h，终凝≤24h；出机流动度（18±4）s；30min 流动度≤30s；24h 自由泌水率 0%；3h 毛细泌水率≤0.1%；压力泌水率≤2.5%；7d 抗折强度≥6.5MPa，抗压强度≥35MPa，28d 抗折强度≥10MPa，抗压强度≥50MPa，24h 自由膨胀率且≥0%且≤3%。

③作业程序

张拉后，应立即将锚垫板、夹片周围用水泥浆封锚，待水泥浆强度达 10MPa 时，即可压浆。压浆应及时，以张拉完毕后不超过 24h 为宜。同一管道压浆作业要一次完成。不得中断。长孔道压浆可利用排气孔接力压浆。

灰浆经 4900 孔/cm² 筛子过滤后存放在储浆桶内，并保持足够数量，以使每个孔道压浆能一次连续完成。对储浆桶内的浆液要低速搅拌，以保持灰浆均匀，浆液自调制至压入管道之间相隔时间不得大于 40min。

压浆泵压力应小于 0.6MPa，并适当稳压一段时间（一般 5min），以保证水泥浆密实。

压浆时压浆泵内不能出现空缺现象，在压浆泵工作暂停时，输浆嘴不能与压浆口脱开，以免空气进入孔内影响压浆质量。出浆孔流出浓浆后关闭球形阀门，压浆泵持压 5min 后，再关闭进浆口球形阀门。

每班应制作不少于 3 组压浆试件，用以评定压浆料强度。

夏季施工，尽量选择在夜间气温较低时压浆，冬期施工应注意保温。

④割束和封锚

钢绞线割束在压浆后进行，割束必须用砂轮机锯割，任何预应力钢筋均不能用电弧烧割。割束的要求：对于钢束切割的余留长度为砂轮锯割 $L>3$cm；对于高强粗钢筋余留长度 $L>3$cm。张拉槽及封锚块在封锚前应先将锚具周围冲洗干净并凿毛，并且对锚具进行防锈处理，然后按图纸要求布置钢筋网，浇筑 C50 干硬性补偿收缩混凝土封锚。后期封锚的混凝土表面涂抹聚氨酯防水涂料。对于横向预应力钢筋封锚时还必须注意其颜色，必须和周围混凝土颜色一致，保持混凝土表面的美观。

(3) 压浆工序的注意事项

①预应力钢材张拉后应尽早压浆，一般应在 24h 内完成。如情况特殊不能及时压浆的，应保证在 48h 内压浆。

②压浆要注意尽量避免在高温时间进行，拌制的浆液温度<30℃，水泥浆的延续时间应控制在 30～45min。

③压浆要注意是否有串孔现象和漏浆发生。

④压浆泵的压力要逐渐加大，加压速度不能过快。

⑤压浆过程中若出现异常，如管道堵塞、机械故障不能继续压浆时，应立即用清水将管道内的水泥浆冲洗干净，并用空压机吹干积水。

⑥操作完毕后机具和现场应及时冲洗干净。

⑦填写压浆原始记录要及时、认真、整洁，试件要按规定制取。

⑧压浆用水泥一次在梁端存放不宜过多，以免偏载。

⑨冬季压浆时应采取保温及其他相应措施。压浆后 3d 内，梁体及环境温度不得低于 5℃。

6.2.7 工程应用

1. 检测结论

(1) 根据连续实测结果：管道偏差系数 $k=0.0030$，管道摩擦系数＝0.23。

(2) 预应力束在施工中为两端同时张拉，因此换算到跨中时，实测连续梁管道摩阻比设计值偏大 0.4%。

(3) 实测 12 孔、13 孔、15 孔锚具的锚口和喇叭口摩阻损失分别为 4.84%、4.91%、4.80%。

(4) 实测 12 孔、13 孔、15 孔锚具回缩量为 5.6mm、5.4mm、5.2mm；实测结果表明：连续梁预应力管道摩阻偏大，应加强预应力管道定位和成孔工艺控制。

2. 施工结论

在兴泉铁路宁化跨泉南高速特大桥（32＋48＋32）m 连续梁工程中应用 BIM 技术，在严格遵守国家、铁路总公司和省市政府的政策、法规、条例的前提下，采用新工艺、新技术，提高了施工效率。达到了设计要求，同时也得到了施工单位的认可。

7 无砟轨道混凝土底座板修补施工技术

7.1 技术背景

7.1.1 工程概况

新建北京至沈阳铁路客运专线辽宁段站前工程 TJ-6 标三工区位于辽宁省朝阳市双塔区西沟村至北票市凉水河乡，所经地区地形地貌较为复杂。标段起讫里程 DK439+212.5～DK455+855.15（含一个 8.910m 的长链），线路全长 16.643km（含路基 7.761km；桥梁 17 座 8.180km；涵洞 11 座 496 横延米；隧道 0.5 座 0.698km；站场 1 个北票东站）。全线采用 CRTSⅢ型板式无砟轨道结构设计形式。

7.1.2 适用范围

适用于京沈客专辽宁段 TJ-6 标三工区无砟轨道底座板混凝土裂纹、轨道板缺损、自密实混凝土裂缝及边角缺损修补施工。

7.1.3 编制依据、目的和适用范围

1. 编制依据

(1)《混凝土结构加固设计规范》(GB 50367—2013)。
(2)《铁路混凝土工程施工质量验收标准》(TB 10424—2018)。
(3)《高速铁路无砟轨道线路维修规则（试行）》(铁运〔2012〕83 号)。
(4)《CRTSⅢ型板式无砟轨道工程施工质量验收指导意见》(工管线路函〔2014〕367 号)；
(5)《高速铁路轨道工程施工质量验收标准》(TB 10754—2018)。
(6)《高速铁路轨道工程施工技术指南》(铁建设〔2010〕241 号)。
(7)《铁路混凝土工程施工技术指南》(铁建设〔2010〕241 号)。
(8)《铁路轨道工程施工安全技术规程》(TB 10305—2009)。
(9)《铁路混凝土结构耐久性设计规范》(TB 10005—2010)。
(10)《高速铁路工程动态验收技术规范》(TB 10761—2013)。
(11)《高速铁路工程静态验收技术规范》(TB 10760—2013)。
(12)《施工图设计交底资料》。

(13) 业主有关轨道工程的文件及要求。

2. 编制目的

明确京沈客专辽宁段CRTSⅢ型板式无砟轨道底座板混凝土裂纹、自密实混凝土裂缝及边角缺损修补操作要点和质量标准，确保CRTSⅢ型板式无砟轨道修复作业快速、有序，使修复后工程质量满足要求。

7.2 底座板混凝土修补

7.2.1 CRTSⅢ型板式无砟轨道底座混凝土缺陷分类

1. 缺陷

CRTSⅢ型板式无砟轨道底座混凝土缺陷主要分为三种情况：底座混凝土裂纹宽度≤0.2mm横向裂纹、底座混凝土裂纹宽度＞0.2mm横向裂纹、因后续施工成品保护不到位导致底座混凝土裂边角破损。

2. 底座混凝土裂纹宽度≤0.2mm修补

底座两侧排水坡处宽度≤0.2mm的横向裂纹根据《高速铁路无砟轨道线路维修规则（试行）》（铁运〔2012〕83号）要求采用表面封闭法进行修补。

3. 表面封闭法材料要求

（1）表面封闭法涂层材料采用聚合物水泥基材料，其主要性能满足表7-1要求。

表7-1 表面封闭图层材料性能要求

序号	项目	单位	指标要求	检测方法
1	表干时间	h	≤2	GB/T 16777
2	拉伸强度（7d）	MPa	≥2	GB/T 16777
3	断裂伸长率（7d）	%	≥100	GB/T 16777
4	人工气候老化（720）		无裂纹及变形	GB/T 19250
5	耐碱性（碱处理，拉伸强度保持率）	%	60～150	GB/T 16777
6	不透水性（0.3MPa, 30min）		不透水	GB/T 16777
7	粘结强度（7d）	MPa	≥1.5	GB/T 16777（A法）
8	抗冻性	—	不开裂、无剥落	

注：1. 涂层材料颜色应尽量与混凝土颜色相近；
2. GB/T 16777《建筑防水涂料试验方法》；
3. GB/T 19250《聚氨酯防水涂料》。

（2）底涂材料采用高聚合物乳液含量的聚合物掺水泥材料。

7.2.2 施工工艺

(1) 使用钢丝刷将裂纹表面两侧刷毛,用真空吸尘器清除灰尘杂物。当裂纹内明水时,采用热风机等将裂缝处吹干,如图 7-1 所示。

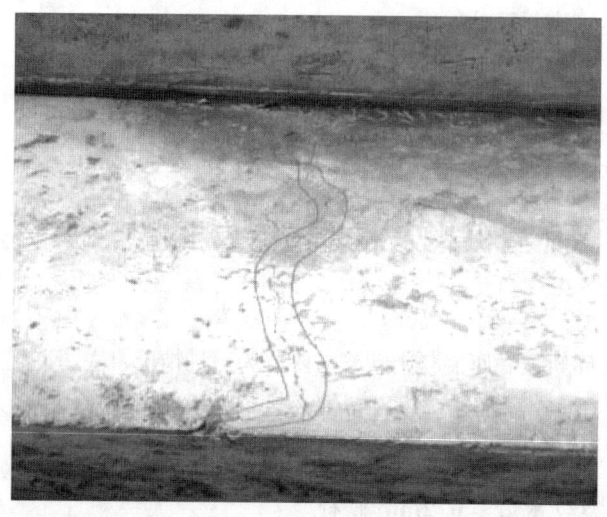

图 7-1　底座混凝土横向裂纹

(2) 根据材料说明称量并配置表面封闭用修补材料,采用手持式搅拌机或专用搅拌器将修补材料搅拌均匀。

(3) 沿裂纹表面涂刷一层底涂材料。

(4) 待底涂材料表干后,涂刷表面封闭用涂层。涂刷 3 遍以上,每遍涂刷都要等到前一次涂层材料表干后再进行,且两次涂刷方向相互垂直。

(5) 在大风干燥条件下采用薄膜覆盖的方法防护,防止涂层材料失水过快导致涂层开裂。

(6) 施工温度 5~30℃,雨雪天气不得施工。

7.2.3　底座混凝土横向裂纹宽度＞0.2mm 修补

底座混凝土裂纹宽度＞0.2mm 的横向裂纹根据《高速铁路无砟轨道线路维修规则(试行)》(铁运〔2012〕83 号)要求采用低压注浆法进行修补。

1. 底座混凝土横向裂纹修补材料说明

(1) 低压法修补材料性能特点

①早强、高强:1d 抗压强度≥20MPa,3d 抗压强度≥30MPa,28d 抗压强度≥55MPa。

②微膨胀性:保证被胶结体之间紧密接触,无收缩。

③自流性高:可填充全部空隙。

④抗离析,抗开裂,耐久性好。

(2) 低压法修补材料性能指标

低压法修补混凝土裂缝采用环氧树脂材料,封缝材料采用树脂类专用封缝材料。其性能指标见表 7-2。

表 7-2 低压法修补材料性能指标

序号	项目	单位	指标要求	检测方法
1	黏度	mPa·s	≤200	GB/T 2794
2	凝胶时间	min	≤60	GB/T 7193
3	拉伸强度	MPa	≥6(2h) ≥14(24h) ≥20(7d)	GB/T 2567
4	抗压强度	MPa	≥10(2h) ≥30(24h) ≥60(7d)	JC/T 1041
5	断裂伸长率(7d)	%	≥2	GB/T 2567
6	收缩率(7d)	%	≤2	通过测量液态密度(GB/T 13354)和成型硬化物的密度(GB/T 1033.1),计算得出
7	粘结强度(7d)	MPa	≥5	JC/T 1041

注:1. GB/T 2794《胶粘剂黏度的测定》;
2. GB/T 7193《不饱和聚酯树脂试验方法》;
3. GB/T 2567《树脂浇铸体性能试验方法》;
4. JC/T 1041《混凝土裂缝用环氧树脂灌浆材料》;
5. GB/T 13354《液态胶粘剂密度的测定方法重量杯法》;
6. GB/T 1033.1《塑料非泡沫塑料密度的测定 第 1 部分:浸渍法、液体比重瓶法和滴定法》。

2. 施工工艺

(1) 裂缝检测及处理

①修补前,对修补部位的裂缝进行详细检查、记录,以便对裂缝做出定量和定性分析;如裂缝渗水,应在裂缝最低端打孔向外排水,然后采用喷灯将裂缝烘干后进行处理,如图 7-2 所示。

图 7-2 底座混凝土横、竖向裂纹贯通

②对所有要处理的裂缝,在裂缝两侧 30~50mm 进行工作面清理,采用小锤、细錾子沿缝凿成深约 4mm,宽 4~6mm 的 V 型槽,并凿毛裂缝内混凝土表面。

③剔除缝口表面松散杂物,用气压 0.2MPa 以上的压缩空气清除槽内浮尘。

④沿缝长范围内用丙酮进行洗刷,擦净表面。

(2) 裂缝注浆

①粘结设置注射嘴

裂缝清理后,采用封缝材料封闭设置注浆嘴,注浆嘴间距沿裂缝长度、宽窄以 10~25cm 为宜,原则上宽缝可稀,窄缝可密,但每一条裂缝至少有一个进浆孔和一个出浆孔。

②裂缝封闭

对压浆区域的裂缝,无论缝宽大小,原则上都必须封闭,以防止裂缝相互贯通而跑气跑胶,封缝胶必须清除气泡抹平。

③连接注浆管

从裂缝的任意一端,把汪浆管连接到注浆嘴上,要保证所有的注浆嘴都处于开启通气状态。

④注浆

将双组分料筒连接混合管,混合管与注浆管相连。开始注入修补材料,当下一注浆嘴有浆液漏出时,轻拉注浆嘴上部关闭,同时继续注射至无法再注入修补材料,拔下注浆管,轻拉关闭本注浆嘴,把注浆管连接到最后有浆液漏出的注浆嘴上,继续注浆,依此类推,直到裂缝另一端的注浆嘴有浆液流出时,关闭所有未关闭端口,完成注浆。

(3) 完成修补

①打磨处理

修补材料完全固化后,凿出注浆嘴、封边材料,并用角磨机将表面打磨平整。

②表面处理

修补完成后,对修补部位用薄膜进行防水覆盖养生保护。为使修补部位颜色与周边混凝土颜色一致,可将调配好的聚合物水泥防水涂料刷涂在修补位置,使修补后与周边混凝土颜色基本一致。

(4) 施工温度控制在 5~30℃,雨雪天气不得施工。

7.3 无砟轨道底座混凝土缺损修补

7.3.1 底座混凝土破损等级划分

1. 底座混凝土根据破损情况分为轻度破损和重度破损

(1) 轻度破损:破损长度或宽度小于 5cm,破损深度小于 2cm。对于轻度破损,沿破损面打磨规整 V 字坡口或平面,然后涂刷 3 遍表面封闭材料。

（2）重度破损：破损面长度或宽度大于5cm且破损深度大于2cm。对于重度破损底座混凝土破损根据《高速铁路无砟轨道线路维修规则（试行）》（铁运〔2012〕83号）要求采用补料法进行修补。

2. 底座混凝土缺损修补材料说明

底座混凝土破损修补材料采用中国铁道科学研究院铁道建筑研究所研发的专门用于无砟轨道混凝土结构缺损快速修补的（TK-H型）修补材料。该材料采用改性树脂为主剂，配以固化剂等一系列助剂，经混合固化形成一种高强度、高粘结力的固结体，具有优异的抗渗、抗冻、防腐蚀性能及修补加固性能的专用修补材料。

7.3.2 底座混凝土缺损修补材料性能特点

（1）良好的早期施工性能，修补材料的工作性能能够满足现场施工要求，且可根据现场的实际情况通过对固化剂的调整进行施工时间调整。

（2）高抗压强度且不受结构形状限制，具有补强、加固的作用。

（3）良好的界面粘结性，与原混凝土间具有较好的粘结强度，有效地消除新老混凝土界面之间的裂缝。

（4）良好的体积稳定性，具有较好的韧性和低收缩的特点。

（5）化学性能稳定，耐腐耐候性好。

7.3.3 底座混凝土缺损修补材料主要性能指标

底座混凝土缺损修补材料满足《高速铁路无砟轨道线路维修规则（试行）》（铁运〔2012〕83号）对底座混凝土缺损修补材料的性能指标的要求。具体性能指标见表7-3。

表7-3 TK-H型修补材料主要性能指标

序号	项目	单位	指标要求	检测方法
1	抗折强度	MPa	≥5（2h） ≥6（24h） ≥8（7d） ≥10（28d）	JTJ/T 271
2	抗压强度	MPa	≥10（2h） ≥20（24h） ≥40（7d） ≥50（28d）	JTJ/T 271
3	收缩率（28d）	％	≤0.2	DL/T 51226
4	粘结强度（7d）	MPa	≥2.5	DL/T 51226
5	抗冻性	—	≥F500	

注：1. JTJ/T 271《港口工程混凝土粘接修补技术规程》；
2. DL/T 51226《聚合物改性水泥砂浆试验规程》。

7.3.4 施工工艺

1. 区域确定

确定修补区域后采用记号笔对破损处进行标记,标记时注意修补处理范围应比实际破损范围向外扩大 5~10cm,以便修补材料与原混凝土面更好的粘结。

2. 表面清理

区域确定后采用錾子对破损处松散混凝土进行凿除,确保修补区域内露出新鲜混凝土面,且无松动石子等。

3. 基层凿毛

采用錾子在修补区域内对原混凝土面进行凿毛处理,并采用吹风机将修补区域清理干净,确保混凝土基层表面无浮沉、残渣等。清理完成后采用树脂界面剂对修补区域进行涂刷。

4. 模板安装

修补区域基层处理完成后采用 12mm 厚竹胶板作为模板进行外形固定,采用 $\phi 10$ 钢筋做卡勾对模板进行加固,确保修补混凝土浇筑后外形尺寸与原尺寸基本一致。

5. 混凝土浇筑

根据说明书要求的配合比将树脂和固化剂采用搅拌机搅拌均匀后加入修补干料,搅拌均匀后立即对缺损部位进行浇筑,浇筑时每层厚度不得大于 3cm,并用抹刀进行捣固,确保修补材料与原混凝土结合面充分粘结,浇筑完成后表面高于原混凝土表面 1~2mm,方便后期打磨。

6. 表面打磨

修补完成后,对修补部位用薄膜进行防水覆盖养生保护,待砂浆硬化 24h 后,修补料强度达到 30MPa,将高出原混凝土面的修补料用打磨器进行打磨,打磨面先用角磨机大致修正磨平后,用 400 目细砂纸进行抛光。

7. 施工温度控制在 5~30℃,雨雪天气不得施工

8. 检测验收

对未修补的无缺陷部分进行回弹,将回弹强度进行记录。修复完成后,对修复部分进行回弹,检测修补强度是否满足要求。

7.4 CRTSⅢ型板式无砟轨道自密实混凝土裂缝修补

7.4.1 CRTSⅢ型板式无砟轨道自密实混凝缺陷分类

根据现场调查情况,CRTSⅢ型板式无砟轨道自密实混凝土缺陷主要分为三种情况:自密实混凝土裂缝、轨道板灌注孔及观察孔轻微裂缝和自密实混凝土边角破损,其中因混凝土泡沫层产生的裂缝情况采用揭板重新灌注的处理方式。

7.4.2 自密实混凝土裂缝修补

1. 自密实混凝土裂缝等级划分

自密实混凝土根据成因及裂缝长度、深度分为轻微裂缝、中度裂缝、重度裂缝。

（1）轻微裂缝：长度小于 50cm，且深度小于 5cm。

产生原因：

①混凝土坍落扩展度较小（混凝土偏干/过于黏稠）造成自密实混凝土边缘浆体不饱满而产生长度较短的裂缝；

②因自密实混凝土端头模板或四角排气孔模板漏浆造成的局部混凝土裂缝。

（2）中度裂缝：长度大于 50cm 或深度大于 5cm，且裂缝纵深未至承轨台下方。

产生原因：

①混凝土坍落扩展度较小（混凝土偏干/过于黏稠）造成自密实混凝土边缘浆体不饱满而产生长度较长的裂缝；

②因拆卸压杠和拆卸精调器顺序不对或单边拆除压杠等错误操作导致轨道板受力不均匀造成裂缝。

③因冬夏季温差应力造成自密实混凝土局部裂缝。

（3）重度裂缝：裂缝纵深至承轨台下方裂缝、贯通裂缝、轨道板四周通缝、自密实混凝土泡沫层裂缝。

产生原因：

①压紧装置拆除过早且轨道板精调器拧反或压紧装置拆除时轨道板严重受力不均；

②自密实混凝土泡沫层产生裂缝。

（4）泡沫层裂缝和贯通裂缝长度超过板长 1/3 进行揭板重新灌注。

2. 自密实混凝土裂缝修补材料说明

自密实混凝土裂缝修补材料采用中国铁道科学研究院铁道建筑研究所研发的无砟轨道用 TK-A 型双组分低黏度灌浆树脂，该树脂材料是铁路系统重点科研项目"高速铁路 CRTSⅢ型板式无砟轨道系统深化试验研究"的研究成果，专用于高速铁路无砟轨道结构裂缝的修补。

（1）修补材料性能

①极低的黏度及表面张力，可以渗透细小的裂缝中；

②固化速度快，修补效率高，可在较短时间内完成修补，并达到通车要求；

③较好的环境适应性，在较低温度（-10℃）仍能较快固化以及潮湿环境中固化；

④较高的粘结强度、抗拉强度和抗压强度，较好的弹韧性，可以对结构起到较好的补强作用。

（2）修补材料性能指标

TK-A 型双组分低粘结灌浆树脂的技术指标能够完全满足《高速铁路无砟轨道线路维

修规则(试行)》(铁运〔2012〕83号)对低黏度修补材料的技术要求,借用于CRTSⅢ型轨道板与自密实混凝土裂缝的修补。具体性能指标见表7-4。

表7-4 TK-A型双组分低粘结灌浆树脂主要性能指标

序号	项目	单位	指标要求	检测方法
1	黏度	mPa·s	≤50	GB/T 2794
2	凝胶时间	min	≤10	ASTM D 2471—99
3	拉伸强度	MPa	≥10 (2h) ≥15 (24h) ≥20 (7d)	GB/T 2567
4	抗压强度	MPa	≥15 (2h) ≥30 (24h) ≥40 (7d)	JC/T 1041
5	收缩率 (7d)	‰	≤1.5	通过测量液态密度(GB/T 13354)和成型硬化物的密度(GB/T 1033.1),计算得出
6	粘结强度 (7d)	MPa	≥5	JC/T 1041

注:1.GB/T 2794—2013《胶粘剂黏度的测定 单圆筒旋转黏度计法》;
  2.ASTM D 2471—1999《活性热固树脂胶凝时间和最大放热温度的测试方法》;
  3.GB/T 2567—2008《树脂浇铸体性能试验方法》;
  4.JC/T 1041—2007《混凝土裂缝用环氧树脂灌浆材料》;
  5.GB/T 13354—1992《液态胶粘剂密度的测定方法 重量杯法》;
  6.GB/T 1033.1—2008《塑料 非泡沫塑料密度的测定 第1部分:浸渍法、液体比重瓶法和滴定法》。

3. 自密实混凝土裂缝修补工艺

(1)裂缝注浆前准备

①查清自密实混凝土裂缝的长度、宽度、深度、走向及贯穿等情况,确定注浆嘴的粘贴位置如图7-3所示。

图7-3 粘贴位置

轨道板中间、四角与自密实轻微裂缝(深度小于5cm,长度小于50cm)如图7-4、图7-5所示。

图 7-4 轨道板中间与自密实中度裂缝（深度大于 5cm 但未至承轨台）

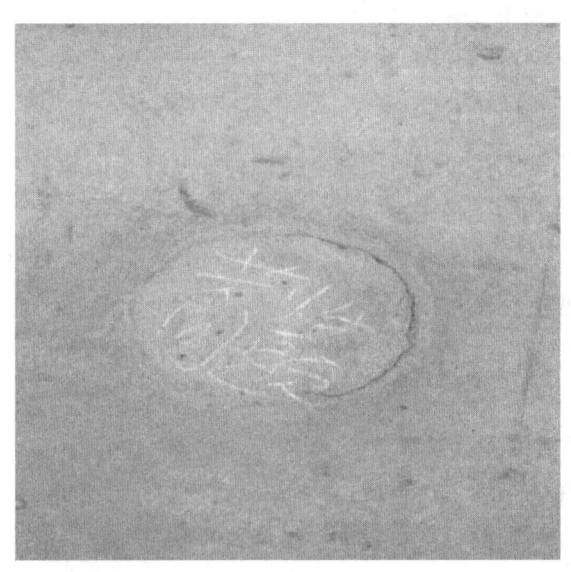

图 7-5 轨道板顶面灌注孔及观察孔裂缝

②为保证修补效果，采用钢丝刷和真空除尘器清理裂缝表面的灰尘、浮渣以及松散层，采用真空除尘器和吹风机尽量清除裂缝内的灰尘杂物和积水。

（2）裂缝注浆

①粘结设置注射嘴

在裂缝的较宽处及裂缝端部等位置合理的粘贴设置注浆嘴，注浆嘴的间距为 20～30cm，应特别注意涂抹封缝胶时防止堵塞注浆嘴。

②涂抹封缝

采用专用封缝胶涂抹裂缝表面进行封缝。

③连接注浆管

从裂缝的任意一端，把注浆管连接到注浆嘴上，要保证所有的注浆嘴都处于开启通气状态。

④裂缝注浆

将双组分料筒连接混合管，混合管与注浆管相连。开始注入修补材料，当下一注浆嘴有浆液漏出时，轻拉注浆嘴上部关闭，同时继续注射至无法再注入修补材料，拔下注浆管，轻拉关闭本注浆嘴，把注浆管连接到最后有浆液漏出的注浆嘴上，继续注浆，依此类推，直到裂缝另一端的注浆嘴有浆液流出时，关闭所有未关闭端口，完成裂缝注浆。

(3) 完成裂缝修补

①打磨处理

修补材料完全固化后，凿出注浆嘴、封边材料，并用角磨机将裂缝表面打磨平整。

②表面处理

为使修补部位颜色与周边混凝土颜色一致，可将调配好的聚合物水泥防水涂料刷涂在修补位置，使修补后与周边混凝土颜色基本一致。

(4) 环境要求施工温度控制在 5～30℃，雨雪天气不得施工。

4. 注意事项

(1) 对未修板的无缺陷部分进行回弹，将回弹强度进行记录。修复完成后，对修复部分进行回弹，检测修补强度是否满足要求。

(2) 材料配合时必须严格按照材料说明书进行配比，同时所有材料均需使用固定的计量工具进行计量，防止配比不均匀导致修补后不符合要求。

(3) 修补材料搅拌后一次用完，初凝后严禁再次使用。

(4) 施工温度控制在 5～30℃，雨雪天气不得施工。

5. 无砟轨道自密实混凝土边角缺损修补

(1) 自密实混凝土边角缺损修补材料说明

自密实混凝土边角缺损修补材料采用中国铁道科学研究院铁道建筑研究所研发的专门用于无砟轨道混凝土结构缺损快速修补的（TK-H 型）修补材料。该材料采用改性树脂为主剂，配以固化剂等一系列助剂，经混合固化形成一种高强度、高粘结力的固结体，具有优异的抗渗、抗冻、防腐蚀性能及修补加固性能的专用修补材料。

(2) 自密实混凝土边角缺损修补材料性能特点

①良好的早期施工性能，修补材料的工作性能能够满足现场施工要求，且可根据现场的实际情况通过对固化剂的调整进行施工时间调整。

②高抗压强度且不受结构形状限制，具有补强、加固的作用。

③良好的界面粘结性，与原混凝土间具有较好的粘结强度，有效地消除新老混凝土界面之间的裂缝。

④良好的体积稳定性，具有较好的韧性和低收缩的特点。

⑤化学性能稳定，耐腐耐候性好。

（3）自密实混凝土边角缺损修补材料主要性能指标

自密实混凝土边角缺损修补材料完全满足《高速铁路无砟轨道线路维修规则（试行）》（铁运〔2012〕83号）对自密实混凝土边角缺损修补材料的性能指标的要求。

（4）缺陷调查及统计

根据现场实际情况，确定修补区域后采用记号笔对修补处进行标记。同时采用钢丝刷、真空吸尘器等对修补区域进行清理，确保修补区域清洁无粉尘。

（5）施工工艺

①区域确定

确定修补区域后采用记号笔对破损处进行标记，标记时注意修补处理范围应比实际破损范围向外扩大5～10cm，以便修补材料与原混凝土面更好的粘结。

②表面清理

区域确定后采用錾子对破损处松散混凝土进行凿出，确保修补区域内露出新鲜混凝土面，且无松动石子等。

③基层凿毛

采用錾子在修补区域内对原混凝土面进行凿毛处理，并采用吹风机将修补区域清理干净，确保混凝土基层表面无浮沉、残渣等。清理完成后采用树脂界面剂对修补区域进行涂刷。

④模板安装

修补区域基层处理完成后采用12mm厚竹胶板作为模板进行外形固定，采用$\phi 10$钢筋做卡钩对模板进行加固，确保修补混凝土浇筑后外形尺寸与原尺寸基本一致。

⑤混凝土浇筑

根据说明书要求的配合比将树脂和固化剂采用搅拌机搅拌均匀后加入修补干料，搅拌均匀后立即对缺损部位进行浇筑，浇筑时每层厚度不得大于3cm，并用抹刀进行捣固，确保修补材料与原混凝土结合面充分粘结，浇筑完成后表面高于原混凝土表面1～2mm，方便后期打磨。

⑥表面打磨

修补完成后，对修补部位用薄膜进行防水覆盖养生保护，待砂浆硬化24h后，修补料强度达到30MPa，将高出原混凝土面的修补料用打磨器进行打磨，打磨面先用角磨机大致修正磨平后，用400目细砂纸进行抛光。

⑦施工温度控制在5～30℃，雨雪天气不得施工。

（6）检测验收

对未修补的无缺陷部分进行回弹，将回弹强度进行记录。修复完成后，对修复部分进行回弹，检测修补强度是否满足要求。

6. 主要施工机械设置配置

(1) 主要设备机具配置

为满足施工要求，无砟轨道底座混凝土裂纹、自密实混凝土裂缝修补配备主要机具设备见表7-5，混凝土缺损、破损修补配备主要机具设备见表7-6。

表7-5 裂纹、裂缝修补机械设备配置

序号	机械设备名称	单位	数量	备注
1	手动双组分注浆机	台	1	包括双组分胶枪、注浆嘴、注浆套件等
2	钢尺	把	2	
3	塞尺	把	2	
4	钢丝刷	把	2	
5	电热吹风机	台	1	按需求不够使用时再购买
6	真空吸尘器	台	1	
7	角磨机	台	1	
8	喷枪	个	1	

表7-6 混凝土缺损、破损修补机械设备配置

序号	机械设备名称	单位	数量	备注
1	切割机	台	2	对破损处进行切割分离
2	吹风机	台	1	对切割面进行清理
3	模板	套	10	
4	计量工具（电子秤）	台	1	对修补材料进行称重
5	搅拌工具	台	2	对混合好的修补材料进行搅拌
6	发电机	台	1	提供电源
7	盛料容器	台	3	盛装修补材料容器
8	抹仪	个	3	破损处抹面整平
9	角磨机	台	2	破损处修补后的打磨处理
10	錾子	个	3	松散混凝土凿出

(2) 主要施工人员配置

每处作业面专业修补工人4名，要求熟练掌握修补技术，负责裂纹修补的整改过程。技术员1名，要求掌握修补要求，负责现场监督和指导修补施工。

7. 施工注意事项及质量控制要求

(1) 在每一项缺陷修补施工前，作业队施工技术人员应配合质检人员对缺陷进行详细检查，认真做好缺陷记录。

(2) 材料配制时必须严格按照材料说明书进行配比，同时所有材料均需使用固定的计量工具进行计量，防止配比不均匀导致修补后不符合要求。

(3) 修补材料搅拌后一次用完，初凝后严禁再次使用。

(4) 修补材料应存储在阴凉、干燥、密闭、通风的环境中。

(5) 修补面必须高出原混凝土面 1~2mm，方便后期打磨。

(6) 修补材料浇筑时注意与原混凝土结合处的处理，必须干燥无粉尘及松动混凝土。

(7) 修补完工后，按要求并将工地及周围环境清理整洁，做到工完、料清、场地净，严禁修补料沾污轨道板。对于缺陷修补部位要做好养护工作，防止二次缺陷的发生。

(8) 施工温度控制在 5~30℃，雨雪天气不得施工。

8. 安全保证措施

(1) 安全生产目标

建立健全安全质量管理体系，以提供有效的控制方法和手段，兼顾无砟轨道施工与质量缺陷修补施工同时进行，利用好无砟轨道施工期间现场资源，保证施工、行车和人身安全。杜绝职工死亡事故；杜绝重大火灾、爆炸事故；确保施工安全。

(2) 安全保证体系

安全保证组织机构图如图 7-6 所示。

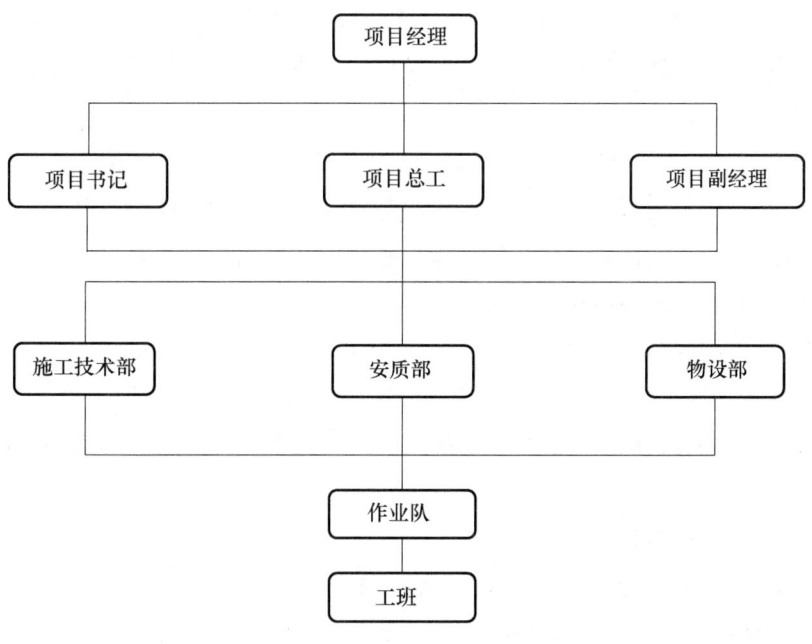

图 7-6 安全保证组织机构图

(3) 安全保证措施

安全生产技术保证措施：

①开工前编制安全技术方案（包括施工用电施工组织设计）及技术复杂的专题方案，必须严格编、审、批手续程序。

②每一工序开工前，在技术交底的同时，必须进行安全交底，所有制定的施工方案必须有安全注意事项和安全保证措施。

③特殊作业人员包括机械司机、电工、电焊工等必须进行专业培训，经考试合格后，持

证上岗。操作证按时复审,特种作业必须严格执行各种安全技术操作规程,确保安全施工。

④班组在班前须进行上岗交底、上岗检查、上岗记录的"三上岗"和每周一次的"一讲评"安全活动。对班组的安全活动,要有考核措施。

⑤遵章守纪、佩戴标记;严惩违章指挥、违章作业。

(4) 施工安全重点部位、环节的安全要求及措施

1) 所有设备均建立"一机一档",资料齐全。所有的机械设备进场之前必须经过检验合格,确保机械设备状态良好。

2) 所有设备操作人员必须持证上岗,且经过岗前安全培训,考核合格。

3) 临时用电必须符合部颁标准和当地供电局的有关安全运行规程,要严格按照《施工现场临时用电安全技术规范》(JGJ 46—2005)的规定执行。

4) 移动的电气设备的供电线,使用绝缘橡胶套电缆。电缆线路采用"三相五线"接线方式,电气设备和电气线路必须绝缘良好。移动式发电机供电的用电设备,其金属外壳或底座,应与发电机电源的接地装置有可靠的电气连接。

5) 手持电动工具和单机回路的照明开关箱内必须装设漏电保护器,照明灯具的金属壳必须做零保护。各种型号的电动设备必须按使用说明书的规定接地或接零。传动部位按设计要求安装防护装置。

6) 必须实行"一机一闸"制,严禁"一闸多用"。现场的配电箱应坚固、完整、严密,应有门、有锁、有防雨装置,同一配电箱超过3个开关时,应设总开关、熔丝及热元件,必须按技术规定严格选用,禁止用铁丝、铜丝等非专用熔丝代替。室内配电盘、配电柜要有绝缘垫,并要安装漏电保护装置。

(5) 施工现场的安全措施

1) 抓好现场管理,搞好文明施工,经常保持现场管线整齐。灯明、路平、无积水。

2) 凡进入现场的人员,均要服从值班员指挥,遵守各项安全生产管理制度,正确使用个人防护用品。禁止穿拖鞋或光脚进入施工现场。

(6) 用电安全保证措施

1) 在生活区严禁使用电炉、严禁乱拉乱扯照明线。

2) 施工中加强机具、电器设备的检查与维修,各种施工机械和电器设备均设置漏电保护器确保用电安全。线路架设高度和照明度必须符合标准,严防运行机械损坏输电线路,机毁人伤。

(7) 防火安全措施

1) 加强领导,建立队班组三级防火责任制,明确职责。

2) 加强对职工的防火教育,消除麻痹大意及侥幸心理。

3) 施工现场用电,严格执行有关规定,加强电源管理,防止发生电器火灾。

4) 焊、割作业点与氧气瓶、乙炔气瓶等危险物品的距离不得少于10m,与易燃易爆物品的距离不得少于30m。

9. 质量保证措施

(1) 标准化管理措施

1) 监理完善组织机构及各种管理体系，健全各种制度和责任制，按法律法规有关规定进行安全施工，杜绝任何重大伤亡事故。

2) 施工现场管理人员，统一着装，戴卡。

3) 施工临时用电必须采用 TN-S 系统，符合"三级配电两级保护"。达到"一机、一闸、一漏、一箱"的要求，电箱设置，线路敷设，接零地保护，接地装置、电气连接，漏电保护等各种配电装置应符合规范要求。

(2) 建立专项质量控制小组

质量控制小组任务为组织与协调无砟轨道病害处理施工，控制施工质量。

(3) 施工质量保证措施

1) 无砟轨道修补施工前，对施工设备、材料、人员等的配备情况进行检查。提出具体施工措施，绘出处理平面图，报监理工程师审查。

2) 在施工中严格按批准的施工措施和有关规范组织作业。

3) 按要求，认真做好各项报表的原始记录工作，并按要求及时进行汇总与分析整理在施工过程中提交的各项施工质量资料。

4) 过程做好整改初、整改中、整改后的影像资料收集分类归档，影像资料中应体现出监理旁站检查、业主检查验收内容。

5) 抓关键环节，确保工程质量

①严格过程控制，加强现场监管。每个工作面的施工过程中，实行领导带班制度，由副部长以上人员直接现场管理，对发现的问题及时纠正。督促整改。

②做好配合比设计，提高修补材料的耐久性。

③严格把守材料进场关，加强物资源头管理，严格进场验收制度，对不合格的材料坚决清场。

④在质量缺陷修补整治完成后，应及时进行复检，保证整治效果一次到位。

(4) 工期控制措施

细化工期计划安排，指定专人负责，必须根据工期计划、明确分工，认真履行跟踪问题修补整治进展情况，并实施每天汇报制。严格按照质量管理办法进行考核，并严格按照工期计划对分管责任人进行考核，确保所有缺陷问题一次性整治到位，并最终通过验收。

8 水洗砂中絮凝剂对混凝土质量的影响分析

8.1 概 述

近年来，随着建筑业的蓬勃发展，机制砂的大规模使用，使得絮凝剂在水洗机制砂中的应用也得到了飞速发展。砂石生产企业使用絮凝剂，是因为机制砂大多为破碎石砂或山砂，它含有不同种类和数量的泥与粉，需要采用水洗除掉其中大部分的泥与粉，以免影响混凝土的使用。环保要求洗砂的水需净化处理，不能乱排放，因絮凝剂能使水溶液中的溶质、胶体或者悬浮物颗粒产生絮状沉淀，从而起到净化水质的作用，因此目前砂石生产企业广泛使用絮凝剂对洗砂水进行净化、过滤水质，再次回收利用。但砂石生产企业只考虑了洗砂水的排放符合环保要求，却未考虑回收利用的洗砂水中含有大量的絮凝剂会带入机制砂中，对混凝土产生不利影响。

水洗砂带入的絮凝剂对混凝土质量将产生怎样的不利影响呢？本书对这个问题进行了系统的实验研究分析，得出了比较明确的结论，提出了使用絮凝剂的建议。为政府主管部门加强砂石行业质量管理，规范砂石行业使用絮凝剂提供决策依据。

8.2 试验原材料和仪器

8.2.1 原材料

1. 水泥

所用水泥为红狮 P·O 42.5 水泥，水泥性能指标检测结果见表 8-1。

表 8-1 水泥性能指标检测结果

细度 (%)	比表面积 (m²/kg)	标准稠度 (%)	安定性	初凝 (min)	终凝 (min)	Cl⁻ (%)	烧失量 (%)	MgO (%)	SO₃ (%)	28d 抗折强度 (MPa)	28d 抗压强度 (MPa)
2.0	310	26.1	合格	162	198	0.008	3.27	2.38	1.93	8.2	51.4

2. 砂石

细砂（S_1）：$M_x=1.4\sim1.8$，含泥量 3%；建德环城；机制砂（S_2）：$M_x=2.4\sim2.8$，含泥量 2%；建德环城。

小石（G_1）：5～10mm，石粉含量1％；建德环城；大石（G_2）：5～31.5mm，石粉含量1％；建德环城。

3. 外加剂

外加剂选用科之杰新材料集团浙江有限公司生产的聚羧酸泵送剂，其匀质性指标和混凝土性能指标检测结果见表8-2和表8-3。

表8-2 泵送剂均匀质性检测结果

Cl^-（％）	总碱量（％）	Na_2SO_4含量（％）	含固量（％）	密度（g/cm^3）	pH
0.05	0.2	0.5	10.83	1.026	6.0

表8-3 泵送剂混凝土性能检测数据

减水剂（％）	含气量（％）	泌水率比（％）	凝结时间之差（min）	7d抗压强度比（％）	28d抗压强度比（％）	收缩率比（％）
22	3.6	10	160	150	130	107

4. 絮凝剂

本实验选用了目前砂石行业比较普遍使用的几种絮凝剂，分别是1200万分子量的阴离子型聚丙烯酰胺（PAM1）、分子量1800万的阴离子型聚丙烯酰胺（PAM2）、非离子型聚丙烯酰胺（PAM3）、阳离子型聚丙烯酰胺（PAM4）和聚合氯化铝（PAC）。实验之前，根据实验方案，将这些絮凝剂配制成不同的浓度。氯化铝因会带入氯离子严重影响混凝土质量，不列入研究范畴。

5. 红外光谱仪

PES pectrum Two，扫描范围4000～400cm^{-1}，扫描32次，光谱分辨率4cm^{-1}。

8.2.2 试验方案

1. 水洗砂中絮凝剂的检测

在实验前，利用红外光谱仪对某种絮凝剂和砂的冲洗水进行分析，分析结果如图8-1、图8-2所示。图8-1为某种絮凝剂的红外光谱图，3433cm^{-1}、2925cm^{-1}附近为烷基（—C—H）的伸缩振动吸收峰，1634cm^{-1}为羰基（—C═C—CO—O—）的伸缩振动吸收峰，1110cm^{-1}为醚键（—C—O—C—）的伸缩振动吸收峰，判断该絮凝剂为含有羰基、醚基的有机物。图8-2为某机制砂洗后水烘干红外光谱图，可以看出，图8-2与图8-1比较相似，出峰位置基本吻合，表明砂的冲洗水中含有该类絮凝剂。因此，利用红外光谱仪对水洗砂中是否残留絮凝剂进行检测是可行的。

2. 混凝土试验配合比

试验选用C30混凝土配合比，试验前，模拟实际生产，将絮凝剂与砂搅拌均匀再进行混凝土试验，试验用混凝土配合比见表8-4。

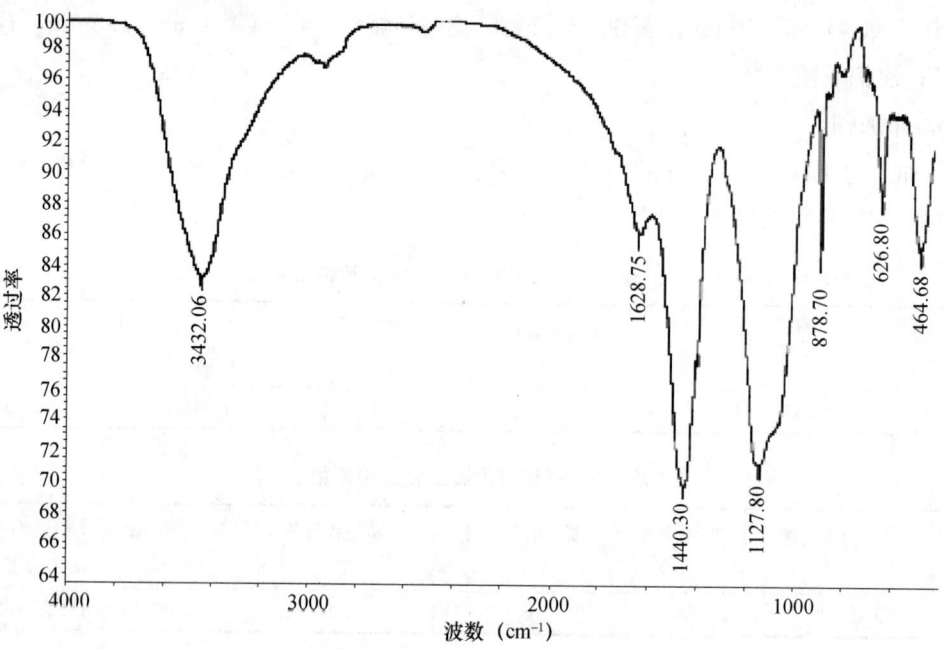

图 8-1　某絮凝剂红外光谱图

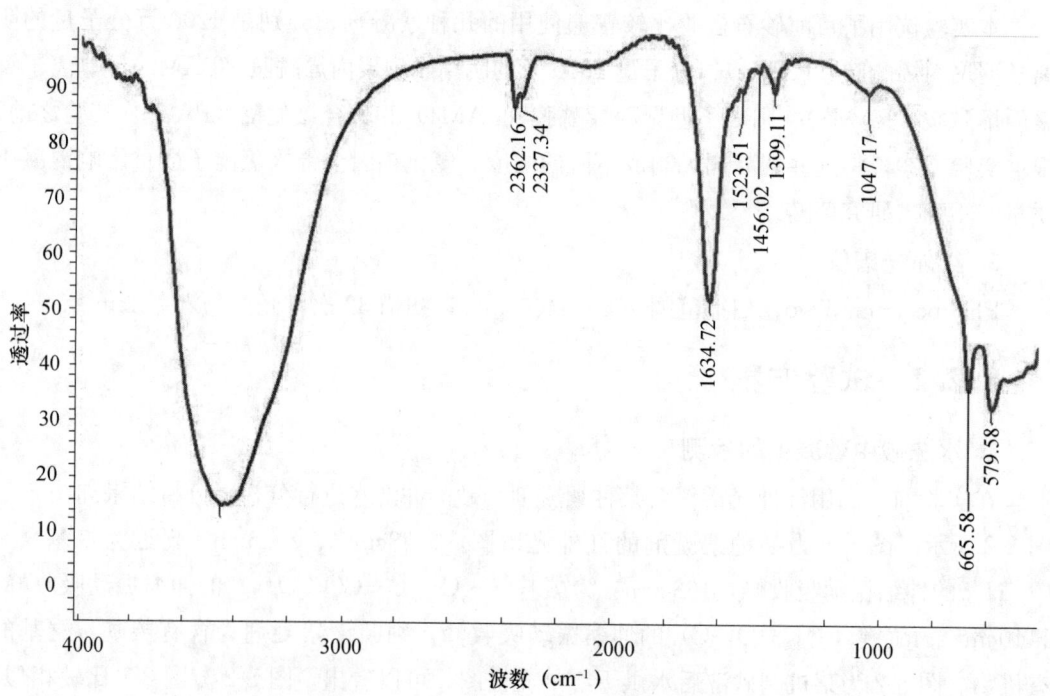

图 8-2　某机制砂洗后水烘干红外光谱图

表 8-4　混凝土试验配合比　　　　　　　　　　　　　　　　（kg/m³）

C	S_1	S_2	G_1	G_2	W	A
350	200	850	350	610	170	8.05

8.2.3 试验结果与分析

1. 不同种类絮凝剂的试验结果

本章对不同种类絮凝剂对水泥净浆流动度的影响和不同种类不同浓度絮凝剂对混凝土性能的影响进行了试验研究，试验结果见表8-5、表8-6。

表8-5 不同种类絮凝剂水泥净浆流动度试验结果

样品	絮凝剂	C（g）	W（g）	A（g）	流动度（T_0/T_1）（mm）
基准	0	300	87	4.20	245/240
PAM1	0.5‰	300	87	4.20	176/124
PAC	0.5‰	300	87	4.20	200/190
PAM2	0.5‰	300	87	4.20	—/—
PAM3	0.5‰	300	87	4.20	160/132
PAM4	0.5‰	300	87	4.20	159/130

表8-6 不同种类不同浓度絮凝剂水泥净浆流动度试验结果

编号	絮凝剂浓度	A（kg/m³）	T_0/T_{1h}（mm）	K_0/K_{1h}（mm）	7d强度（MPa）	28d强度（MPa）
基准1	0	8.05	235/230	580/570	31.34	40.75
PAM1-1	0.3‰	8.05	215/180	530/380	30.21	39.24
PAM1-2	0.5‰	8.05	200/140	480/300	29.62	38.33
PAM1-3	1.0‰	8.05	200/140	340/—	29.50	38.01
基准2	0	8.05	200/125	550/550	33.42	43.82
PAC-1	0.3‰	8.05	230/230	425/490	34.59	44.11
PAC-2	0.5‰	8.05	215/215	460/430	35.21	45.00
PAC-3	1.0‰	8.05	210/215	390/420	33.65	42.14
PAM2-1	0.3‰	8.05	210/210	420/480	32.40	41.53
PAM2-2	0.5‰	8.05	215/225	460/430	32.29	40.98
PAM2-3	1.0‰	8.05	215/220	420/480	30.23	39.73
基准3	0	8.05	225/225	560/540	32.21	41.58
PAM3-1	0.3‰	8.05	220/215	540/530	31.72	41.78
PAM3-2	0.5‰	8.05	200/200	500/480	29.25	39.17
PAM3-3	1.0‰	8.05	215/215	540/530	27.46	38.67
PAM4-1	0.3‰	8.05	220/215	520/520	30.41	39.77
PAM4-2	0.5‰	8.05	210/205	480/480	29.42	39.01
PAM4-3	1.0‰	8.05	205/200	400/380	28.04	38.22

（1）不同种类絮凝剂对水泥净浆流动度的影响

从表 8-5 的试验数据可知，掺入 0.5‰浓度的 5 种絮凝剂，与基准相比，水泥净浆流动度均不同程度减小，其中 PAM2 对水泥净浆流动度的影响最大，其次为 PAM1，PAC 对水泥净浆流动度的影响最小，PAM3 和 PAM4 对水泥净浆流动度的影响相当。

（2）不同种类絮凝剂对混凝土流动性的影响

本课题研究了不同种类不同浓度的絮凝剂对混凝土坍落度和扩展度的影响，初始坍落度、1h 坍落度和初始扩展度、1h 扩展度柱状分析图如图 8-3、图 8-4 所示。

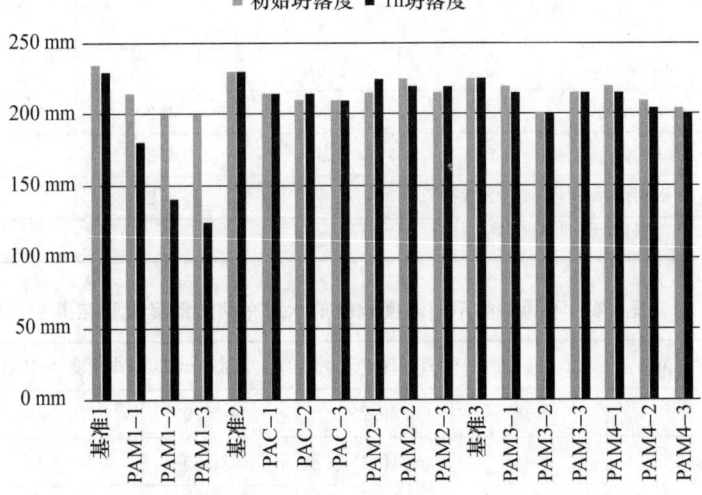

图 8-3　不同种类絮凝剂对混凝土坍落度的影响

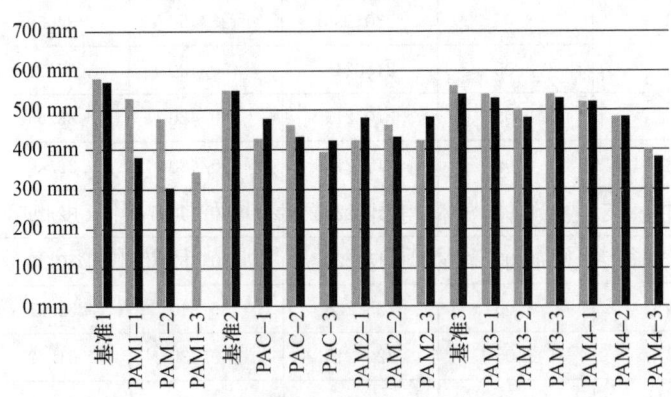

图 8-4　不同种类絮凝剂对混凝土扩展度的影响

由表 8-6 和图 8-3、图 8-4 可看出，外加剂掺量保持不变，絮凝剂加入后混凝土初始流动度均有一定程度的降低。具体分析结果：①掺入不同浓度的 PAM1 混凝土初始流动度和 1h 流动度均小于基准混凝土，且随着 PAM1 浓度增大，混凝土 1h 流动度损失也越大；

浓度为1.0‰时，1h混凝土已无流动性；②掺入不同浓度的PAC，与基准混凝土相比，混凝土初始坍落度和1h坍落度略有减小，相差不大，但混凝土初始扩展度和1h扩展度均减小，且PAC浓度越高，初始扩展度越小，1h扩展度损失越大；③掺入不同浓度的PAM2，与基准混凝土相比，混凝土初始坍落度和1h坍落度略有减小，相差不大，但混凝土初始扩展度和1h扩展度均减小，但不同浓度影响相差不大；④掺入不同浓度的PAM3，与基准混凝土相比，混凝土初始坍落度和1h坍落度基本相当，初始扩展度和1h扩展度也基本相当，并无明显差别；⑤掺入不同浓度的PAM4，与基准混凝土相比，初始坍落度和1h坍落度略有减小，相差不大，但混凝土初始扩展度和1h扩展度均减小，且PAM4浓度越高，初始扩展度越小，1h扩展度损失越大。

（3）不同种类絮凝剂对混凝土抗压强度的影响

本课题研究了不同种类不同浓度絮凝剂对混凝土抗压强度的影响。7d和28d抗压强度柱状分析图如图8-5所示。

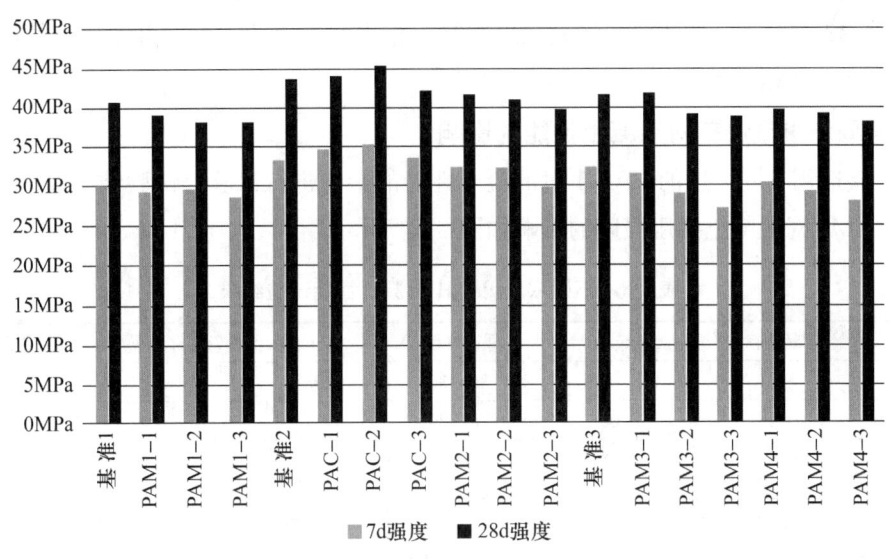

图8-5 不同种类絮凝剂对混凝土抗压强度的影响

由表8-6和图8-5试验数据分析得出，加入不同种类不同浓度的絮凝剂，混凝土抗压强度呈现以下规律：①加入PAM1或PAC后，混凝土7d和28d抗压强度与基准混凝土相比，均在试验误差范围内，并无明显差异；②加入PAM2、PAM3、PAM4后，混凝土7d和28d抗压强度均有所降低，且浓度越大，强度降低越明显。三种絮凝剂在浓度为1.0‰，7d抗压强度分别降低了3.19MPa、4.85MPa、4.27MPa，28d抗压强度分别降低了4.09MPa、2.91MPa、3.36MPa。表明絮凝剂浓度较高时，对混凝土强度影响较大。

（4）不同种类絮凝剂对外加剂掺量的影响

本课题研究了不同种类絮凝剂对外加剂掺量的影响，试验结果见表8-7。

表 8-7　不同种类絮凝剂对外加剂掺量的影响试验结果

编号	A/（kg/m³）	絮凝剂浓度	T_0/T_{1h}（mm）	K_0/K_{1h}（mm）
基准 1	8.05	0	235/230	580/570
PAM1-6	10.15	0.5‰	230/240	600/630
基准 2	8.05	0	230/230	550/550
PAC-4	8.75	0.5‰	230/160	550/570
PAM2-4	8.75	0.5‰	230/230	560/570
基准 3	8.75	0	225/225	550/540
PAM3-4	8.75	0.5‰	220/225	560/550
PAM4-4	8.75	0.5‰	225/230	560/570

由表 8-7 试验结果可知，在 PAM1 浓度 0.5‰时，需要将外加剂掺量从 8.05kg/m³（2.3%）提高到 10.15kg/m³（2.9%），才能达到与基准混凝土相当的流动性；PAC、PAM2、PAM3 和 PAM4 浓度为 0.5‰时，需将外加剂掺量从 8.05kg/m³（2.3%）提高到 8.75kg/m³（2.5%），才能达到与基准混凝土相当的流动性。由此可知，对外加剂掺量影响最大的是 PAM1。

2. 不同浓度絮凝剂对混凝土性能的影响

本试验选用不同浓度的 PAM1 对混凝土性能的影响进行试验，试验结果见表 8-8。不同浓度 PAM1 对混凝土抗压强度的影响如图 8-6 所示。

表 8-8　不同浓度 PAM1 混凝土性能试验结果

编号	絮凝剂掺量	A（kg/m³）	T_0/T_{1h}（mm）	K_0/K_{1h}（mm）	7d 强度（MPa）	28d 强度（MPa）
基准 1	0	8.05	235/230	580/570	31.34	40.75
PAM1-1	0.3‰	8.05	215/120	530/380	30.21	39.24
PAM1-2	0.5‰	8.05	200/80	480/300	29.62	38.33
PAM1-3	1.0‰	8.05	200/80	340/—	29.50	39.01
PAM1-4	2.0‰	8.05	120/—	—/—	29.41	39.55
PAM1-5	3.0‰	8.05	—	—	32.48	41.86

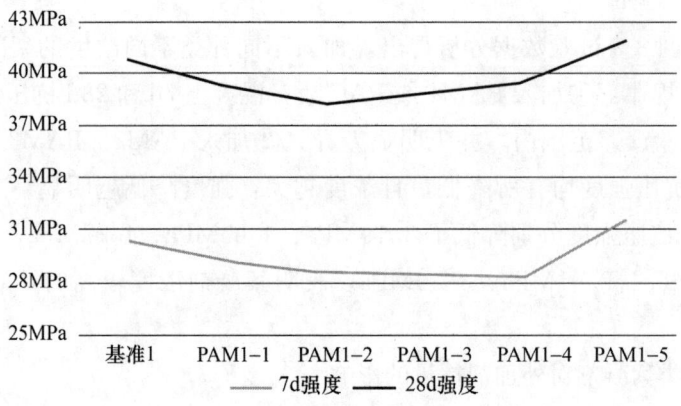

图 8-6　不同浓度絮凝剂对混凝土抗压强度的影响

从表 8-8 和图 8-6 可以看出，加入不同浓度的 PAM1，混凝土的流动度都有所降低，并且降低程度随着 PAM1 浓度的增大而增大，PAM1 浓度达到 2.0‰时，混凝土初始坍落度就大大小于基准混凝土，且混凝土已无流动性；PAM1 加入后对混凝土 1h 流动性影响很大，浓度为 1.0‰时，1h 后混凝土已无流动性。

从表 8-8 试验数据可知，不同浓度的 PAM1 对混凝土强度的影响不大，与基准混凝土相比，7d 和 28d 抗压强度均在试验允许的误差范围内。PAM1 浓度为 0.5‰时，混凝土 28d 抗压强度最小，与基准相比，低了 2.42MPa。

3. 不同水泥的影响

为验证不同水泥情况下不同浓度絮凝剂对混凝土性能的影响，本试验对比了南方 P·O 42.5R 水泥，选用不同浓度的 PAM1 进行对比试验，试验结果见表 8-9。混凝土坍落度和扩展度的试验结果如图 8-7、图 8-8 所示，混凝土 7d 和 28d 抗压强度试验结果如图 8-9 所示。

表 8-9 不同浓度 PAM1 混凝土试验结果（南方 P·O 42.5R 水泥）

编号	絮凝剂浓度	A（kg/m³）	T_0/T_{1h}（mm）	K_0/K_{1h}（mm）	7d 强度（MPa）	28d 强度（MPa）
基准 4	0	8.05	225/225	540/530	33.18	42.84
PAM17	0.3‰	8.05	200/150	480/370	32.87	42.91
PAM1-8	0.5‰	8.05	190/120	430/320	30.63	40.03
PAM1-9	1.0‰	8.05	170/120	340/—	32.48	40.74
PAM1-10	2.0‰	8.05	130/—	320/—	33.12	42.53
PAM1-11	3.0‰	8.05	—/—	—/—	32.29	42.98
PAM1-12	0.5‰	9.80	225/220	530/530	34.04	42.97

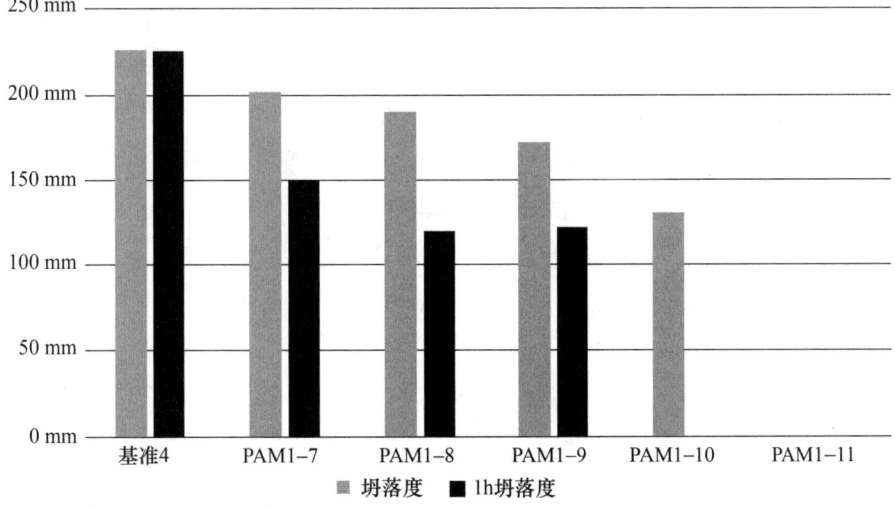

图 8-7 不同浓度絮凝剂对混凝土坍落度的影响

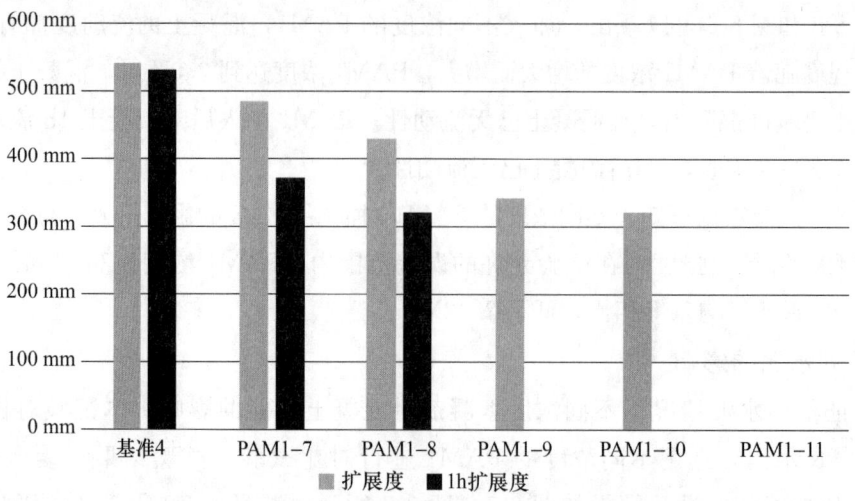

图 8-8　不同浓度絮凝剂混凝土扩展度试验结果

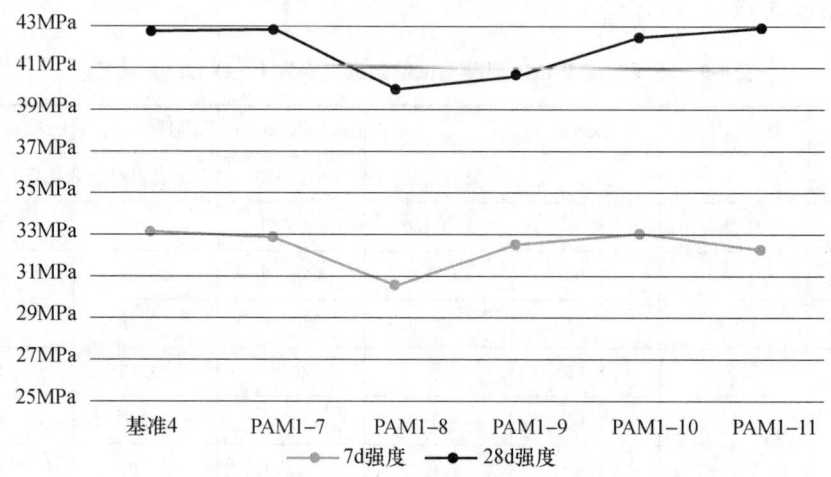

图 8-9　不同浓度絮凝剂混凝土抗压强度试验结果

由表 8-9 和图 8-7、图 8-8 可以看出，掺入不同浓度的 PAM1，与基准混凝土相比，混凝土流动度均变小，而混凝土 1h 流动度损失均变大，且随着絮凝剂浓度增大，混凝土流动性损失越大。当絮凝剂浓度为 1.0‰时，1h 后的混凝土已无流动性。

由表 8-9 和图 8-9 可以看出，不同浓度的 PAM1 对混凝土强度的影响不大，与基准混凝土相比，7d 和 28d 抗压强度均在试验允许的误差范围内。

从表 8-9 的数据可知，PAM1 浓度为 0.5‰时，需要将外加剂掺量从 8.05kg/m³（2.3%）提高到 9.6kg/m³（2.8%），才能达到与基准混凝土相当的流动性。

8.3　结　论

本章系统研究了不同种类不同浓度絮凝剂对掺聚羧酸减水剂的混凝土的流动性、抗压强度及外加剂掺量的影响，从以上研究结果，可以得出以下结论：

（1）总体而言，无论加入何种絮凝剂，水洗砂中的絮凝剂对掺聚羧酸减水剂的混凝土质量都会造成一定程度的影响，且絮凝剂浓度越高，不利的影响越大；

（2）1800万分子量的阴离子型聚丙烯酰胺对水泥净浆流动度影响最大，聚合氯化铝对水泥净浆流动度影响最小；

（3）1200万分子量的阴离子型聚丙烯酰胺对掺聚羧酸减水剂的混凝土流动性影响最大，且浓度越高影响越大；非离子型聚丙烯酰胺对混凝土的流动性影响最小；

（4）1200万分子量的阴离子型聚丙烯酰胺对聚羧酸减水剂掺量影响最大，且浓度越高，对聚羧酸减水剂掺量的影响越大；

（5）1200万分子量的阴离子型聚丙烯酰胺和聚合氯化铝对混凝土抗压强度影响最小，与基准混凝土相比，均在试验允许误差范围内，而1800万分子量的阴离子型聚丙烯酰胺、非离子型聚丙烯酰胺、阳离子型聚丙烯酰胺对混凝土抗压强度影响较大，且浓度越高，强度降低越多。

8.4 建　议

针对以上研究成果，砂石生产企业使用絮凝剂进行水洗，需注意以下几点：

（1）1200万分子量的阴离子型聚丙烯酰胺对掺聚羧酸减水剂的混凝土流动性影响最大，对聚羧酸减水剂掺量影响最大，1800万分子量的阴离子型聚丙烯酰胺对水泥净浆流动度影响最大，应避免使用；

（2）非离子型聚丙烯酰胺对掺聚羧酸减水剂的混凝土流动性影响最小，但对混凝土的7d和28d抗压强度有一定影响，使用时需控制浓度不得超过0.5‰，且需调整混凝土配合比，适当提高水泥用量以确保混凝土强度满足要求，同时需适当提高外加剂掺量，确保混凝土流动性满足施工要求；

（3）阳离子型聚丙烯酰胺对混凝土7d和28d抗压强度均有一定程度影响，使用时需控制浓度不得超过0.5‰，且需调整混凝土配合比，适当提高水泥用量以确保混凝土强度满足要求，同时需适当提高外加剂掺量，确保混凝土流动性满足施工要求；

（4）聚合氯化铝对掺聚羧酸减水剂的水泥净浆流动度影响最小，对混凝土抗压强度影响最小，但掺入聚合氯化铝对混凝土流动性有一定影响，使用时需控制浓度不得超过0.5‰，同时需适当提高聚羧酸减水剂掺量，以确保混凝土流动性满足施工要求。

9 机制砂配制 C50 混凝土在预制箱梁中的应用

9.1 项目背景介绍

混凝土配合比设计是混凝土学科的技术核心，如何进行混凝土配合比设计、提高配合比设计的效率、降低成本提高企业的市场竞争力是混凝土技术人员经常面对的问题。混凝土掺合料技术的发展促进了混凝土配合比技术的提升，外加剂技术的进步改善了混凝土的施工性能。对环境与混凝土性能关系的认知已提高到与强度同等重要的地位，构筑物使用领域的不断扩大，使混凝土在不同工程领域范围内性能要求不断深化。C50 箱梁生产多以天然河砂作为细骨料，很少使用机制砂生产箱梁。在当前环保压力的形势下，深河方圆 200km 已无合格的天然河砂，远距离运输的河砂 260 元/t，势必增加工程成本。本项目结合实际，进行试验研究机制砂配制 C50 预制混凝土箱梁，并成功应用于生产，取得良好的社会效益和经济效益。

我公司于 2013 年年初已着手混凝土配合比设计方法的试验研究、创新的"类比法设计泵送混凝土配合比的研究与应用"，获漯河市科学技术进步一等奖，以该科技成果撰写的论文"类比法设计泵送混凝土配合比"于 2014 年发表在全国中文核心期刊《混凝土》杂志中，并收录于中国建材工业出版社出版的《商品混凝土生产与应用技术》一书中。

综合机制砂和箱梁施工工艺特点，结合已有成果，研究出适合本项目适用的配合比参数，并通过精心的生产管理，取得良好的社会效益和经济效益。

9.2 配合比设计

9.2.1 确定配合比

1. 确定混凝土坍落度

混凝土配合比设计是一门试验科学，配合比设计（计算）是仅供参考的初步比例，其最终配比应通过实验室验证并调整后获得。随着混凝土技术的进步，坍落度已不是评价混凝土流动性的唯一指标，但坍落度仍是目前世界上应用最普遍也是最简单的测试和评价混凝土流动性的试验方法。混凝土的工作环境、设计强度、耐久性、工程部位、混凝土浇筑的工艺、施工速度、运输距离、气温条件等因素的差异决定混凝土拌合物具有不同的坍落度要求，具有良好的流动性、匀质性混凝土拌合物是混凝土硬化后具有良好的强度和耐久性的前提和保障。因此，混凝土拌合物的工作性指标是混凝土配合比设计时首先要考虑的因素。

2. 混凝土配制强度

混凝土主要作为建筑承重材料使用，抗压强度是混凝土的主要性能指标之一，混凝土抗压强度受到施工条件、结构、养护、环境等因素影响。在混凝土配合比设计时要综合考虑各种可能出现的因素所引起的强度变化。混凝土抗压强度必须达到设计要求，混凝土强度等级保证率不低于95%。箱梁要求7d张拉，应控制C50混凝土强度等级保证率7d不低于90%，28d混凝土抗压强度不低于60MPa，以此为混凝土配制强度。

3. 水胶比的确定

在混凝土的生产过程中，根据所使用的原材料和预拌混凝土生产实际，建立"胶水比-混凝土强度"的范围，在配合比设计时直接利用两者的关系确立水胶比。见表9-1。

表9-1 各强度等级矿物掺合料掺量与水胶比推荐选用表

强度等级	粉煤灰单掺		粉煤灰、矿粉双掺	
	水胶比	掺量	水胶比	掺量
C10	0.70～0.66	30%～40%	0.68～0.64	40%～50%
C15	0.66～0.63		0.63～0.60	
C10	0.68～0.64	40%～50%	0.66～0.62	50%～60%
C15	0.63～0.60		0.61～0.58	
C20	0.62～0.57	20%～30%	0.60～0.58	30%～40%
C25	0.56～0.52		0.55～0.52	
C20	0.59～0.54	30%～40%	0.57～0.53	40%～50%
C25	0.53～0.50		0.51～0.49	
C20	0.57～0.53	35%～45%	0.55～0.52	45%～55%
C25	0.51～0.48		0.49～0.47	
C30	0.49～0.46	20%～30%	0.48～0.45	30%～40%
C35	0.44～0.41		0.43～0.40	
C30	0.47～0.44	30%～40%	0.47～0.43	35%～45%
C35	0.42～0.39		0.42～0.38	
C40	0.41～0.38	15%～25%	0.40～0.37	20%～30%
C45	0.38～0.36		0.38～0.35	
C40	0.40～0.37	20%～30%	0.39～0.36	30%～40%
C45	0.36～0.34		0.35～0.33	
C50	0.34～0.32	<15%	0.34～0.32	<20%
C55	0.32～0.30		0.32～0.30	
C60	0.31～0.29		0.31～0.29	

续表

强度等级	粉煤灰单掺		粉煤灰、矿粉双掺	
	水胶比	掺量	水胶比	掺量
C50	0.33~0.31	15%~25%	0.33~0.31	20%~30%
C55	0.32~0.29		0.32~0.29	
C60	0.31~0.28		0.31~0.28	
>C60，<C80	0.28~0.33	—	—	—
>C80，<C100	0.26~0.28	—	—	—
C100	0.24~0.26	—	—	—

注：1. 所用水泥为 P·O 42.5，长期统计 28d 抗压强度平均值为 47.0MPa，矿物掺合料为 Ⅱ 级粉煤，S95 级矿渣粉；
2. 矿物掺合料的掺量根据气温变化，可以调整幅度±5%，即夏季比春秋季、比冬期掺量逐步增多；
3. 单掺要比复掺的掺量低 10% 左右；
4. 高强混凝土可使用 P·O 52.5 水泥，S105 级矿粉，适当加入硅灰。

4. 用水量及胶凝材料用量

混凝土胶凝材料浆体包裹在混凝土骨料的表面，减小骨料颗粒之间摩擦力，增大混凝土的工作性。如果把混凝土看作悬浮体结构，骨料悬浮在浆体中，浆体作为连续介质为骨料提供一个变动的变形空间，因此浆体是确保混凝土工作性的必要条件。混凝土浆体越多，骨料间的摩擦力就越小，混凝土坍落度就越大，混凝土的浆体量与坍落度有良好的相关性。混凝土坍落度大小直接决定浆体的用量。

根据表 9-1 的工程实践经验可以确立基准水胶比为 0.34，粉煤灰掺量为 15%。

浆体用量过少，保水性差易泌水、离析，要提高混凝土的坍落度必然要提高混凝土的浆体量。混凝土浆体量增大，混凝土体积稳定性变差，混凝土收缩、变形裂缝的概率增大。因此，要保持混凝土良好的体积稳定性，提高耐久性，在满足混凝土施工的前提下，尽量选择较小的坍落度以降低混凝土浆体量。

混凝土拌合物中的浆体量主要起到两方面的作用，首先填充粗、细骨料间的空隙。当浆体充分填充骨料间空隙后，富裕的浆体包裹在骨料表面减少骨料间的摩擦力，改善混凝土拌合物的工作性。一般来说，富裕浆体越多，包裹在骨料表面的浆体厚度越厚，越便于流动，混凝土拌合物的坍落度相对也就越大。混凝土拌合物骨料的综合空隙体积可以利用粗骨料空隙率乘以细骨料空隙率近似获得，试验表明混凝土拌合物浆体充分填充骨料空隙后，浆体量每增加 $10L/m^3$，混凝土拌合物坍落度变化 20mm 左右。

混凝土拌合物浆体量 y 与混凝土坍落度 x 之间的线性关系：

$$y = 0.5x + V_{石空} + V_{砂空} + 15(3.0 - M_x) \tag{9-1}$$

式中，$V_{石空}$ 为石子空隙率；$V_{砂空}$ 为砂空隙率；x 为混凝土拌合物配制目标坍落度（mm）；M_x 为砂细度模数。本项目 C50 箱梁所用碎石径满足 5~20mm，压碎值小于 10%，针片状含量不超过 8%，空隙率 43%，砂细度模数 2.7，空隙率 42%。C50 箱梁混凝土设计坍落度为 (200±20) mm，取 200mm，代入式 (9-1) 可以初步计算浆体用量约为 $326L/m^3$。

混凝土中胶凝材料浆体总量由胶凝材料用量和、用水量和含气量组成，在使用非引气型减水剂时，混凝土胶凝材料浆体体积（$V_浆$）由胶凝材料体积（$V_胶$）和水的体积（$V_水$）两部分构成，即

$$V_浆 = V_胶 + V_水 \tag{9-2}$$

因为体积 $V=m/\rho$，则式（9-2）可以变形为

$$V_浆 = \frac{m_胶}{\rho_胶} + \frac{m_水}{\rho_水} \tag{9-3}$$

胶凝材料密度为

$$\rho_B = \frac{1}{\dfrac{\alpha_C}{\rho_C} + \dfrac{\alpha_F}{\rho_F} + \dfrac{\alpha_K}{\rho_K}} \tag{9-4}$$

式中　α_C、α_F、α_K——水泥、粉煤灰、矿粉占胶凝材料的质量百分比；

ρ_B、ρ_C、ρ_F、ρ_K——胶凝材料、水泥、粉煤灰、矿粉的密度。

本项目箱梁混凝土水泥密度为 $3.1 \times 10^3 \text{kg/m}^3$，粉煤灰密度为 $2.2 \times 10^3 \text{kg/m}^3$，粉煤灰掺量为 15%，代入式（9-4）计算可得胶凝材料密度为 $2.92 \times 10^3 \text{kg/m}^3$，又因为水胶比为水的质量与胶凝材料质量的比值，即

$$\frac{W}{B} = \frac{m_水}{m_胶}$$

在已知混凝土胶凝材料浆体用量为 310m^3 和水胶比为 0.34 的情况下，联立上述两个方程即可解出胶凝材料用量和用水量。即

$$V_浆 = \frac{m_胶}{\rho_胶} + \frac{m_水}{\rho_水} = \frac{m_胶}{2.92} + m_水 = 326$$

因为水胶比为 0.33，则 $m_水 = 0.33 m_胶$，代入上述方程可得

$$\frac{m_胶}{2.92} + 0.33 m_胶 = 326$$

解得，混凝土胶凝材料用量：$m_胶 = 485.7 \text{kg/m}^3$，取 485kg/m^3，用水量为

$$m_水 = 0.33 m_胶 = 485 \times 0.33 = 160 \text{（kg/m}^3\text{）}$$

5. 外加剂用量的确定

外加剂减水率与外加剂掺量具有直接的关系，一般来说掺量越多，减水率越高。在低于外加剂饱和掺量时，外加剂的掺量与其对应的减水率近似于线性变化。因此，混凝土外加剂掺量可以按照下式进行近似计算

$$\mu = \left(\frac{W_0 - W}{W_0}\right) \times \frac{\mu_0}{\beta_0} \times 100\% \tag{9-5}$$

式中　μ——外加剂掺量（%）；

μ_0——外加剂饱和掺量（%）；

β_0——外加剂饱和减水率（%）；

W——配制混凝土的用水量（kg/m^3）；

W_0——达到混凝土设计目标坍落度时基准用水量。

$$W_0 = W_1 + \frac{T-80}{20} \times 5 + 10 \times (2.7 - M_x)$$

式中 W_1——坍落度 7~9cm 的基准混凝土用水量,与石子最大粒径有关;

T——坍落度;

M_x——砂细度模数,一般来说,砂细度模数越小,细骨料砂的比表面积越大,用水量相对越高,砂细度模数越大,细骨料砂的比表面积越小,用水量也相对越小。

本项目外加剂饱和掺量为 2.5%,饱和减水率为 40%,利用上述公式可以计算出用水量为 245kg/m³,因 W=160kg/m³,可以计算出外加剂掺量为 2.2%,外加剂用量为

$$m_{外} = m_{胶} \times \mu = 485 \times 2.2\% = 10.7 \ (kg/m^3)$$

式中 $m_{外}$——外加剂用量;

$m_{胶}$——胶凝材料用量;

μ——外加剂掺量。

6. 砂、石用量

在预拌混凝土中,石子都是松散悬浮在砂浆中,形成工作性良好的拌合物,见表 9-2。

表 9-2 基准混凝土用水量与石子最大粒径系数表

最大粒径 (mm)	碎石				卵石			
	16.0	20.0	25.0	31.5	10.0	20.0	25.0	31.5
用水量 (kg/m³)	230	215	210	205	215	195	190	185

用假定堆积容度减去其他原材料质量,即可求得每立方米砂的用量。假定 C50 混凝土堆积容度为 2450kg/m³,得

$$485 + m_S + 1302 + 160 + 10.7 = 2450$$

即

$$m_S = 2450 - 485 - 1032 - 160 - 10.7 = 762.3 \ (kg/m^3)$$

m_S 取 762kg/m³。

综上可以获得基本试验配合比见表 9-3。

表 9-3 C50 试验基本配合比 (kg/m³)

强度等级	胶凝材料	水泥	粉煤灰	粗骨料	细骨料	外加剂	水
C50	485	412	73	1032	762	10.7	160

9.2.2 C50 混凝土配合比试验

水胶比的大小对混凝土的强度和耐久性具有重要影响，根据前面确定的水胶比 0.33，为保证混凝土质量的稳定性，在配合比试验过程中，采用砂率、胶凝材料用量以及外加剂用量不变，水胶比从 0.29 以 0.02 逐步增加至 0.37。从试验结果来看，坍落度随着水胶比的增加而增加，随水胶比的降低而降低，虽然在各个水胶比下试验通过微调外加剂用量都可以获得满意的工作性。但混凝土强度在水胶比低于 0.31 时明显偏高，水胶比高于 0.37 时，混凝土强度又不能满足 C50 混凝土 7d 张拉要求（表 9-4）。因此，在水胶比 0.31～0.35 可以获得满意的工作性和强度，水胶比取 0.33，也便于混凝土生产质量控制。

表 9-4 不同水胶比下的混凝土强度值

水胶比	0.29		0.31		0.33		0.35		0.37	
龄期（d）	7	28	7	28	7	28	7	28	7	28
强度（MPa）	60.7	72.5	55.8	65.9	53.1	62.5	49.7	58.8	43.3	52.8

试验确定砂率时，采用胶凝材料用量、水胶比及外加剂掺量不变，砂率从 38% 以 2% 依次增加至 44%，通过试验发现，C50 混凝土坍落度随着砂率的增加呈现先增加后降低的现象，且砂率为 38% 时达到最大值。因此，砂率在 36%～42% 变化时，存在一个最佳砂率 42%，在最佳砂率情况下既有利于混凝土流动性的提高，也可以使混凝土黏聚性良好。

C50 箱梁所用不同于其他普通混凝土，有些因素对强度等级 C40 以下的混凝土性能影响不大，但对 C50 及 C50 以上混凝土的性能却有显著的影响。在确定基准配合比的基础上，为保证一些不确定因素对混凝土工作性及强度产生不利影响，再进行 5～10 次的重复试验，检测其平均强度值不应低于配制的强度值，且观察混凝土拌合物工作性的稳定性。每次混凝土试验均应认真测试混凝土工作性、强度，并测试实测堆积容度，当混凝土拌合物实测堆积容度与假定之差的绝对值不超过假定堆积容度的 2% 时，可不调整。通过试验，所设计的配合比假定堆积容度与实测堆积容度的差值在允许范围之内，不作调整。

9.2.3 混凝土生产、浇筑及后期养护质量控制

1. 混凝土生产

C50 混凝土的质量要求高于普通混凝土，在生产过程中应严格各环节控制，具体做到以下几点：

（1）生产过程中，增加砂石含水率检测频率，控制混凝土生产用水量，通过试验发现水胶比波动±0.02，混凝土质量基本在可控范围内。

（2）每月定时校检混凝土生产计量系统，控制生产实际重量与计算机采集数据的吻合度；

（3）检测外加剂与水泥等原材料的相容性，根据需要及时调整外加剂或调整其用量，

确保混凝土拌合物工作性。

（4）混凝土生产过程中，较普通混凝土生产适当延长搅拌时间，确保混凝土拌合物搅拌均匀。

（5）混凝土公司调度员应时刻保持与工地联系，掌握施工现场混凝土浇筑情况，根据施工速度合理调度车辆，确保施工现场不积车，不断料。

2. C50 箱梁施工

C50 箱梁质量要求严格，为保证混凝土工程质量，在施工工程中需做好以下工作：

（1）混凝土运至施工现场应及时检测、浇筑，避免等待时间过长，混凝土工作性降低，不便于施工。

（2）C50 箱梁浇筑时，先浇筑底板，按照从低到高的顺序，整体分层分段浇筑，然后再浇筑顶板和肋板。

（3）C50 箱梁混凝土振捣采用插入式振捣棒和平板振动器振动，底板则以插入式振捣棒，局部可采用木槌敲打。平板振动器安装位置统一，且功率相同，统一开启振动，振动时间控制在 15~25s。使用振捣棒进行插入式振捣时，应插入混凝土深度 50~100mm 和模板距离不少于 50mm，防止破坏模板，振动棒移动距离为振捣棒作用半径的 1.5 倍，即不大于 45~60cm。

（4）混凝土浇筑振捣完毕，顶板拉毛后及时进行覆盖保湿，梁拆模后应及时进行不间断喷淋保湿，且不低于 7d，养护水温与混凝土表面温差不得大于 15℃（图 9-1）。

图 9-1 梁拆模后现场实物

9.3 箱梁容易出现的问题及预防措施

9.3.1 箱梁表面色差问题

箱梁在浇筑、振捣、养护过程中，容易出现色差问题，色差虽然对安全影响不大，但影响梁外观美感。只要施工过程中加以预防还是可以避免的，针对色差形成的原因，笔者认为可以从以下几个方面加以预防：

（1）发现露天堆放的模板表面出现锈斑时，应采用钢丝刷进行除锈并清除表面锈粉，如果不清理或清理后未清理表面锈粉，容易导致靠近锈斑位置的混凝土表面发黄。

（2）涂刷脱模剂时应使用滚刷对模板进行均匀涂抹，保证表面有光感，并及时浇筑混凝土，防止模板污染影响混凝土外观质量。如遇到特殊天气不能及时浇筑，经采用对模板进行覆盖，防止模板污染。

（3）采用吊罐浇筑混凝土时，下料时开口较大，下料口高度过高，导致混凝土散落在箱梁翼缘板模板上早凝导致翼缘板表面混凝土表面出现白斑。

（4）控制混凝土拌合物坍落度稳定，防止泌水、离析引起箱梁浇筑后产生色差。

（5）避免混凝土供应中断，混凝土浇筑间隔时间过长，箱梁表面出现色差。

在生产过程中通过上述措施，浇筑的混凝土箱梁表面颜色均匀一致，无较大色差出现（图9-2）。

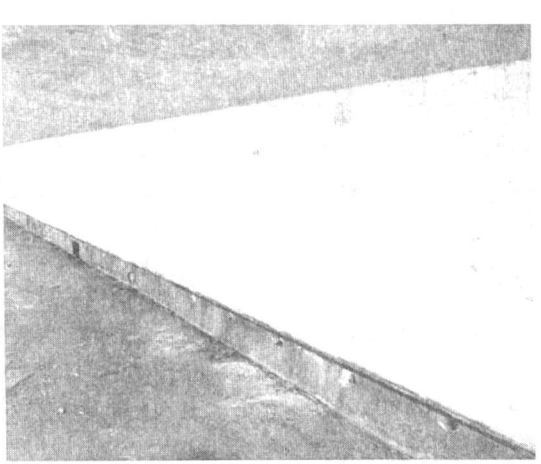

图9-2 箱梁表面颜色

9.3.2 箱梁表面气泡、气孔预防

箱梁侧面面积较大，施工过程中如稍不注意，有可能出现气泡，有时气泡直径1~4mm，深度1~3mm，气泡较多时每平方米气泡超过35~50个。

(1) 严格控制混凝土坍落度，按照设计坍落度要求满足 180～220mm。

(2) 控制粗骨料质量，尤其控制石子中针片状含量，防止超标，严格控制其含量低于 8％，防止针片状过量造成粗骨料局部堆积。

(3) 箱梁腹板浇筑过程中采用分层浇筑，平板振动器配合振动棒振捣，避免单层浇筑厚度超过 500mm，防止浇筑过厚不利于气泡排除。

在生产实践中反复试验，箱梁表面基本无较大气孔，箱梁表面质量较好（图 9-3）。

图 9-3　箱梁表面

9.3.3　箱梁的腹板存在水波纹

预防箱梁腹板出现水波纹，重点是避免混凝土离析、泌水。造成混凝土离析、泌水有以下主要原因：

(1) 砂石含水率变大，生产操作人员调整不及时，混凝土出现离析、泌水。

(2) 混凝土搅拌时间短，拌合物存在局部搅拌不均，外加剂效能没有充分发挥，混凝土浇筑后外加剂继续作用产生混凝土泌水。

(3) 过度振捣，造成混凝土离析分层。

经过上述调整，腹板位置的水波纹情况基本消除。

9.3.4　箱梁混凝土强度增长缓慢影响张拉

后张法箱梁混凝土强度等级保证率要求 7d 不低于 90％，若箱梁混凝土强度增长缓慢则影响张拉的进行。造成混凝土强度低主要原因有以下几点：

(1) 混凝土生产过程中，质量控制差，混凝土配合比严重偏离设计配合比造成水胶比过大，或砂石原材料偏离配合比试验原材料质量。

(2) 混凝土拆模后，未进行保湿养护造成表面水泥水化停止，表面硬度低，回弹强度低。

在混凝土生产过程中,通过严格控制原材料质量和施工单位规范养护,基本未出现早期强度不足(表 9-5),影响张拉工序现象。

表 9-5 C50 箱梁不同龄期回弹强度值　　　　(MPa)

序号强度 (MPa)	龄期 (d)					
	3		7		28	
	标准养护	回弹	标准养护	回弹	标准养护	回弹
1	41.7	42.1	52.9	50.2	65.8	60.2
9	40.4	41.0	54.1	49.3	68.0	62.3
3	41.8	41.1	53.3	50.6	62.7	60.4
4	44.6	40.7	52.6	47.8	62.8	58.7
5	43.5	39.4	51.9	48.2	64.2	57.9

(3)结论

通过对上述环节进行严格、有效地控制,结合工程实践验证使整个生产过程质量可控,外观良好,取得良好的社会效益。

①针对 C50 混凝土特点,选择水泥强度稳定的水泥,优选质地坚硬、粒形、级配良好的骨料,是保证混凝土质量的前提。

②针对 C50 箱梁混凝土 7d 张拉的特点,合理设计混凝土配合比,选择粉煤灰掺量15%,以满足 7d 强度等级保证率不低于 90%的要求。

③依照计算配合比为基础,通过固定水胶比,分别以 38%、40%、42%和 44%几个砂率进行试验,根据工作性和强度试验确定混凝土生产配合比砂率为 42%。使用 0.29、0.31、0.33、0.35、0.137 等水胶比进行试验验证,确定水胶比在 0.32~0.36,均可以满足混凝土强度设计要求,为混凝土中确立水胶比 0.33,以±0.02 为生产控制范围提供依据。

④针对 C50 箱梁混凝土的特点,提出生产、浇筑过程的一些具体措施,以便控制混凝土质量。

⑤结合以往箱梁生产过程中容易出现的问题,分析原因,提出预防措施。

9.4　实际应用效果及推广情况

深河市新西环工程共设计五座桥梁:沙河大桥、澧河大桥、唐河大桥、跨宁洛高速立交桥、跨漯舞铁路立交桥,工程总投资 8.5 亿元,共有 C50 预制混凝土箱梁 965 片,箱梁长度分为 30m 和 35m 两种。深河市城市投资控股集团有限公司组织漯河市公路事业发展中心、深河信运监理咨询有限公司、郑州市交通规划勘察设计研究院、中铁八局第七工程有限责任公司等参建单位对箱梁混凝土拌合物工作性、混凝土箱梁回弹推定值、28d 标准养护混凝土强度完全符合设计和规范要求;外观光洁,无气泡,无蜂窝麻面,未见肉眼可见裂缝,达到清水混凝土质量标准。

五座桥梁推广应用可有效提升混凝土质量水平，为创建优质工程奠定了基础，同时也为其他桥梁建设提供了质量标准。

与当前国内外同类技术主要参数、效益、市场竞争力的比较，经对国内 C50 预制混凝土箱梁的生产状况调查，一是全部使用河砂配制混凝土；二是以河砂为主要细骨料配制混凝土；三是以机制砂为主要细骨料配制混凝土。

经调研分析，全部使用机制砂配制 C50 预制混凝土箱梁明显优于以河砂为主要细骨料、以机制砂为主要细骨料配制混凝土箱梁的经济效益、社会效益和环保效益。

国家对环境保护力度的加大，限制天然河砂的开采，带来天然河砂价格上扬，混凝土成本大幅度增加，使用机制砂配制的混凝土成本远远低于天然河砂配制的混凝土，机制砂替代天然河砂配制混凝土已成为工程燃眉之急。

10 银昆高速公路混凝土配合比设计调整

10.1 混凝土配合比设计技术原理及质量控制关键点

10.1.1 混凝土配合比设计及调整的背景

为解决中铁二十一局集团银昆高速公路C50混凝土黏度过高和泵送施工困难以及洞碴机制砂和碎石应用的技术，应项目指挥部邀请，在宁夏回族自治区固原市彭阳县银昆高速公路LJ12-2标施工现场中心实验室、拌和站和梁场进行了混凝土技术交流。在高性能混凝土技术方面，需要解决混凝土箱梁和墩柱所用C50和C55混凝土黏度过高的问题，为提高混凝土梁制作效率，改善质量提供有效的技术措施；为实现本项目桥梁混凝土高墩（80m+92m）泵送施工奠定坚实的技术基础。在洞碴利用方面，需要采用洞碴制作的机制砂和碎石配制出优质的混凝土，应用于隧道二衬、路边护坡、绿植维护结构以及C30喷射混凝土，对营造绿色施工环境、降低路桥施工成本和提高企业经济效益产生直接的效果。

10.1.2 技术交流主要内容

为了彻底解决项目施工过程中出现的各种混凝土技术难题，对项目部实验室、梁场、拌和站和施工现场的技术人员进行了多组分混凝土配合比设计计算方法培训：①让所有技术人员掌握了砂子和石子技术指标的快速测试方法、外加剂掺量调整试验方法以及混凝土配合比设计计算方法。②有针对性地为技术人员教授了使用现场原材料设计C55混凝土配合比的方法，确保配制的混凝土强度满足设计要求，工作性满足施工要求，耐久性满足长期使用要求，从源头上解决长期以来C50及以上高强混凝土施工过程黏度过高的问题、早期强度高后期不增长以及容易开裂的问题。③有针对性地为技术人员教授了利用现有C50配合比参数，保持胶凝材料用量不变，只改变砂子、石子以及外加剂用量，找准最佳用水量配制混凝土，科学降低混凝土拌合物黏度，确保梁板混凝土顺利浇筑，解决混凝土分层、离析和泌水难题。④有针对性地为技术人员教授了断级配洞碴机制砂和碎石配制C30混凝土的设计计算方法，实现技术人员采用施工现场洞碴制作的断级配机制砂和碎石都可以配制出满足施工要求的混凝土，解决了断级配机制砂和针片状含量较高的碎石配制混凝土过程中包裹性差的技术难题。同时提出了在混凝土配制工程中通过加入一定量粉煤灰调整砂子级配，解决断级配机制砂配制高性能混凝土的计算方法，实现洞碴的大量利用，降低企业生产成本。⑤有针对性地在现场进行了两场 C50 混凝土配合比调整并进行了生产，调整后的混凝土拌合物工作性良好，黏度适中，不离析，不泌水，实现了试验、生产、运输、泵送和浇筑全流程的协调一致，达到预期效果。

10.1.3　砂石主要技术参数的确定依据

为了解决由于砂子质量波动引起的混凝土质量问题，在固定胶凝材料的情况下，本次试验主要通过现场测量砂石技术参数以及科学计算的方法调整混凝土配合比，以便满足工程设计的要求，具体的方法就是首先对砂石进行测量，石子的技术指标包括石子堆积密度、空隙率、吸水率的测量，表观密度的计算。砂子的技术指标包括砂子紧密堆积密度、含石率和含水率。在配制混凝土时，砂的用水量控制为5.7%～7.7%，主要考虑的是与水泥检测使用的标准砂对应，由于现场混凝土浇筑高度为6m，砂子紧密堆积密度测试压力值控制在144kN。然后根据砂石检测出来的参数，采用数字量化混凝土配合比设计方法进行配合比调整计算。

10.1.4　采用断级配砂子配制混凝土解决问题的关键技术

由于混凝土原材料质量的波动，用数字量化混凝土配合比设计的配合比，在混凝土试配过程中，会出现三种结果：①工作性达到预期效果。②混凝土工作性不好，加入水分调整，混凝土拌合物出现泌水现象，加入外加剂调整，混凝土拌合物出现泌浆现象。③混凝土工作性不好，加入水分调整，混凝土拌合物看起来很稀，测量时出现有坍落度没有流动性的现象，加入外加剂调整，外加剂掺量成倍增加，掺量达到一定值后出现明显的离析泌浆现象。

根据试配现场观察，采用数字量化混凝土技术配制的混凝土，大多数工作性均能够达到预期效果的，可以直接用于生产。但是在采用断级配机制砂时，出现混凝土拌合物工作性不好，加入水分调整，混凝土拌合物出现泌水现象，加入外加剂调整，混凝土拌合物出现泌浆现象的情况，是砂子级配不好引起的，如果现场有细砂，可以将砂子中 0.15mm、0.30mm 和 0.60mm 三个筛分计筛余调整到（20±5)% 就可以达到预期的工作性，如果现场没有细砂，可以用45%减去砂子中 0.15mm、0.30mm 和 0.60mm 三个筛分计筛余的和，用这个差值乘以单方混凝土砂子用量数的1/2，在配制混凝土时加入对应量的粉煤灰就可以达到预期的工作性。对于混凝土拌合物工作性不好，加入水分调整，混凝土拌合物看起来很稀，测量时出现有坍落度没有流动性的现象，加入外加剂调整，外加剂掺量成倍增加，掺量达到一定值后出现明显的离析泌浆现象，是砂子中缺少粗颗粒引起的，可以将砂子中 0.60mm、1.18mm 和 2.36mm 三个筛分计筛余调整到（20±5)% 就可以达到预期的工作性。

10.1.5　外加剂掺量的确定

将玻璃板放置在水平位置，用湿布将玻璃板，截锥圆模，搅拌器及搅拌锅均匀擦过，使其表面湿而不带动水渍；将截锥圆模放在玻璃板的中央，并用湿布覆盖待用。称取配合比对应比例的水泥、粉煤灰和标准稠度对应的水，倒入搅拌锅内，加入推荐掺量的外加剂进行搅拌,将拌好的净浆迅速注入截锥圆模内,用刮刀刮平,将截锥圆模按垂直方向提起,同时开启秒表计时,任水泥净浆在玻璃板上流动,至少 30s,用直尺量取流淌部分互相垂直的两个方向的最大直径,控制最大直径值与施工要求的坍落度值保持一致就可以了,这时对应的外加剂掺量就是配制对应坍落度混凝土时外加剂的合理掺量。

10.2 配合比计算及其试验生产

10.2.1 利用现场原材料设计 C55 混凝土配合比

1. 胶凝材料主要参数

胶凝材料主要参数见表 10-1。

表 10-1 胶凝材料主要参数

名称	水泥	粉煤灰
强度(MPa)	53	—
密度(kg/m³)	3100	2270
需水量(比)	0.27	0.89
活性指数	—	76

2. 砂子主要技术参数

砂子主要技术参数见表 10-2。

表 10-2 砂子主要技术参数

名称	紧密堆积密度(kg/m³)	含石率(%)	含水率(%)
指标	1953	13.8	3.8

3. 石子主要技术参数

石子主要技术参数见表 10-3。

表 10-3 石子主要技术参数

名称	空隙率(%)	表观密度(kg/m³)	吸水率(%)
指标	38	2815	1.8

4. 水泥质量强度配合比

(1) 水泥在砂浆中的体积比

$$V_C = \frac{0.145}{0.870} = 0.17$$

(2) 标准稠度水泥浆体的强度

$$\sigma_0 = \frac{53}{0.17} = 312 \text{ (MPa)}$$

(3) 标准稠度水泥浆体的密度

$$\rho_0 = \frac{3100 \times (1+0.27)}{1+\frac{3100}{1000} \times 0.27} = 2143 \ (kg/m^3)$$

(4) 水泥的质量强度比

$$R_C = \frac{2143}{312} = 6.9 \ (kg/MPa)$$

(5) 粉煤灰的活性系数

$$\alpha_F = \frac{76-70}{30} = 0.2$$

5. 配制强度

$$f_{cu,0} = 55 + 1.645 \times 5 = 63.2 \ (MPa)$$

6. 胶凝材料用量

(1) 基准水泥用量

$$m_{C0} = 63.2 \times 6.9 = 436 \ (kg)$$

(2) 水泥用量

$$m_C = 426 kg$$

(3) 粉煤灰用量

粉煤灰取代水泥10kg

$$m_F = \frac{10}{0.2} = 50 \ (kg)$$

7. 胶凝材料标准稠度用水量

$$W_B = (426 + 50 \times 0.89) \times 0.27 = 127 \ (kg)$$

8. 胶凝材料拌合用水量

泌水系数 $M_W = \frac{426+50}{300} - 1 = 0.59$

$$W_1 = \frac{2}{3} \times 127 + \frac{1}{3} \times 127 \times (1-0.59)$$
$$= 102 \ (kg)$$

9. 胶凝材料浆体体积

$$V_{浆体} = \frac{426}{3100} + \frac{50}{2270} + \frac{102}{1000} = 0.261 \ (m^3)$$

10. 砂子用量及用水量

$$m_S = \frac{1953 \times 38\%}{1-13.8\%} = 861 \ (kg)$$

砂子用水量

$$W_{2,min} = 861 \times (5.7\% - 3.8\%) = 16 \ (kg)$$

$$W_{2,\max}=861\times(7.7\%-3.8\%)=34\text{（kg）}$$

11. 石子用量及用水量

$$m_G=(1-0.38-0.261)\times2815-861\times13.8\%=892\text{（kg）}$$
$$W_3=892\times1.8\%=16\text{（kg）}$$

12. 预湿骨料用水量

$$W_{2,\min}+W_3=16+16=32\text{（kg）}$$
$$W_{2,\max}+W_3=34+16=50\text{（kg）}$$

13. C55 混凝土配合比

C55 混凝土配合比见表 10-4。

表 10-4　C55 混凝土配合比　　　　　　　　　　　　　　单位：kg

水泥	粉煤灰	砂子	石子	拌合水	预湿水	外加剂
426	50	861	892	102	30~50	4.76

14. 试配

根据以上配合比进行试配，试配实际用水量为 102+30=132（kg），采用数字量化混凝土配合比设计方法设计的配合比工作性满足设计要求，配制的混凝土黏度适中，不离析，不抓地，不扒底，没有出现分层和浮浆现象，坍落度和扩展度均控制在设计范围内。

10.2.2　固定胶凝材料调整箱梁 C50 混凝土配合比

1. 调整基准

原配合比中胶凝材料为水泥用量 418kg，密度 3100kg/m³；粉煤灰用量 52kg，密度 2270kg/m³。在配合比调整的过程中，固定胶凝材料，只调整砂石骨料、水和外加剂，配制坍落度达到现场施工设计要求。

2. 胶凝材料主要参数

胶凝材料主要参数见表 10-5。

表 10-5　胶凝材料主要参数

名称	水泥	粉煤灰
用量（kg）	418	52
密度（kg/m³）	3100	2270
需水量（比）	0.27	0.89

3. 砂子主要技术参数

砂子主要技术参数见表 10-6。

表 10-6　砂子主要技术参数

名称	紧密堆积密度（kg/m³）	含石率（%）	含水率（%）
指标	1953	13.8	3.8

4. 石子主要技术参数

石子主要技术参数见表 10-7。

表 10-7　石子主要技术参数

名称	空隙率（%）	表观密度（kg/m³）	吸水率（%）
指标	38	2815	1.8

5. 胶凝材料标准稠度用水量

$$W_B = (418 + 52 \times 0.89) \times 0.27 = 125 \text{ (kg)}$$

6. 胶凝材料拌合用水量

$$\text{泌水系数 } M_W = \frac{418 + 52}{300} - 1 = 0.57$$

$$W_1 = \frac{2}{3} \times 125 + \frac{1}{3} \times 125 \times (1 - 0.57)$$
$$= 101 \text{ (kg)}$$

7. 胶凝材料浆体体积

$$V_{\text{浆体}} = \frac{418}{3100} + \frac{52}{2270} + \frac{101}{1000} = 0.259 \text{ (m}^3\text{)}$$

8. 砂子用量及用水量

$$m_S = \frac{1953 \times 38\%}{1 - 13.8\%} = 861 \text{ (kg)}$$

砂子用水量

$$W_{2,\min} = 861 \times (5.7\% - 3.8\%) = 16 \text{ (kg)}$$

$$W_{2,\max} = 861 \times (7.7\% - 3.8\%) = 34 \text{ (kg)}$$

9. 石子用量及用水量

$$m_G = (1 - 0.38 - 0.259) \times 2815 - 861 \times 13.8\% = 897 \text{ (kg)}$$

$$W_3 = 897 \times 1.8\% = 16 \text{ (kg)}$$

10. 预湿骨料用水量

$$W_{2\min} + W_3 = 16 + 16 = 32 \text{ (kg)}$$

$$W_{2\max} + W_3 = 34 + 16 = 50 \text{ (kg)}$$

11. 调整后的箱梁 C50 混凝土配合比

调整后的箱梁 C50 混凝土配合比见表 10-8。

表 10-8　调整后的箱梁 C50 混凝土配合比　　　　　　　　　　单位：kg

水泥	粉煤灰	砂子	石子	拌合水	预湿水	外加剂
418	52	861	897	101	32～50	4.7

12. 试配

根据以上配合比进行试配，实际用水量为 101+32=133kg，采用数字量化混凝土配合比设计方法调整的配合比工作性满足设计要求，配制的混凝土黏度适中，不离析，不抓地，不扒底，没有出现分层和浮浆现象，坍落度和扩展度均控制在设计范围内。

10.2.3　利用洞碴制作的断级配机制砂及碎石配制 C30 混凝土

1. 计算基准

原配合比中胶凝材料为水泥用量 344kg，密度 3100kg/m³；粉煤灰用量 61kg，密度 2300kg/m³。在配合比调整的过程中，固定胶凝材料，只计算利用洞碴制作的断级配机制砂、碎石、水和外加剂，配制坍落度达到现场施工设计要求。

2. 胶凝材料主要参数

胶凝材料主要参数见表 10-9。

表 10-9　胶凝材料主要参数

名称	水泥	粉煤灰
用量（kg）	344	61
密度（kg/m³）	3100	2300
需水量（比）	0.27	0.97

3. 砂子主要技术参数

砂子主要技术参数见表 10-10。

表 10-10　砂子主要技术参数

名称	紧密堆积密度（kg/m³）	含石率（%）	含水率（%）
指标	2285	8.6	8.1

4. 石子主要技术参数

石子主要技术参数见表 10-11。

表 10-11　石子主要技术参数

名称	空隙率（%）	表观密度（kg/m³）	吸水率（%）
指标	35.7	2714	2.1

5. 胶凝材料用水量

$$W_B = (344 + 61 \times 0.97) \times 0.27 = 109 \text{ (kg)}$$

6. 胶凝材料拌合用水量

$$泌水系数 M_W = \frac{344+61}{300} - 1 = 0.35$$

$$W_1 = \frac{2}{3} \times 109 + \frac{1}{3} \times 109 \times (1-0.35)$$
$$= 96 \text{（kg）}$$

7. 胶凝材料浆体体积

$$V_{浆体} = \frac{344}{3100} + \frac{61}{2300} + \frac{96}{1000} = 0.233 \text{（m}^3\text{）}$$

8. 砂子用量及用水量

$$m_S = \frac{2285 \times 35.7\%}{1-8.6\%} = 893 \text{（kg）}$$

砂子用水量，考虑断级配机制砂含水 8.1%，与控制值 7.7% 接近，所以砂子不加水预湿。

$$W_2 = 0 \text{kg}$$

9. 石子用量及用水量

$$m_G = (1-0.357-0.233) \times 2714 - 893 \times 8.6\% = 1036 \text{（kg）}$$

$$W_3 = 1036 \times 2.1\% = 22 \text{（kg）}$$

10. 根据原材料调整计算的配合比

根据原材料调整计算的配合比见表 10-12。

表 10-12 根据原材料调整计算的配合比   单位：kg

水泥	粉煤灰	砂子	石子	拌合水	预湿水	外加剂
344	61	893	1063	96	22	4.05

11. 试配

根据以上配合比进行试配，采用数字量化混凝土配合比设计方法设计的配合比工作性满足设计要求，配制的混凝土包裹性良好，浆体不分离，石子不沉底，表面有亮光，黏度适中，不离析，不抓地，不扒底，没有出现分层和浮浆现象，坍落度和扩展度均控制在设计范围内。虽然可以顺利泵送，由于洞碴机制砂断级配导致混凝土拌合物流动性较差，因此需要考虑调整配合比。

10.2.4 利用洞碴制作的断级配机制砂及碎石调整级配后配制 C30 混凝土

1. 调整计算基础

原配合比中胶凝材料：水泥用量 344kg，密度 3100kg/m³；粉煤灰用量 61kg，密度 2300kg/m³。在配合比调整的过程中，固定胶凝材料，只计算利用洞碴制作的断级配机制砂、碎石、水和外加剂，经实测断级配机制砂分计筛余 0.15mm 占 2.4%，0.30mm 占 12.2%，

0.60mm 占 19.8%。按照 0.15mm、0.30mm 和 0.60mm 合理控制值各占 (20±5)%，每一级配分计筛余最小值大于 15% 计算，由于 0.60mm 分计筛余占 19.8%，不用调整。由于使用这种机制砂和碎石配制混凝土时，砂子用量为 893kg，因此在配合比设计过程中可以通过向砂子中加入对应粒径的组分解决：0.15mm 粒径用量为 $\Delta S_{0.15} = (15\% - 2.4\%) \times 893 = 113$ (kg)，0.30mm 粒径用量为 $\Delta S_{0.30} = (15\% - 12.2\%) \times 893 = 25$ (kg)，这样就可以解决砂子级配不合理的问题。由于现场没有细粒径的砂子，因此在配合比设计过程中调整砂子级配可以通过加入所需细粒径组分 1/2 的粉煤灰解决，需要加入粉煤灰的对应量：0.15mm 对应粉煤灰用量为 $\Delta F_{0.15} = (15\% - 2.4\%) \times 893 \div 2 = 56$ (kg)，0.30mm 用量为 $\Delta F_{0.30} = (15\% - 12.2\%) \times 893 \div 2 = 13$ (kg)，这样就可以通过在混凝土中加入 $\Delta F = \Delta F_{0.15} + \Delta F_{0.30} = 56 + 13 = 69$ (kg) 粉煤灰的办法解决砂子级配不合理引起的混凝土质量问题。因此在本次试验中胶凝材料用量为水泥 344 (kg)，粉煤灰由 61 调整为 $m_F = 61 + 69 = 130$ (kg)。

2. 胶凝材料用水量

$$W_B = (344 + 130 \times 0.97) \times 0.27 = 127 \text{ (kg)}$$

3. 胶凝材料拌合用水量

$$\text{泌水系数 } M_W = \frac{344 + 130}{300} - 1 = 0.58$$

$$W_1 = \frac{2}{3} \times 127 + \frac{1}{3} \times 127 \times (1 - 0.58)$$
$$= 102 \text{ (kg)}$$

4. 胶凝材料浆体体积

$$V_{浆体} = \frac{344}{3100} + \frac{130}{2300} + \frac{102}{1000} = 0.269 \text{ (m}^3\text{)}$$

5. 砂子用量及用水量

$$m_S = \frac{2285 \times 35.7\%}{1 - 8.6\%} = 893 \text{ (kg)}$$

砂子用水量，考虑断级配机制砂含水 8.1% 与控制值 7.7% 接近，所以砂子不加水预湿。

$$W_2 = 0 \text{kg}$$

6. 石子用量及用水量

$$m_G = (1 - 0.269 - 0.357) \times 2714 - 893 \times 8.6\% = 938 \text{ (kg)}$$
$$W_3 = 938 \times 2.1\% = 20 \text{ (kg)}$$

7. 调整后的配合比

调整后的配合比见表 10-13。

表 10-13 调整后的配合比 单位：kg

水泥	粉煤灰	砂子	石子	拌合水	预湿水	外加剂
344	130	893	938	102	20	4.73

8. 试配

根据以上配合比进行试配，采用断级配洞碴机制砂和碎石配制的混凝土工作性满足设计要求，黏度适中，不离析，不抓地，不扒底，混凝土拌合物流动性良好，没有出现分层和浮浆现象，坍落度和扩展度均控制在设计范围内，达到了预期效果。

10.2.5 混凝土梁 C50 配合比调整

1. 调整基准

原配合比中胶凝材料为水泥用量 400kg，密度 3100kg/m³；粉煤灰用量 71kg，密度 2270kg/m³。在配合比调整的过程中，固定胶凝材料，只调整砂石骨料、水和外加剂，配制坍落度达到现场施工设计要求。

2. 胶凝材料主要参数

胶凝材料主要参数见表 10-14。

表 10-14 胶凝材料主要参数

名称	水泥	粉煤灰
用量（kg）	400	71
密度（kg/m³）	3100	2270
需水量（比）	0.27	0.89

3. 砂子主要技术参数

砂子主要技术参数见表 10-15。

表 10-15 砂子主要技术参数

名称	紧密堆积密度（kg/m³）	含石率（%）	含水率（%）
指标	1953	13.8	3.8

4. 石子主要技术参数

石子主要技术参数见表 10-16。

表 10-16 石子主要技术参数

名称	空隙率（%）	表观密度（kg/m³）	吸水率（%）
指标	38	2815	1.8

5. 胶凝材料用水量

$$W_B = (400 + 71 \times 0.89) \times 0.27 = 125 \text{ (kg)}$$

6. 胶凝材料拌合用水量

$$泌水系数\ M_W = \frac{400 + 71}{300} - 1 = 0.57$$

$$W_1 = \frac{2}{3} \times 125 + \frac{1}{3} \times 125 \times (1-0.57)$$
$$= 101 \text{ (kg)}$$

7. 胶凝材料浆体体积

$$V_{浆体} = \frac{400}{3100} + \frac{71}{2270} + \frac{101}{1000} = 0.261 \text{ (m}^3\text{)}$$

8. 砂子用量及用水量

$$m_S = \frac{1953 \times 38\%}{1-13.8\%} = 861 \text{ (kg)}$$

砂子用水量

$$W_{2,\min} = 861 \times (5.7\% - 3.8\%) = 16 \text{ (kg)}$$
$$W_{2,\max} = 861 \times (7.7\% - 3.8\%) = 34 \text{ (kg)}$$

9. 石子用量及用水量

$$m_G = (1-0.38-0.261) \times 2815 - 861 \times 13.8\% = 892 \text{ (kg)}$$
$$W_3 = 892 \times 1.8\% = 16 \text{ (kg)}$$

10. 骨料用水量

$$W_{2,\min} + W_3 = 16 + 16 = 32 \text{ (kg)}$$
$$W_{2,\max} + W_3 = 34 + 16 = 50 \text{ (kg)}$$

11. 调整后的理论配合比

调整后的理论配合比见表10-17。

表10-17 调整后的理论配合比　　　　　　　　　　　　　　单位：kg

水泥	粉煤灰	砂子	石子	拌合水	预湿水	外加剂
400	71	861	892	101	32～50	4.71

12. 试配

试配实际用水量101+26=127kg，比最低计算量减少6kg，主要原因是上午检测砂子的含水量3.8%，由于中午下大雨，试验用砂子实际含水量提高了。外加剂实际掺量与确定值一致，本次试验配制的混凝土拌合物工作性良好，黏度适中，不离析，不泌水，达到了C50混凝土梁浇筑的要求，混凝土理论计算堆积密度2356kg/m³，实测堆积密度2420kg/m³。

13. 堆积密度调整

（1）堆积密度调整的方法

根据多组分混凝土理论，混凝土强度由胶凝材料确定，包裹性由水泥混合砂浆确定，所以在调整堆积密度的过程中保持胶凝材料浆体用量不变，先求得实际堆积密度与理论计算堆积密度的差额，然后按比例增减砂石用量。

（2）堆积密度调整数量

$$\Delta m_{S+G} = 2420 - 2356 = 64 \text{ (kg)}$$

(3) 堆积密度调整后砂子用量及用水量

$$m_S = \frac{861}{861+892} \times 64 + 861 = 892 \text{ (kg)}$$

砂子用水量

$$W_{2,\min} = 892 \times (5.7\% - 3.8\%) = 17 \text{ (kg)}$$

$$W_{2,\max} = 892 \times (7.7\% - 3.8\%) = 35 \text{ (kg)}$$

(4) 堆积密度调整后石子用量及用水量

$$m_G = \frac{892}{861+892} \times 64 + 892 = 925 \text{ (kg)}$$

$$W_3 = 925 \times 1.8\% = 17 \text{ (kg)}$$

(5) 骨料用水量

$$W_{2,\min} + W_3 = 17 + 17 = 34 \text{ (kg)}$$

$$W_{2,\max} + W_3 = 35 + 17 = 52 \text{ (kg)}$$

(6) 堆积密度调整后的配合比见表 10-18

表 10-18　堆积密度调整后的配合比　　　　　　　　　　　　单位：kg

水泥	粉煤灰	砂子	石子	拌合水	预湿水	外加剂
400	71	894	926	101	34~52	4.23

(7) 验证试验

堆积密度调整后进行试验，实际用水量 101+42=143（kg），配制的混凝土拌合物工作性良好，黏度适中，不离析，不泌水，达到了 C50 混凝土梁浇筑的要求。

14. 生产应用

经过试验确定配合比后，直接用于 C50 混凝土梁的生产，生产的混凝土浆体饱满，均匀稳定，表面有光泽，实现了自密实自流平，解决了混凝土拌合物黏度较高、浇筑过程混凝土分层以及离析的问题。

11 南沙港铁路钢管拱 C50 顶升混凝土的研究应用

11.1 工程概况

新建广州南沙港铁路站前工程 NSGZQ-3 标起止桩号为 DK12＋962.405～K28＋744.260，正线长 15.782km，总投资 16.8124 亿元。本标段范围均为西江特大桥 150 号墩（含）～565 号墩（含），主要为桥梁下部结构及范围内桥梁特殊孔跨 22 联（19 联连续梁、1 孔现浇简支箱梁、一联主跨 600m 斜拉桥、一联主跨 230m 连续钢构拱等）施工，不含 T 形梁预制及架设，标段内混凝土 71 万 m^3。图 11-1 所示为工程概况。

图 11-1 工程概况

11.2 原材料

(1) 水泥：英德海螺水泥有限责任公司 P·O 42.5（低碳）。
(2) 粉煤灰：绥中发电厂多种经营公司 F 类 I 级。
(3) 硅灰：成都合锋新材料有限公司。
(4) 细骨料：肇庆西江河砂，中砂。
(5) 粗骨料：江门大泽白水带石场（5～10mm）。

(6) 减水剂：深圳市迈地外加剂有限公司，聚羧酸系。

(7) 水：经检验合格的饮用水（自来水）。

(8) 膨胀剂：湖南永利混凝土外加剂有限公司镁质高性能混凝土抗裂剂。

11.3 配合比设计

11.3.1 设计说明

混凝土设计强度等级为 C50，设计坍落度为 200～260mm，混凝土含气量不应低于 2.0%，56d 电通量小于 1000C，每立方米混凝土中氯离子含量≤3.0kg，三氧化硫含量 ≤4.0%。为改善混凝土的工作性能，提高混凝土的耐久性，在混凝土中适量掺入粉煤灰、硅灰、聚羧酸高性能减水剂。

11.3.2 利用现场原材料设计 C50 混凝土配合比

1. 胶凝材料主要参数

胶凝材料主要参数见表 11-1。

表 11-1 胶凝材料主要参数

名称	水泥	粉煤灰	硅灰
强度（MPa）	53	—	—
密度（kg/m³）	3100	2200	2700
需水量（比）	0.27	1.05	1
用量（kg）	441	70	29

2. 砂子主要技术参数

砂子主要技术参数见表 11-2。

表 11-2 砂子主要技术参数

名称	紧密堆积密度（kg/m³）	含石率（%）	含水率（%）
指标	1820	8.6	5.7

3. 石子主要技术参数

石子主要技术参数见表 11-3。

表 11-3 石子主要技术参数

名称	空隙率（%）	表观密度（kg/m³）	吸水率（%）
指标	36.5	2854	3.5

4. 胶凝材料标准稠度用水量

$$W_B = (441 + 70 \times 1.05 + 29 \times 1) \times 0.27 = 147 \text{ (kg)}$$

5. 胶凝材料拌合用水量

$$\text{泌水系数 } M_W = \frac{441 + 70 + 29}{300} - 1 = 0.8$$

$$W_1 = \frac{2}{3} \times 147 + \frac{1}{3} \times 147 \times (1 - 0.8)$$

$$= 108 \text{ (kg)}$$

6. 胶凝材料浆体体积

$$V_{浆体} = \frac{441}{3100} + \frac{70}{2200} + \frac{29}{2700} + \frac{108}{1000} = 0.292 \text{ (m}^3\text{)}$$

7. 砂子用量及用水量

$$m_S = \frac{1820 \times 36.5\%}{1 - 8.6\%} = 727 \text{ (kg)}$$

砂子用水量

$$W_2 = 727 \times 5.7\% = 41 \text{ (kg)}$$

8. 石子用量及用水量

$$m_G = (1 - 0.365 - 0.292) \times 2854 - 727 \times 8.6\% = 913 \text{ (kg)}$$

$$W_3 = 913 \times 3.5\% = 32 \text{ (kg)}$$

9. 预湿骨料用水量

$$W_2 + W_3 = 41 + 33 = 74 \text{ (kg)}$$

C50 混凝土配合比设计计算结果见表 11-4。

表 11-4 C50 混凝土配合比　　　　　　　　　　　单位：kg

水泥	粉煤灰	硅灰	砂	碎石	减水剂	水	膨胀剂
441	70	29	727	913	6.97	182	41

11.3.3 混凝土拌合物性能试验

对以上配合比进行混凝土拌合物试验，经过大量的试验，混凝土配合比的拌合物性能见表 11-5。

表 11-5 C50 钢管拱等混凝土拌合物性能结果

坍落度（mm）		泌水率（%）	表观密度（kg/m³）	含气率（%）	凝结时间	
初始	1h 后				初凝	终凝
255	250	0	2420	2.3	11h35min	14h25min

根据混凝土拌合物性能试验结果，配合比的拌合物性能满足要求。

坍落度测定与工作性调整：按表 11-4 数据称量上述材料，搅拌后经和易性及坍落度测定，工作性能良好，坍落度测定 255mm，满足施工要求。

11.3.4　混凝土力学性能试验

按照上述配合比成型的混凝土试件经过标准的养护龄期后，试验结果见表 11-6。

表 11-6　C50 垫石、梁体、索塔、墩身等混凝土力学性能试验结果

抗压强度（MPa）			弹性模量（GPa）		
3d	7d	28d	3d	7d	28d
39.4	52.2	61.5	28.7	36.5	39.8

根据上述混凝土配合比的工作性能，综合分析混凝土力学性能试验结果，继续进行耐久性试验。

11.3.5　混凝土耐久性试验

根据《铁路混凝土工程施工质量验收标准》（TB 10424—2018），《铁路混凝土结构耐久性设计规范》（TB 10005—2010）及《铁路混凝土》（TB/T 3275—2018）的规定，C50 钢管拱等混凝土的电通量小于 1000C。该选定配合比实测龄期 56d 电通量 797C，满足规范要求。

11.3.6　混凝土中碱含量、氯离子及三氧化硫含量

混凝土碱含量包括水泥、矿物掺合料、外加剂及水的碱含量之和。其中，矿物掺合料的碱含量以其所含可溶性碱计算，粉煤灰的可溶性碱量取粉煤灰总碱量的 1/6，矿渣粉的可溶性碱量取矿渣碱量的 1/2，硅灰的可溶性碱量取硅灰碱量的 1/2。当设计年限为 100 年时潮湿环境下混凝土最大碱含量不应超过 3.0kg/m³。

钢筋混凝土中由水泥、矿物掺合料、骨料、外加剂和拌合用水等引入的氯离子含量不应超过胶凝材料总量的 0.06%，混凝土中三氧化硫含量不应超过胶凝材料总量的 4.0%。

11.3.7　混凝土泵损产生的原因及预防措施

1. 混凝土泵损产生的原因

（1）砂石骨料吸水引起的泵损。由于砂石骨料含有一定的孔隙，同时含有一定的细粉，在混凝土搅拌的过程中，由于搅拌叶片快速旋转，配制的混凝土的浆体在搅拌机中由于离心力的作用下浆体非常均匀，混凝土拌合物在进入泵斗时，浆体包裹在砂石骨料表

面，流动性非常好。由于混凝土拌合物处于无外力状态，水分无法快速进入砂石骨料中较小的孔隙。当进行泵送施工时，混凝土拌合物进入泵管，由于泵管是封闭的，混凝土拌合物在泵送压力下前进，受到很大的外力挤压，这时混凝土拌合物中的游离水分在外力作用下挤进了砂石骨料的孔隙，导致混凝土拌合物中水分的缺失，变干了，在混凝土泵管出口看到的混凝土拌合物失去了流动性，形成了泵损。造成这种问题的核心原因是砂石骨料太干，孔隙较多，吸水率较高。

（2）胶凝材料化学反应引起的泵损。在现实环境中，配制的混凝土拌合物工作性良好。在泵送的过程中，由于泵压的作用，混凝土拌合物中失去部分水分，使胶凝材料浆体内部各组分接触更加紧密，同时由于黏度变高导致混凝土拌合物在泵管中流动的阻力变大，摩擦生热，加速了胶凝材料的水化反应进程，部分水分和胶凝材料提前水化，使混凝土拌合物失去流动性，表现为泵损。胶凝材料发生化学反应和浆体温度的提高是产生这个问题的关键。

（3）泵送过程泵的排量过小引起的泵损。在混凝土拌合物泵送施工过程中，许多操作工人喜欢将排量开到30%~40%，这时混凝土拌合物在泵管中没有充满输送管，泵管中存在一定量的空气，在泵送过程中，泵管是封闭的，由于泵压的作用，管中的空气受到巨大的冲力，朝一个方向运动，带走了砂石骨料表面的浆体，同时在浆体与砂石骨料分离的界面形成负压，使砂石骨料表面的水分快速蒸发，最终在泵管出口看到的混凝土拌合物失去了流动性，出现石子和浆体分离，石子完全没有被浆体包裹的情况。如果在泵送过程中将排量开到60%~70%，在泵送过程中泵管中充满了匀质性的混凝土拌合物，泵送过程中混凝土拌合物在泵的推动压力下前进，摩擦阻力很小，没有水分蒸发和浆骨分离现象，就不会出现泵损。

（4）施工现场管路配合因素。由于受到现场环境制约，有相当一部分混凝土泵送施工管路的排布不合理，接头和弯管过多，管路漏气，导致管路阻力过大，引起混凝土拌合物失水和摩擦生热，影响泵送效率，导致混凝土拌合物失去工作性，形成泵损。

2. 解决泵损问题的思路和方法

（1）针对砂石骨料在压力作用下吸水引起的泵损问题，主要通过预湿骨料，使砂石骨料吸饱水分，实现在混凝土拌合物泵送过程中不再吸水，解决泵损问题。

（2）针对胶凝材料化学反应引起的泵损，通过在外加剂中添加缓释性母液保坍，补偿由于时间原因引起的坍落度损失，通过添加缓凝剂延缓胶凝材料化学反应，保持混凝土拌合物的状态，从而解决泵损问题。

（3）针对操作引起的泵损主要通过增加泵送排量，排除混凝土输送管道内部气体，实现满管泵送，预防混凝土拌合物在泵管内因为水分蒸发和浆骨分离，从而解决泵损问题。

（4）针对现场施工和布管不合理引起的泵损问题，主要通过减少连接弯头，增加气密性，实现连续泵送施工加以解决。

为此,在现场进行了试验,情况小结:在拌和站试生产了 4m³ 混凝土,测量了出机坍落度和扩展度。用罐车慢转 3h 后测量了坍落度和扩展度。外加剂使用的是减水性母液和保坍性母液复配的产品,掺量 1.1%。通过生产试验看,混凝土拌合物保坍效果较好,能够实现一次泵送后坍落度和扩展度满足二次泵送的条件,但装入接料小车的混凝土拌合物有轻微离析,出现少量浆体上浮现象。

3. 施工前建议

为了解决由于环境温度、湿度、砂子级配和含泥量的微量变化对混凝土工作性的影响,在正式施工前,提前 2h 用拌和站的原材料试拌一车混凝土进行转罐试验,然后在现场用地泵将这车混凝土打入另一个罐车进行模拟试验,观察泵送后能够满管流出,坍落度和扩展度在泵出后仍然能够保持不变或者可以继续泵送就行。

11.4 工程应用

11.4.1 施工现场

施工现场如图 11-2 所示。

(a)　　　　　　　　　　　　(b)

图 11-2　施工现场

11.4.2 拌合物性能

在混凝土生产过程中,随机地抽取机车,观察在运输与施工过程中混凝土拌合物坍落度及其损失值,并对含气量进行检测,检测结果见表 11-7。

表 11-7　混凝土拌合物性能数据

混凝土强度等级	坍落度(mm)				扩展度(mm)	含气率(%)
	0	30min	1h	2h		
C50	255	255	250	245	550	2.3

11.5 总　　结

　　C50钢管拱等混凝土在广州南沙港铁路项目中大范围使用，由于合理地使用胶凝材料和外加剂掺量，使得混凝土运输车运送到施工现场时，坍落度损失极小，工作性能良好，不离析，不泌水，黏聚性好，在泵送过程中基本没有堵泵现象，易于泵送，得到了监理及建设单位的一致好评。本次工程应用常规原材料、合理的配合比，实现了混凝土生产成本的下降和工作性能的提高，取得了良好的效果。

12　527国道嵊州甘霖至长乐段混凝土配合比调整

12.1　工程概况

本工程主线起点位于嵊州甘霖桂山存村北侧，与527国道嵊州黄泽至甘霖段顺接，起点桩号K26+155，线路向西南经甘霖镇、石璜镇，终点位于石璜镇西侧，终点桩号K35+000。主线全长8.845km，石璜连接起点位于石璜镇相家亭东侧主线K31+266附近，与嵊州线交叉，连接长2.1km。主线桥梁1017.4m/（6座）。设计时速80km/h，路基宽24.5m，桥涵设计荷载等级采用公路-Ⅰ级。

12.2　配合比调整

12.2.1　配制C50混凝土

1. 计算基准

原配合比中胶凝材料为水泥用量432kg，密度3050kg/m³；粉煤灰用量48kg，密度2300kg/m³。在配合比调整的过程中，固定胶凝材料，只计算利用断级配机制砂、碎石、水和外加剂，配制坍落度达到现场施工设计要求。

2. 胶凝材料主要参数

胶凝材料主要参数见表12-1。

表12-1　胶凝材料主要参数

名称	水泥	粉煤灰
用量（kg）	432	48
密度（kg/m³）	3050	2300
需水量（比）	0.29	1.05

3. 砂子主要技术参数

砂子主要技术参数见表12-2。

表12-2　砂子主要技术参数

名称	紧密堆积密度（kg/m³）	含石率（%）	含水率（%）
指标	1905	3.4	8.8

4. 石子主要技术参数

石子主要技术参数见表12-3。

表12-3 石子主要技术参数

名称	空隙率（%）	表观密度（kg/m³）	吸水率（%）
指标	38.95	2714	2.1

5. 胶凝材料用水量

$$W_B = (432 + 48 \times 1.05) \times 0.29 = 140 \text{（kg）}$$

6. 胶凝材料拌合用水量

$$\text{泌水系数 } M_W = \frac{432 + 48}{300} - 1 = 0.6$$

$$W_1 = \frac{2}{3} \times 140 + \frac{1}{3} \times 140 \times (1 - 0.6)$$
$$= 112 \text{（kg）}$$

7. 胶凝材料浆体体积

$$V_{\text{浆体}} = \frac{432}{3050} + \frac{48}{2300} + \frac{112}{1000} = 0.275 \text{（m}^3\text{）}$$

8. 砂子用量及用水量

$$m_S = \frac{1905 \times 38.95\%}{1 - 3.4\%} = 768 \text{（kg）}$$

砂子用水量，考虑断级配机制砂含水8.8%，与控制值7.7%接近，所以砂子不加水预湿。

$$W_2 = 0 \text{（kg）}$$

9. 石子用量及用水量

$$m_G = (1 - 0.273 - 0.3895) \times 2714 - 768 \times 3.4\% = 890 \text{（kg）}$$

$$W_3 = 890 \times 2.1\% = 19 \text{（kg）}$$

10. 砂子、石子总用水量

$$W_2 + W_3 = 0 + 19 = 19 \text{kg}$$

11. 根据原材料调整计算的配合比

根据原材料调整计算的配合比见表12-4。

表12-4 原材料调整计算的配合比 （kg/m³）

水泥	粉煤灰	砂子	石子	拌合水	预湿水	外加剂
432	48	768	890	112	19	7.68

12. 试配

根据以上配合比进行试配，采用数字量化混凝土配合比设计方法设计的配合比工作性满足设计要求，配制的混凝土包裹性良好、浆体不分离、石子不沉底、表面有亮光、黏度适中、不离析、不抓地、不扒底，没有出现分层和浮浆现象，坍落度和扩展度均控制在设计范围内。虽然可以顺利泵送，由于机制砂断级配导致混凝土拌合物流动性较差，因此需要考虑调整配合比。

12.2.2 断级配机制砂及石子调整级配后配制 C50 混凝土

1. 调整计算基础

原配合比中胶凝材料为水泥用量 432kg，密度 3050kg/m³；粉煤灰用量 48kg，密度 2300kg/m³。在配合比调整的过程中，固定胶凝材料，只计算利用洞碴制作的断级配机制砂、碎石、水和外加剂，经实测断级配机制砂分计筛余 0.15mm 占 10.6%，0.30mm 占 18.8%，0.60mm 占 27.2%。按照 0.15mm、0.30mm 和 0.60mm 合理控制值各占（20±5）%，每一级配分计筛余最小值大于 15% 计算，由于 0.60mm 分计筛余占 27.2%，不用调整。由于使用这种机制砂和碎石配制混凝土时，砂子用量为 768kg，因此在配合比设计过程中可以通过向砂子中加入对应粒径的组分解决：0.15mm 粒径用量为 $\Delta S_{0.15} = (15\% - 10.3\%) \times 768 = 103$ （kg），0.30mm 粒径用量为 $\Delta S_{0.30} = (15\% - 13.4\%) \times 768 = 100$ （kg），这样就可以解决砂子级配不合理的问题。由于现场没有细粒径的砂子，因此在配合比设计过程中调整砂子级配可以通过加入所需细粒径组分 1/2 的粉煤灰解决，需要加入粉煤灰的对应量：0.15mm 对应粉煤灰用量为 $\Delta F_{0.15} = (15\% - 10.3\%) \times 768 \div 2 = 52$ （kg），0.30mm 用量为 $\Delta F_{0.30} = (15\% - 13.4\%) \times 893 \div 2 = 50$ （kg），这样就可以通过在混凝土中加入 $\Delta F = \Delta F_{0.15} + \Delta F_{0.30} = 52 + 50 = 102$ （kg）粉煤灰的办法解决砂子级配不合理引起的混凝土质量问题。因此，在本次试验中胶凝材料用量为水泥 432（kg），粉煤灰由 48（kg）调整为 $m_F = 102 + 48 = 150$ （kg）。

2. 胶凝材料用水量

$$W_B = (432 + 150 \times 1.05) \times 0.29 = 171 \text{ (kg)}$$

3. 胶凝材料拌合用水量

$$泌水系数 M_W = \frac{432 + 150}{300} - 1 = 0.94$$

$$W_{胶凝材料拌合用水量} = \frac{2}{3} \times 171 + \frac{1}{3} \times 171 \times (1 - 0.94)$$

$$= 117 \text{ (kg)}$$

4. 胶凝材料浆体体积

$$V_{浆体} = \frac{432}{3050} + \frac{150}{2300} + \frac{117}{1000} = 0.324 \text{m}^3$$

5. 砂子用量及用水量

$$m_S = \frac{1905 \times 38.95\%}{1 - 3.4\%} = 768 \text{ (kg)}$$

砂子用水量，考虑断级配机制砂含水 8.8%，与控制值 7.7% 接近，所以砂子不加水预湿。

$$W_2 = 0 \text{kg}$$

6. 石子用量及用水量

$$m_G = (1-0.324-0.3895) \times 2714 - 893 \times 8.6\% = 701 \text{ (kg)}$$

$$W_3 = 701 \times 2.1\% = 15 \text{ (kg)}$$

7. 砂子、石子总用水量

$$W_2 + W_3 = 0 + 15 = 15 \text{ (kg)}$$

8. 调整后的配合比

调整后的配合比见表 12-5。

表 12-5　调整后的配合比　　　　　　　　　　　　（kg/m³）

水泥	粉煤灰	砂子	石子	拌合水	预湿水	外加剂
432	150	768	701	117	15	7.04

9. 试配

根据以上配合比进行试配，采用断级配机制砂和碎石配制的混凝土工作性满足设计要求、黏度适中、不离析、不抓地、不扒底，混凝土拌合物流动性良好，没有出现分层和浮浆现象，坍落度和扩展度均控制在设计范围内，达到了预期效果。

12.2.3　断级配砂及碎石配制 C40 混凝土

1. 计算基准

原配合比中胶凝材料为水泥用量 360kg，密度 3050kg/m³；粉煤灰用量 80kg，密度 2300kg/m³。在配合比调整的过程中，固定胶凝材料，只计算利用断级配机制砂、碎石、水和外加剂，配制坍落度达到现场施工设计要求。

2. 胶凝材料主要参数

胶凝材料主要参数见表 12-6。

表 12-6　胶凝材料主要参数

名称	水泥	粉煤灰
用量（kg）	360	80
密度（kg/m³）	3050	2300
需水量（比）	0.20	1.05

3. 砂子主要技术参数

砂子主要技术参数见表 12-7。

表 12-7　砂子主要技术参数

名称	紧密堆积密度（kg/m³）	含石率（%）	含水率（%）
指标	2020	8.4	6.2

4. 石子主要技术参数

石子主要技术参数见表 12-8。

表 12-8 石子主要技术参数

名称	空隙率（%）	表观密度（kg/m³）	吸水率（%）
指标	42.5	2741	2.1

5. 胶凝材料用水量

$$W_B = (360 + 80 \times 1.05) \times 0.29 = 128 \text{ (kg)}$$

6. 胶凝材料拌合用水量

$$泌水系数 M_W = \frac{360 + 80}{300} - 1 = 0.47$$

$$W_1 = \frac{2}{3} \times 128 + \frac{1}{3} \times 128 \times (1 - 0.47)$$

$$= 108 \text{ (kg)}$$

7. 胶凝材料浆体体积

$$V_{浆体} = \frac{360}{3050} + \frac{80}{2300} + \frac{108}{1000} = 0.258 \text{ (m}^3\text{)}$$

8. 砂子用量及用水量

$$m_S = \frac{2020 \times 42.5\%}{1 - 6.4\%} = 917 \text{ (kg)}$$

$$W_2 = 917 \times (7.7\% - 6.2\%) = 14 \text{ (kg)}$$

9. 石子用量及用水量

$$m_G = (1 - 0.258 - 0.425) \times 2741 - 917 \times 6.4\% = 810 \text{ (kg)}$$

$$W_3 = 810 \times 2.1\% = 17 \text{ (kg)}$$

10. 根据原材料调整计算的配合比

根据原材料调整计算的配合比见表 12-9。

表 12-9 根据原材料调整计算的配合比 （kg/m³）

水泥	粉煤灰	砂子	石子	拌合水	预湿水	外加剂
360	80	917	810	108	31	7.04

11. 试配

根据以上配合比进行试配，采用数字量化混凝土配合比设计方法设计的配合比工作性满足设计要求，配制的混凝土包裹性良好、浆体不分离、石子不沉底、表面有亮光、黏度适中、不离析、不抓地、不扒底，没有出现分层和浮浆现象，坍落度和扩展度均控制在设计范围内。虽然可以顺利泵送，但由于机制砂断级配导致混凝土拌合物流动性较差，因此需要考虑调整配合比。

12.2.4 断级配机制砂及碎石调整级配后配制 C40 混凝土

1. 调整计算基础

原配合比中胶凝材料为水泥用量 360kg，密度 3050kg/m³；粉煤灰用量 80kg，密度 2300kg/m³。在配合比调整的过程中，固定胶凝材料，只计算利用洞碴制作的断级配机制砂、碎石、水和外加剂，经实测断级配机制砂分计筛余 0.15mm 占 10.6%，0.30mm 占 18.6%，0.60mm 占 21.2%。按照 0.15mm、0.30mm 和 0.60mm 合理控制值各占 (20±5)%，每一级配分计筛余最小值大于 15% 计算，由于 0.30mm 分计筛余占 18.6%、0.60mm 分计筛余占 19.8%，因此不用调整。由于使用这种机制砂和碎石配制混凝土时，砂子用量为 917kg，因此在配合比设计过程中可以通过向砂子中加入对应粒径的组分解决：0.15mm 粒径用量为 $\Delta S_{0.15} = (15\% - 10.6\%) \times 917 = 123$ (kg)，这样就可以解决砂子级配不合理的问题。由于现场没有细粒径的砂子，因此在配合比设计过程中调整砂子级配可以通过加入所需细粒径组分 1/2 的粉煤灰解决，需要加入粉煤灰的对应量：0.15mm 对应粉煤灰用量为 $\Delta F_{0.15} = (15\% - 10.6\%) \times 917 \div 2 = 62$ (kg)，这样就可以通过在混凝土中加入 $\Delta F = \Delta F_{0.15} = 61$kg 粉煤灰的办法来解决砂子级配不合理引起的混凝土质量问题。因此，在本次试验中胶凝材料用量为水泥 360 (kg)，粉煤灰由 80 (kg) 调整为 $m_F = 80 + 62 = 142$ (kg)。

2. 胶凝材料用水量

$$W_B = (360 + 142 \times 1.05) \times 0.29 = 148 \text{ (kg)}$$

3. 胶凝材料拌合用水量

$$泌水系数\ M_W = \frac{360 + 142}{300} - 1 = 0.67$$

$$W_{胶凝材料拌合用水量} = \frac{2}{3} \times 148 + \frac{1}{3} \times 148 \times (1 - 0.67)$$

$$= 114 \text{ (kg)}$$

4. 胶凝材料浆体体积

$$V_{浆体} = \frac{360}{3050} + \frac{142}{2300} + \frac{114}{1000} = 0.294 \text{ (m}^3\text{)}$$

5. 砂子用量及用水量

$$m_S = \frac{2020 \times 42.5\%}{1 - 6.4\%} = 917 \text{kg}$$

$$W_2 = 917 \times (7.7\% - 6.2\%) = 14 \text{ (kg)}$$

6. 石子用量及用水量

$$m_G = (1 - 0.294 - 0.425) \times 2741 - 917 \times 6.4\% = 704 \text{ (kg)}$$

$$W_3 = 704 \times 2.1\% = 15 \text{ (kg)}$$

7. 调整后的配合比

调整后的配合比见表 12-10。

表 12-10　调整后的配合比　　　　　　　　　　　　　(kg/m³)

水泥	粉煤灰	砂子	石子	拌合水	预湿水	外加剂
360	142	917	704	114	29	7.1

8. 试配

根据以上配合比进行试配，采用断级配机制砂和碎石配制的混凝土工作性满足设计要求、黏度适中、不离析、不抓地、不扒底，混凝土拌合物流动性良好，没有出现分层和浮浆现象，坍落度和扩展度均控制在设计范围内，达到了预期效果。

12.2.5　配制 C50 混凝土

1. 计算基准

原配合比中胶凝材料为水泥用量 432kg，密度 3050kg/m³；粉煤灰用量 48kg，密度 2200kg/m³。在配合比调整的过程中，固定胶凝材料，只计算利用断级配机制砂、碎石、水和外加剂，配制坍落度达到现场施工设计要求。

2. 胶凝材料主要参数

胶凝材料主要参数见表 12-11。

表 12-11　胶凝材料主要参数

名称	水泥	粉煤灰
用量（kg）	432	48
密度（kg/m³）	3050	2200
需水量（比）	0.29	1.03

3. 砂子主要技术参数

砂子主要技术参数见表 12-12。

表 12-12　砂子主要技术参数

名称	紧密堆积密度（kg/m³）	含石率（%）	含水率（%）
指标	1900	1.3	10.5

4. 石子主要技术参数

石子主要技术参数见表 12-13。

表 12-13　石子主要技术参数

名称	空隙率（%）	表观密度（kg/m³）	吸水率（%）
指标	37.1	2692	2.7

5. 胶凝材料用水量

$$W_B = (432 + 48 \times 1.03) \times 0.29 = 140 \text{ (kg)}$$

6. 胶凝材料拌合用水量

$$\text{泌水系数 } M_\text{W} = \frac{432+48}{300} - 1 = 0.6$$

$$W_1 = \frac{2}{3} \times 140 + \frac{1}{3} \times 140 \times (1-0.6)$$
$$= 112 \text{ (kg)}$$

7. 胶凝材料浆体体积

$$V_{浆体} = \frac{432}{3050} + \frac{48}{2200} + \frac{112}{1000} = 0.275 \text{ (m}^3\text{)}$$

8. 砂子用量及用水量

$$m_\text{S} = \frac{1900 \times 37.1\%}{1-1.3\%} = 714 \text{ (kg)}$$

$$W_2 = 714 \times (10.5\% - 6.2\%) = 31 \text{ (kg)}$$

9. 石子用量及用水量

$$m_\text{G} = (1-0.275-0.371) \times 2692 - 714 \times 1.3\% = 944 \text{ (kg)}$$

$$W_3 = 944 \times 2.7\% = 25 \text{ (kg)}$$

10. 砂子、石子总用水量

$$W_2 + W_3 = 31 + 25 = 56 \text{ (kg)}$$

11. 根据原材料调整计算的配合比

根据原材料调整计算的配合比见表12-14。

表 12-14　根据原材料调整计算的配合比　　　　　　　　　　　　　　　　（kg/m³）

水泥	粉煤灰	砂子	石子	拌合水	预湿水	外加剂
432	48	714	944	112	58	7.68

12. 试配

根据以上配合比进行试配，采用数字量化混凝土配合比设计方法设计的配合比工作性满足设计要求，配制的混凝土包裹性良好、浆体不分离、石子不沉底、表面有亮光、黏度适中、不离析、不抓地、不扒底，没有出现分层和浮浆现象，坍落度和扩展度均控制在设计范围内。虽然可以顺利泵送，但由于机制砂断级配导致混凝土拌合物流动性较差，因此需要考虑调整配合比。

12.2.6　断级配机制砂及石子调整级配后配制C50混凝土

1. 调整计算基础

原配合比中胶凝材料为水泥用量432kg，密度3050kg/m³；粉煤灰用量48kg，密度2300kg/m³。在配合比调整的过程中，固定胶凝材料，只计算利用洞碴制作的断级配机制砂、碎石、水和外加剂，经实测断级配机制砂分计筛余0.15mm占6.9%，0.30mm占22.9%，

0.60mm 占 25%。按照 0.15mm、0.30mm 和 0.60mm 合理控制值各占（20±5）%，每一级配分计筛余最小值大于 15% 计算，由于 0.30mm、0.60mm 分计筛分别余占 22.9%、25%，因此不用调整。由于使用这种机制砂和碎石配制混凝土时，砂子用量为 714kg，因此在配合比设计过程中可以通过向砂子中加入对应粒径的组分解决：0.15mm 粒径用量为 $\Delta S_{0.15} =$ （15%－6.9%）×714＝100（kg），这样就可以解决砂子级配不合理的问题。由于现场没有细粒径的砂子，因此在配合比设计过程中调整砂子级配可以通过加入所需细粒径组分 1/2 的粉煤灰解决，需要加入粉煤灰的对应量：0.15mm 对应粉煤灰用量为 $\Delta F_{0.15} =$ （15%－6.9%）×714÷2＝50（kg），这样就可以通过在混凝土中加入 $\Delta F = \Delta F_{0.15} = 47$kg 粉煤灰的办法来解决砂子级配不合理引起的混凝土质量问题。因此，在本次试验中胶凝材料用量为水泥 432（kg），粉煤灰由 48（kg）调整为 $m_F = 50 + 48 = 98$（kg）。

2. 胶凝材料用水量

$$W_B = (432 + 98 \times 1.03) \times 0.29 = 155 \text{（kg）}$$

3. 胶凝材料拌合用水量

$$泌水系数 M_W = \frac{432 + 98}{300} - 1 = 0.76$$

$$W_{胶凝材料拌合用水量} = \frac{2}{3} \times 155 + \frac{1}{3} \times 155 \times (1 - 0.76)$$
$$= 116 \text{（kg）}$$

4. 胶凝材料浆体体积的计算

$$V_{浆体} = \frac{432}{3050} + \frac{98}{2200} + \frac{116}{1000} = 0.302 \text{（m}^3\text{）}$$

5. 砂子用量及用水量

$$m_S = \frac{1900 \times 37.1\%}{1 - 1.3\%} = 714 \text{（kg）}$$

$$W_2 = 714 \times (10.5 - 6.2) = 31 \text{（kg）}$$

6. 石子用量及用水量

$$m_G = (1 - 0.302 - 0.371) \times 2692 - 714 \times 1.3\% = 871 \text{（kg）}$$

$$W_3 = 871 \times 2.7\% = 24 \text{（kg）}$$

7. 砂子、石子总用水量

$$W_2 + W_3 = 31 + 24 = 55 \text{（kg）}$$

8. 调整后的配合比

调整后的配合比见表 12-15。

表 12-15　调整后的配合比　　　　　　　　　　　　　　　　　　（kg/m³）

水泥	粉煤灰	砂子	石子	拌合水	预湿水	外加剂
432	98	714	871	116	55	10.6

9. 试配

根据以上配合比进行试配,采用断级配机制砂和碎石配制的混凝土工作性满足设计要求、黏度适中、不离析、不抓地、不扒底,混凝土拌合物流动性良好,没有出现分层和浮浆现象,坍落度和扩展度均控制在设计范围内,达到了预期效果。

12.2.7 配制 C35 混凝土

1. 计算基准

原配合比中胶凝材料为水泥用量 351kg,密度 3050kg/m³;粉煤灰用量 58kg,密度 2200kg/m³。在配合比调整的过程中,固定胶凝材料,只计算利用断级配机制砂、碎石、水和外加剂,配制坍落度达到现场施工设计要求。

2. 胶凝材料主要参数

胶凝材料主要参数见表 12-16。

表 12-16 胶凝材料主要参数

名称	水泥	粉煤灰
用量（kg）	351	58
密度（kg/m³）	3050	2200
需水量（比）	0.29	1.03

3. 砂子主要技术参数

砂子主要技术参数见表 12-17。

表 12-17 砂子主要技术参数

名称	紧密堆积密度（kg/m³）	含石率（%）	含水率（%）
指标	2025	5.4	2

4. 石子主要技术参数

石子主要技术参数见表 12-18。

表 12-18 石子主要技术参数

名称	空隙率（%）	表观密度（kg/m³）	吸水率（%）
指标	41	2696	2.3

5. 胶凝材料用水量

$$W_B = (351 + 58 \times 1.03) \times 0.29 = 119 \text{ (kg)}$$

6. 胶凝材料拌合用水量

$$泌水系数\ M_W = \frac{351 + 58}{300} - 1 = 0.36$$

$$W_1 = \frac{2}{3} \times 119 + \frac{1}{3} \times 119 \times (1-0.36)$$
$$= 105 \text{ (kg)}$$

7. 胶凝材料浆体体积

$$V_{浆体} = \frac{351}{3050} + \frac{58}{2200} + \frac{105}{1000} = 0.246 \text{ (m}^3)$$

8. 砂子用量及用水量

$$m_S = \frac{2025 \times 41\%}{1-5.4\%} = 878 \text{ (kg)}$$
$$W_2 = 878 \times 2\% = 18 \text{ (kg)}$$

9. 石子用量及用水量

$$m_G = (1-0.246-0.41) \times 2696 - 878 \times 5.4\% = 880 \text{ (kg)}$$
$$W_3 = 880 \times 2.3\% = 20 \text{ (kg)}$$

10. 砂子、石子总用水量

$$W_2 + W_3 = 20 + 18 = 38 \text{ (kg)}$$

11. 根据原材料调整计算的配合比

根据原材料调整计算的配合比见表 12-19。

表 12-19　根据原材料调整计算的配合比

水泥	粉煤灰	砂子	石子	拌合水	预湿水	外加剂
351	58	878	880	90	38	7.1

12. 试配

根据以上配合比进行试配,采用数字量化混凝土配合比设计方法设计的配合比工作性满足设计要求,配制的混凝土包裹性良好、浆体不分离、石子不沉底、表面有亮光、黏度适中、不离析、不抓地、不扒底,没有出现分层和浮浆现象,坍落度和扩展度均控制在设计范围内。虽然可以顺利泵送,但由于机制砂断级配导致混凝土拌合物流动性较差,因此需要考虑调整配合比。

12.2.8　断级配机制砂及石子调整级配后配制 C35 混凝土

1. 调整计算基础

原配合比中胶凝材料为水泥用量 351kg,密度 3050kg/m³;粉煤灰用量 58kg,密度 2300kg/m³。在配合比调整的过程中,固定胶凝材料,只计算利用洞碴制作的断级配机制砂、碎石、水和外加剂,经实测断级配机制砂分计筛余 0.15mm 占 8.4%,0.30mm 占 17.6%,0.60mm 占 19.8%。按照 0.15mm、0.30mm 和 0.60mm 合理控制值各占 (20±5)%,每一级配分计筛余最小值大于 15% 计算,由于 0.30mm、0.60mm 分计筛分别余占 17.6%、19.8%,因此不用调整。由于使用这种机制砂和碎石配制混凝土时,砂子用量为 878kg,因此在配合比设计过程中可以通过向砂子中加入对应粒径的组分解决:0.15mm 粒径用量为 $\Delta S_{0.15} =$

（15％－8.4％）×878＝58（kg），这样就可以解决砂子级配不合理的问题。由于现场没有细粒径的砂子，因此在配合比设计过程中调整砂子级配可以通过加入所需细粒径组分1/2的粉煤灰解决，需要加入粉煤灰的对应量：0.15mm对应粉煤灰用量为 $\Delta F_{0.15}＝$（15％－8.4％）×714÷2＝29（kg），这样就可以通过在混凝土中加入 $\Delta F＝\Delta F_{0.15}＝29$（kg）粉煤灰的办法解决砂子级配不合理引起的混凝土质量问题。因此，在本次试验中胶凝材料用量为水泥351（kg），粉煤灰由48（kg）调整为 $m_F＝58+29＝87$（kg）。

2. 胶凝材料用水量

$$W_B＝(351+87×1.03)×0.29＝128（kg）$$

3. 胶凝材料拌合用水量

$$泌水系数\ M_W＝\frac{351+87}{300}-1＝0.46$$

$$W_{胶凝材料拌合用水量}＝\frac{2}{3}×128+\frac{1}{3}×128×(1-0.46)$$
$$＝108（kg）$$

4. 胶凝材料浆体体积

$$V_{浆体}＝\frac{351}{3050}+\frac{87}{2200}+\frac{108}{1000}＝0.263（m^3）$$

5. 砂子用量及用水量

$$m_S＝\frac{2025×41\%}{1-5.4\%}＝878（kg）$$

$$W_2＝878×2\%＝18（kg）$$

6. 石子用量及用水量

$$m_G＝(1-0.263-0.41)×2696-878×5.4\%＝834（kg）$$

$$W_3＝834×2.3\%＝19（kg）$$

7. 砂子、石子总用水量

$$W_2+W_3＝18+19＝37（kg）$$

8. 调整后的配合比

调整后的配合比见表12-20。

表12-20 调整后的配合比

水泥	粉煤灰	砂子	石子	拌合水	预湿水	外加剂
351	120	878	834	108	37	7.1

9. 试配

根据以上配合比进行试配，采用断级配机制砂和碎石配制的混凝土工作性满足设计要求、黏度适中、不离析、不抓地、不扒底，混凝土拌合物流动性良好，没有出现分层和浮浆现象，坍落度和扩展度均控制在设计范围内，达到了预期效果。

13 沈阳浑南大道立交工程黑色混凝土的研究应用

13.1 工程概况

由中铁一局集团二分公司承建的胜利大街上跨浑南大道立交工程,箱梁伸缩缝部位设计为黑色混凝土。使其与沥青混凝土路面色泽一致,两者有机融为一体,达到桥梁整体外观审美效果。

黑色混凝土的配制是在混凝土生产过程中掺加颜料,其难点在于原材料选择、配合比的设计以及生产过程中对于泛碱、色差、质感的控制。相关技术人员做了大量的试验进行研究,并应用于工程实际,积累了一定的经验。

13.2 原材料

黑色混凝土所用的原材料,基本上与普通混凝土相同,但在原材料的颜色等方面要求更为严格。对于一个工程用的水泥,应当选用同一厂家,同一批号的水泥,对于骨料应选用同一产源的材料,保证骨料颜色的一致性,对于颜料应选用不溶于水,与水泥不发生化学反应,耐碱、耐光的矿物颜料,对于水和外加剂的选择与普通混凝土相同。

(1) 水泥:采用鞍山冀东 P·O 42.5 级水泥,密度 $3100kg/m^3$,比表面积 $360m^2/kg$,初凝时间 175min,终凝时间 225min,3d 抗压强度 28.5MPa,28d 抗压强度 56.5MPa,抗折强度 9.7MPa。

(2) 粉煤灰:采用沈阳华润热电厂产的 Ⅰ 级粉煤灰,需水量比 98%,烧失量 2.0%。0.045 方孔筛筛余细度 11%。

(3) 矿粉:采用沈阳金石盾 S95 级矿粉,比表面积 $440m^2/kg$,活性指数 7d 为 82%,28d 为 101%,密度 $2900kg/m^3$。

(4) 骨料:粗骨料采用辽阳产的 5~25 连续级配天然碎石,含泥量 0%,细骨料采用水洗中砂,含泥量 2.0。

(5) 减水剂:聚羧酸高性能减水剂减水率 30.2%,掺量 1.5%。

(6) 颜料。采用氧化铁黑颜料,产地石家庄。氧化铁黑颜料为黑色粉末,具有较好的分散性和较强的着色能力,对混凝土性能影响小,对温度、日照、大气中的各类气体具有良好的稳定性,能耐碱、耐光、耐风化,在大气中长期不变色,不与混凝土成分发生有害反应。在一定范围内,随着掺量的增加,颜色逐渐提高,但掺量过多,混凝土强度下降,且成本增大。

颜料对混凝土的影响从以下两个方面考虑:

①两种相同配合比的混凝土中分别掺加推荐的氧化铁黑颜料对混凝土强度的影响;

②颜料的耐久性能。

13.3 配合比的优化

13.3.1 配合比的试配调整

针对该工程混凝土要求的技术指标,实验室反复试配、优化试验、合理调整配合比,进行多组试验对比,结合实际工程需求,设计 C50 混凝土,基准配合比和黑色混凝土配合比见表 13-1。

表 13-1 基准配合比和黑色混凝土配合比

强度等级	每立方米混凝土用量（kg/m³）								
	水泥	粉煤灰	矿渣粉	水	砂	石	聚羧酸高性能减水剂	氧化铁黑进口	氧化铁黑国产
C50 基准	430	30	70	170	674	1010	15.9	—	—
C50 黑色 1	430	30	70	170	674	1010	15.9	10	—
C50 黑色 2	430	30	70	170	674	1010	15.9	—	40

13.3.2 混凝土拌合物性能

试验配合比和混凝土拌合物性能分别见表 13-2。

表 13-2 混凝土拌合物性能

强度等级	坍落度（mm）	凝结时间（min）	3d 强度（MPa）	7d 强度（MPa）	28d 强度（MPa）
C50 基准	220	初凝 235 终凝 345	31.2	44.4	62.8
C50 黑色 1	210	初凝 220 终凝 325	32.3	42.4	60.7
C50 黑色 2	220	初凝 210 终凝 310	32.7	44.5	60.4

试验结果表明：

1. 颜料的加入对混凝土坍落度的影响

加入氧化铁黑颜料后混凝土的出机坍落度基本不受影响，但是混凝土坍落度的经时损失有较大增加。分析原因可能是随着时间的延长，氧化铁黑颜料与减水剂中的酸性物质反应减弱了减水剂的作用效果。

2. 颜料的加入对混凝土凝结时间的影响

加入氧化铁黑颜料后混凝土的初凝时间和终凝时间均有所降低。分析原因可能是氧化铁黑颜料采用外加方式，减小了混凝土的水胶比，从而降低了混凝土的凝结时间。氧化铁黑颜料与减水剂中的酸性物质反应减弱了减水剂的作用效果，水化也没有影响。

3. 颜料的加入对混凝土强度的影响

加入氧化铁黑颜料后，混凝土的强度基本不受影响。分析原因可能是氧化铁黑颜料为无机颜料，不溶于水，对混凝土的水胶比影响不大，同时对胶凝材料的水化也没有影响。

在确定了混凝土的配合比后，现场制作了数个同条件试块，用以对比在不同配合比下色彩的情况，用此来筛选和确定最终配合比。进口氧化铁黑掺量小，但造价高；国产氧化铁黑掺量虽大，但相对造价较低，两者的试验比对效果相近，均能满足使用要求，最终选择国产氧化铁黑实际应用于该工程中。最终配比见表13-3。

表 13-3 黑色混凝土配合比

强度等级	每立方米混凝土用量（kg/m³）							
	水泥	粉煤灰	矿渣粉	水	砂	石	聚羧酸高性能减水剂	氧化铁黑国产
C50黑色	430	30	70	170	674	1010	15.9	40

13.4 工程应用

13.4.1 质量控制

在实验室试配成功的基础上，进行了混凝土施工，质量控制主要从以下方面进行：

1. 混凝土搅拌

将原材料按砂、石、水泥、粉煤灰、掺合料、着色剂的顺序投放，控制投料计量误差小于1%，均匀搅拌5min，加入配合比中总用水量的80%，在搅拌机搅拌的同时，将另外20%的水与称量好的外加剂同时加入，再搅拌5min，使混凝土搅拌充分、均匀。

搅拌机、罐车等搅拌机械每次使用后要彻底清洗干净，以保证下次施工正常进行，严格按照操作规程搅拌，按照事先确定的顺序添加材料。总搅拌时间不宜小于10min，严格控制成品坍落度，保证无离析、无泌水。

2. 混凝土运输

混凝土入罐车前，将灰罐清洗干净并将罐体中的积水倒出，防止罐内积水。为保证混凝土的均匀一致，灰罐转速应保持在3～5r/min，并保证在最短的时间到达浇筑点。

3. 严格控制现场加水

严格控制并杜绝现场加水的现象。

13.4.2 工程实施效果

现场施工如图13-1所示。

图 13-1 现场施工

浇筑成型的混凝土，颜色均匀，表面光滑，完全满足工程施工要求。

13.5 结 论

本工程通过细致的施工工艺，箱梁伸缩缝部位黑色混凝土各项性能指标都能满足要求，观感质量较好、色彩分布均匀，混凝土养护期间着色稳定，没有发生变色现象，达到预期效果，符合工程设计要求。

14 PC生产应用管理技术手册

14.1 总　　则

（1）为了充分发挥框架剪力墙结构装配式钢筋混凝土结构的优越性，促进建筑工业化的发展，在预制装配整体式钢筋混凝土结构的设计、制作与施工中贯彻执行国家的技术经济政策，做到安全适用，技术先进，确保质量，经济合理，保护环境，制定本规范。

（2）本规范适用于装配整体式钢筋混凝土结构，包括竖向构件有外墙、承重墙、隔墙，水平构件有叠合板、楼梯、阳台。

（3）预制装配整体式钢筋混凝土结构的设计、制作与施工除应符合本规范的规定外，尚应符合国家现行有关标准的规定。

14.2 术　　语

预制构件与现浇混凝土之间由于二次浇筑所形成的接触面，称接合面。

14.3 结构设计的基本规定

按本规范设计的预制装配整体式钢筋混凝土结构，整体计算可按现浇混凝土结构同样的方法进行。

预制构件与接合面应对其在施工阶段和使用阶段各种不利组合作用下的承载力、裂缝宽度及挠度进行验算。

构件分段要便于预制、吊装、就位和调整，接合部钢筋及预埋件不宜过多。

材料要求：

（1）预制构件的混凝土强度等级不宜低于C30，也不宜高于C40。用于现场后浇的混凝土强度不应低于预制构件强度等级，也不宜高于C40。

（2）纵向受力钢筋宜选用符合抗震性能指标的HRB400级热轧钢筋，也可采用符合抗震性能指标的HRB335级热轧钢筋；箍筋宜选用符合抗震性能指标的HRB335级、HRB400级热轧钢筋；楼板也可采用符合《冷轧变形钢筋混凝土构件技术规程》（DBJ/T 15-7—2007）要求的冷轧变形钢筋。

(3) 预制构件中的吊环应采用 HPB300 级热轧钢筋,严禁使用冷加工钢筋。

14.4　预制构件制作

14.4.1　PC 件制作准备

(1) 根据设计的结构图,工程及相关人员进行审核签字、盖章;生产单位签收;计划备料;模具制作。

(2) 生产根据结构图设计预埋件,确定安全围护措施埋件及垂直运输机械设备附着埋件在构件中的位置及形式。根据构件质量和截面尺寸确定构件的吊装方式、吊点数量和位置、吊钩或吊点埋件的形式。

(3) 生产拆分后,按构件分类编号。

14.4.2　材料

混凝土材料应满足以下要求:

(1) 水泥宜采用 42.5 普通硅酸盐水泥,质量应符合《通用硅酸盐水泥》(GB 175—2020)的规定;

(2) 砂宜选用细度模量为 2.3~3.0 的中粗砂,质量应符合《普通混凝土用砂、石质量及检验方法标准》(JGJ 52—2006)的规定;

(3) 石子宜用 5~25mm 碎石,质量应符合《普通混凝土用砂、石质量及检验方法标准》(JGJ 52—2006)的规定;

(4) 外加剂品种应通过实验室进行试配后确定,外加剂进厂应有质保书,质量应符合《混凝土外加剂》(GB 8076—2008)的规定;

(5) 低钙粉煤灰应符合《用于水泥和混凝土中粉煤灰》(GB/T 1596—2017)标准中规定的各项技术性能及质量指标,同时应符合 $45\mu m$ 筛余≤18%,需水量比≤100%的规定;

(6) 拌合用水应符合《混凝土用水标准》(JGJ 63—2006)的规定;

(7) 混凝土中氯化物和碱的总含量应符合国家标准《混凝土结构设计规范》(GB 50010—2010)和设计要求。

14.4.3　钢筋质量和标示应满足以下要求

(1) 热轧带肋钢筋和热轧光圆钢筋应符合国家标准《钢筋混凝土用钢》(GB/T 1499.1—2017/GB/T 1499.2—2018)的规定;

(2) 钢筋应有产品合格证和出厂检验报告,钢筋表面或每盘(捆)均应有标示,进入构件厂的钢筋,应按炉罐(批)号及直径分批检验;

(3) 原材料须经检验合格后方可使用。

14.4.4 模具和预埋件

(1) 模具的设计与材料选用宜满足以下要求：

①模具的制作材料宜优先选用钢材，所用材料应有出厂合格证并符合国家现行验收标准；

②模具应具有足够的刚度、强度和平整度，在运输、存放过程中应采取措施防止其变形、受损，存放模具的场地应坚实，无积水；

③对构件的预埋件、预留孔、伸出钢筋，应在模具相应位置制作固定支架。

(2) 模具安装应确保各连接点稳固，模具的允许偏差应符合本规范的要求。

(3) 预埋件、预留孔洞的允许偏差应符合本规范的要求。

(4) 门窗框安装的允许偏差应符合本规范的要求。

14.4.5 钢筋及保护层垫块

(1) 钢筋弯切加工，应符合《混凝土结构用成型钢筋》（JG/T 226—2008）的规定，并满足本规范的要求。

(2) 钢筋安装的允许偏差应符合本规范要求。

(3) 保护层垫块宜采用塑料类垫块，且应与钢筋笼绑扎牢固；垫块按梅花状布置，间距不宜大于 600mm。

(4) 钢筋笼入模时，应采取措施防止变形，入模后的钢筋笼应按图纸要求检查钢筋位置、直径、间距、保护层厚度等。

14.4.6 混凝土浇筑与养护

(1) 混凝土配合比应符合商品混凝土的标准要求。

(2) 每车运送到现场的混凝土都应进行坍落度检测，不合格的混凝土禁止浇筑。

(3) 混凝土 28d 标准试块由中心实验室质检员现场取样、制作。标准试块的数量应符合国家现行有关标准的规定。

(4) 混凝土浇筑前应对模具、支架、钢筋和埋件等做检查，并填写隐蔽工程验收单。

(5) 混凝土振捣应符合以下要求：

①插入式振动器移动间距不应超过振动器作用半径的 1.5 倍，与侧模应保持 50~100mm 的距离，插入下层混凝土深 50~100mm；

②平板式振动器的移动间距宜覆盖已振实部分不小于 100mm；

③附着式振动器的间距应根据构件形状及振动器（振动棒）性能等情况经过试验确定；

④混凝土振捣应达到混凝土停止下沉，不再冒出气泡，表面呈现平坦、泛浆的要求。

(6) 混凝土的养护应符合以下要求：

①自然淋水养护时，应指定专人定期浇水，对已充分湿润的构件应使用湿麻包、塑料膜等材料及时覆盖；

②化学保护膜养护时，对几何形状较规则的构件，宜在构件表面喷养护膜进行养护；

③气温低于20℃时宜采用蒸汽养护。蒸汽养护的温度控制方法，应符合国家现行有关标准的规定。

14.4.7 脱模及构件标示

（1）预制构件脱模起吊时的混凝土强度应符合设计要求，并应满足本规范附录的要求。

（2）构件生产前应建立系统的构件编码方案，指定专人进行构件标示工作；质检员应及时对构件标示进行核对。

14.4.8 预制构件的起吊、堆放与运输

（1）应合理设定预制构件吊点位置。吊点可设预埋吊钩（环）或可拆卸的埋置式接驳器。

（2）构件堆放区应按构件种类进行合理分区。堆放场地应平整坚实，堆放应满足地基承载力、构件承载力和防倾覆等要求。

（3）应根据构件的特点采用不同的叠放和装架方式，货架应进行专门设计。外墙板、承重隔墙、非承重隔墙以立运为宜，饰面层应朝外；叠合楼板、立柱、楼梯以平运为宜。运输时构件应设有专用支垫，采取可靠的稳定措施。

14.5 PC结构件的分类

14.5.1 墙板

（1）首先，将模具清理干净，根据生产要求装好四周挡边。要求模具内干净无杂物（不能有烟头、拖把布条等）。有杂物将降低PC板强度。从而影响集成建筑的整体安全。

（2）在组装好的模具内按设计图纸的要求，安装门窗框的允许偏差符合本规范附录的要求，并将其固定。

（3）组装好上述工序后，涂上防止粘模具用的脱模剂。涂布均匀，不允许太多积油或漏涂。

（4）组装下层钢筋网和梁筋、箍筋等，钢筋网必须根据设计图纸要求组装好。钢筋网架按面积4pcs/m²用塑料卡进行安装放置，使混凝土充分保护钢筋表面层不受外界腐蚀。钢筋裁切时根据图纸钢筋长减去保护层厚度，按图纸要求进行扎筋、布筋。

(5) 放置线管及预埋件，确认与设计图纸相符。预埋件、预留孔洞的允许偏差应符合本规范的要求。

(6) 布料开动振动台，将浇筑好的混凝土振紧，混凝土振捣应达到混凝土停止下沉，不再冒出气泡，表面呈现平坦、泛浆的要求。质检等相关人员对其产品进行确认。

(7) 摆放泡沫板，根据设计要求放置。

(8) 组装上层钢筋网，钢筋网必须根据设计图纸要求组装好。钢筋网架按面积 $4pcs/m^2$ 用塑料卡进行安装放置，使混凝土充分保护钢筋表面层不受外界腐蚀。钢筋裁切时根据图纸钢筋长减去保护层厚度。

(9) 用靠尺、木抹子、铁抹子将基准面抹平，保证平面度要求。

(10) 静停预养浇捣抹平检验完成后，需用薄膜覆盖上层表面。

(11) 拆除清理模具吊装作业时，墙体混凝土强度不应低于 15MPa 及达到混凝土设计条件标准值，方可拆除模板，拆模时应以同条件养护抗压强度为准。

(12) 模板拆除后 12h 内应喷水或用养护剂养护，不少于七昼夜，次数以保持混凝土具有湿润状态为准。

14.5.2 叠合楼板

(1) 叠合板现浇层最小厚度的规定考虑了楼板整体性要求以及管线预埋、面筋铺设、施工误差等因素。预制板最小厚度的规定考虑了脱模、吊装、运输、施工等因素。为了增加预制板的整体刚度和连接性能，可在预制板内设置桁架钢筋。

(2) 叠合板的现浇层厚度不应小于 60mm，预制板的厚度不宜小于 60mm。

(3) 预制板宽度不宜大于 3M，拼缝位置宜避开叠合板受力较大部位。

(4) 组装四边模挡边，安装好固定边模角铁，用膨胀螺丝和可以固定的支具将挡边模固定好。

(5) 将模具清理干净，要求模具内干净无杂物（不能有烟头、拖把布条等）。

(6) 组装好上述工序后，涂上防止粘模具用的脱模剂。涂布均匀，不允许太多积油或漏涂。

(7) 组装下层钢筋网及钢筋桁架，按设计图纸进行加工作业，并安装塑料卡。

(8) 布料开动振动台，将浇筑好的混凝土振紧，混凝土振捣应达到混凝土停止下沉，不再冒出气泡，表面呈现平坦、泛浆的要求。质检等相关人员对其产品进行确认。

(9) 用靠尺、木抹子、铁抹子将基准面抹平，保证平面度要求。

(10) 静停预养浇捣抹平检验完成后，需用薄膜覆盖上层表面。

(11) 拆除清理模具吊装作业时，叠合板混凝土强度不应低于 15MPa 及达到混凝土设计条件标准值，方可拆除模板，拆模时应以同条件养护抗压强度为准。

(12) 模板拆除后 12h 内应喷水或用养护剂养护，不少于七昼夜，次数以保持混凝土具有湿润状态为准。

14.5.3 楼梯板

(1) 楼梯板一般为斜板,现场不易叠合浇筑,一般为整体预制构件。

(2) 预制装配梁承式钢筋混凝土楼梯,是指梯段由平台梁支承的楼梯构造方式。预制构件可按梯段板式、平台梁、平台板三部分进行划分。

(3) 制作钢模具,将模具清理干净,要求模具内干净无杂物(不能有烟头、拖把布条等)。

(4) 上述工序完成后,涂上防止粘模具用的脱模剂。涂布均匀,不允许太多积油或漏涂。

(5) 将已清理好的钢模,组立好,拧紧螺丝。

(6) 根据设计要求,安装钢筋笼架、起吊用的吊钩。

(7) 按设计要求配比,布料浇筑楼梯板,将浇筑好的混凝土振紧,混凝土振捣应达到混凝土停止下沉,不再冒出气泡,表面呈现平坦、泛浆的要求。质检等相关人员对其产品进确认。

(8) 静停养护浇捣抹平检验完成后,需用薄膜覆盖上层表面。

(9) 拆除清理模具吊装作业时,楼梯板混凝土强度不应低于15MPa及达到混凝土设计条件标准值,方可拆除模板,拆模时应以同条件养护抗压强度为准。

(10) 模板拆除后12h内应喷水或用养护剂养护,不少于七昼夜,次数以保持混凝土具有湿润状态为准。

14.5.4 阳台板

(1) 组装阳台板模具,确认四周挡边无误,将其组立好。

(2) 将模具清理干净,要求模具内干净无杂物。

(3) 刷上防止粘模具用的脱模剂。涂布均匀,不允许太多积油或漏刷。

(4) 摆放钢筋网必须根据设计图纸要求组装好。钢筋网架按面积 $4pcs/m^2$ 用塑料卡进行安装放置,使混凝土充分保护钢筋表面层不受外界腐蚀。钢筋裁切时根据图纸钢筋长减去保护层厚度。

(5) 放置线管及预埋件,确认与设计图纸相符。预埋件、预留孔洞的允许偏差应符合本规范的要求。

(6) 混凝土浇捣前,质检及所有工程和相关人员对其组装好的模具进行检查,确认无误后方可进行下道工序。

(7) 所有准备工作完成后,按设计要求浇筑配比混凝土。

(8) 静停养护浇捣抹平检验完成后,需用薄膜覆盖上层表面。

(9) 拆除清理模具吊装作业时,立柱壳混凝土强度不应低于15MPa及达到混凝土设计条件标准值,方可以拆除模板,拆模时应以同条件养护抗压强度为准。

(10) 模板拆除后12h内应喷水或用养护剂养护,不少于七昼夜,次数以保持混凝土具有湿润状态为准。

14.6 构件制作允许偏差标准与检验方法

14.6.1 模板的允许偏差标准与检验方法

模板的允许偏差标准与检测方法见表14-1。

表14-1 模板的允许偏差标准与检测方法

测定部位	允许偏差（mm）	检验方法
边长	±3	钢尺四边测量
板厚/梁高	±3	钢尺测量，取两边平均值
扭曲	2	四角用两根细线交叉固定，钢尺测中心点高度
翘曲	3	四角固定细线，钢尺测细线到钢模边距离，取最大值
表面凹凸	2	靠尺，塞尺检查或水平尺
弯曲	3	四角用两根细线交叉固定，钢尺测细线到钢模边距离
对角线误差	4	钢尺测两根对角线尺寸，取差值
埋件部品	±5	钢尺检查

14.6.2 预埋件及预埋孔洞的允许偏差标准及检验方法

预埋件及预埋孔洞的允许偏差标准及检验方法见表14-2。

表14-2 预埋件及预埋孔洞的允许偏差标准及检验方法

项目		允许偏差（mm）	检验方法
预埋钢板	中心线位置	±5	钢尺检查
	安装平整度	3	靠尺和塞尺检查
预埋管、预留孔中心线位置		±5	钢尺检查
插筋	中心线位置	5	钢尺检查
	外露长度	±5	钢尺检查
预埋吊环	中心线位置	±15	钢尺检查
	外露长度	+15,0	钢尺检查
预留洞	中心线位置	5	钢尺检查
	尺寸	±5	钢尺检查

14.6.3 门窗框安装的允许偏差标准及检验方法

门窗框安装的允许偏差标准及检验方法见表14-3。

表14-3 门窗框安装的允许偏差标准及检验方法

项目	允许偏差（mm）	检验方法
窗框定位（咬窗框的宽度等）	±2	钢尺四边测量，抽测不少于30%
窗框方向	全部正确	对内外、上下、左右目测
45°拼角（无裂缝）	抽检	目测，每批检查不少于30%
锚固脚片	全数检查无遗漏/间距	目测
90°转角窗	确保为直角，全数检查	直角尺检测
对角线误差	±4	钢尺测量抽查不少于30%
窗框防腐	全数检查	目测
窗的水平度	±2	全数检查

14.6.4 钢筋加工的允许偏差标准及检验方法

钢筋加工的允许偏差标准及检验方法见表14-4。

表14-4 钢筋加工的允许偏差标准及检验方法

项目	允许偏差（mm）	检验方法
一般梁受力钢筋顺长度方向全长的净尺寸	±3	长卷尺检查
梁受力钢筋如需窄隙对焊连接，顺长度方向全长的净尺寸	0～5	长卷尺检查
其他构件钢筋全长的净尺寸	±10	长卷尺检查
弯起钢筋的弯折位置	±20	钢尺检查
箍筋内净尺寸	±5	钢尺检查

14.6.5 钢筋安装的允许偏差及检验方法

钢筋安装的允许偏差及检验方法见表14-5。

表14-5 钢筋安装的允许偏差及检验方法

项目		允许偏差（mm）	检验方法
绑扎钢筋网	长、宽	±10	钢尺检查
	网眼尺寸	±20	钢尺量连续三档，取最大值
绑扎钢筋笼	长	±10	钢尺检查
	宽、高	±5	钢尺检查
受力钢筋	间距	±10	钢尺量两端、中间各一点
	排距	±5	取最大值
	保护层厚度 基础	±10	钢尺检查
	保护层厚度 柱、梁	±5	钢尺检查
	保护层厚度 板、墙、壳	±3	钢尺检查
绑扎箍筋、横向钢筋间距		±5	钢尺量连续三档，取最大值
钢筋弯起点位置		20	钢尺检查
预埋件	中心线位置	5	钢尺检查
	水平高差	+3, 0	钢尺和塞尺检查

14.6.6 构件脱模起吊时混凝土强度允许值

构件脱模起吊时混凝土强度允许值见表14-6。

表14-6 构件脱模起吊时混凝土强度允许值

构件类型	构件跨度（m）	达到设计的混凝土立方体抗压强度标准值的百分率（%）
板	≤2	≥40
	>2，≤8	≥65
	>8	≥75
梁	≤8	≥50
	>8	≥75
柱	—	≥65
阳台	≤8	≥50
	>8	≥75
楼梯	—	≥65

15 麻城昌盛环保公司石材锯泥配制混凝土试验研究

15.1 原材料的检验

1. 外加剂掺量的确定

将玻璃板放置在水平位置，用湿布将玻璃板、截锥圆模、搅拌器及搅拌锅均匀擦过，使其表面湿而不带动水渍；将截锥圆模放在玻璃板的中央，并用湿布覆盖待用。称取水泥 300g，倒入搅拌锅内。加入推荐掺量的外加剂及 87g 或 105g 水，搅拌 3min。将拌好的净浆迅速注入截锥圆模内，用刮刀刮平，将截锥圆模按垂直方向提起，同时开启秒表计时，任水泥净浆在玻璃板上流动至少 30s，用直尺量取流淌部分互相垂直的两个方向的最大直径，取平均值作为水泥净浆流动度。

2. 砂子参数的检测

$$紧密堆积密度：\rho_{紧密黄砂} = 2008 \text{kg/m}^3$$
$$含石率：H_G = 6\%$$
$$含水率：H_W = 5.5\%$$

3. 锯泥参数的检测

$$密度：\rho_{紧密锯泥} = 1848 \text{kg/m}^3$$
$$含水率：H_W = 5.5\%$$

4. 石子参数的检测

$$石子：5 \sim 25 \text{mm}$$
$$堆积密度：\rho_{堆积} = 1584 \text{kg/m}^3$$
$$空隙率：P = 0.434$$
$$表观密度：\rho_{表观} = 2798 \text{kg/m}^3$$
$$吸水率：X_W = 1.5\%$$

15.2 混凝土配合比调整计算

1. 调整基准

原配合比中胶凝材料为水泥用量 260kg，密度 3000kg/m³；粉煤灰用量 110kg，密度

2300kg/m³。在配合比调整的过程中,固定胶凝材料,只调整砂石骨料、水和外加剂,配制坍落度达到现场施工设计要求。

2. 胶凝材料主要参数见表 15-1

表 15-1　胶凝材料主要参数

名称	水泥	粉煤灰
用量（kg）	260	110
密度（kg/m³）	3000	2300
需水量（比）	0.27	1.05

3. 黄砂主要技术参数见表 15-2

表 15-2　黄砂主要技术参数

名称	紧密堆积密度（kg/m³）	含石率（%）	含水率（%）	压力吸水率（%）
指标	2008	6	5.5	—

4. 石子主要技术参数见表 15-3

表 15-3　石子主要技术参数

名称	空隙率（%）	表观密度（kg/m³）	堆积密度（kg/m³）	吸水率（%）
指标	43.4	2798	1584	1.5

5. 胶凝材料用水量的计算

$$W_B = (260+110\times1.05)\times0.27 = 101 \text{ (kg)}$$

6. 泌水系数

$$M_W = \frac{260+110}{300} - 1 = 0.23$$

7. 胶凝材料拌合用水量

$$W_{胶凝材料拌合用水量} = \frac{2}{3}\times101 + \frac{1}{3}\times101\times(1-0.23) = 93 \text{ (kg)}$$

8. 胶凝材料浆体体积的计算

$$V_{浆体} = \frac{260}{3000} + \frac{110}{2300} + \frac{93}{1000} = 0.228 \text{ (m}^3\text{)}$$

9. 不同要求下混凝土配合比计算。

(1) 细骨料使用黄砂

$$m_S = \frac{2008\times43.4\%}{1-6\%} = 927 \text{ (kg)}$$

$$W_{砂子用水量} = 927\times(7.7\%-5.5\%) = 19 \text{ (kg)}$$

$$m_G = (1-0.228-0.434)\times2798 - 927\times6\% = 890 \text{ (kg)}$$

$$W_{石子用水量} = 890\times1.5\% = 13 \text{ (kg)}$$

$$W_{砂石骨料用水量}=19+13=32\ (\text{kg})$$

混凝土配合比（黄砂）见表 15-4。

表 15-4　（黄砂）混凝土配合比　　　　　　　　　　　　（kg/m³）

水泥	粉煤灰	砂子	石子	拌合水	预湿水	外加剂
260	110	927	890	93	32	7.94

（2）细骨料黄砂 70%，锯泥 30%

$$m_{S砂}=927×70\%=649\ (\text{kg})$$
$$W_{砂子用水量}=649×(7.7\%-5.5\%)=13\ (\text{kg})$$
$$m_{S锯泥}=1483×0.434×30\%=240\ (\text{kg})$$
$$W_{锯泥}=240×(7.7\%-4.4\%)=8\ (\text{kg})$$
$$m_G=(1-0.228-0.434)×2798-649×6\%=907\ (\text{kg})$$
$$W_{石子用水量}=907×1.5\%=14\ (\text{kg})$$
$$W_{砂石骨料用水量}=13+8+14=35\ (\text{kg})$$

混凝土配合比（黄砂 70%，锯泥 30%）见表 15-5。

表 15-5　（黄砂 70%，锯泥 30%）混凝土配合比　　　（kg/m³）

水泥	粉煤灰	砂子	锯泥	石子	拌合水	预湿水	外加剂
260	110	649	240	907	93	35	7.94

（3）细骨料黄砂 80%，锯泥 20%

$$m_{S砂}=927×80\%=742\ (\text{kg})$$
$$W_{砂子用水量}=742×(5.7\%-5.5\%)=15\ (\text{kg})$$
$$m_{S锯泥}=1483×0.434×20\%=160\ (\text{kg})$$
$$W_{锯泥}=160×(7.7\%-4.4\%)=5\ (\text{kg})$$
$$m_G=(1-0.228-0.434)×2798-742×6\%=901\ (\text{kg})$$
$$W_{石子用水量}=901×1.5\%=14\ (\text{kg})$$
$$W_{砂石骨料用水量}=15+5+14=34\ (\text{kg})$$

混凝土配合比（黄砂 80%，锯泥 20%）见表 15-6。

表 15-6　（黄砂 80%，锯泥 20%）混凝土配合比　　　（kg/m³）

水泥	粉煤灰	砂子	锯泥	石子	拌合水	预湿水	外加剂
260	110	742	160	901	93	34	7.94

（4）细骨料黄砂 90%，锯泥 10%。

$$m_{S砂}=927×90\%=834\ (\text{kg})$$
$$W_{砂子用水量}=834×(5.7\%-5.5\%)=17\ (\text{kg})$$
$$m_{S锯泥}=1483×0.434×10\%=80\ (\text{kg})$$

$$W_{锯泥}=80×(7.7\%-4.4\%)=3\ (kg)$$
$$m_G=(1-0.228-0.434)×2798-834×6\%=896\ (kg)$$
$$W_{石子用水量}=896×1.5\%=13\ (kg)$$
$$W_{砂石骨料用水量}=17+3+13=34\ (kg)$$

混凝土配合比（黄砂90%，锯泥10%）见表15-7。

表15-7 （黄砂90%，锯泥10%）混凝土配合比 （kg/m³）

水泥	粉煤灰	砂子	锯泥	石子	拌合水	预湿水	外加剂
260	110	834	80	896	93	34	7.94

（5）基准混凝土配合比见表15-8。

表15-8 基准混凝土配合比 （kg/m³）

水泥	粉煤灰	砂子	石子	水	外加剂
260	110	770	1030	175	6.3

10. 试配结论

根据设计配合比进行试配，结果见表15-9，配制的混凝土拌合物工作性良好，满足设计要求，成型试件进行养护，检测7d和28d强度。

表15-9 混凝土试配

水泥	粉煤灰	砂子	锯泥	石子	拌合水	预湿水	外加剂	坍落度(mm)	R_7(MPa)	R_{28}(MPa)
6.76	2.86	24.1	—	23.14	2.418	0.832	206.4	250	22.9	33.8
6.76	2.86	16.88	6.24	23.14	2.418	0.9	206.4	250	25.1	33.9
6.76	2.86	19.29	4.16	23.14	2.418	0.9	206.4	250	27.8	37.2
6.76	2.86	21.68	2.13	23.16	2.418	0.9	206.4	250	24	34.2
6.76	2.86	20	—	26.78	3.01		163.8	250	22.1	32.9

16 粉煤灰致使混凝土发泡的质量问题分析及预防

16.1 前　　言

2010年夏，天津地区某工地，浇筑后的混凝土大量冒出气泡，冒泡量大，持续时间长。硬化后，混凝土表面形成空鼓，整体体积增大甚至开裂，搅拌站留置的试块也发生了体积膨胀现象，明显高出试模上沿。实测混凝土含气率达到10%，抗压强度降低30%。该异常现象引起了混凝土生产单位和施工单位的高度重视，初步推断混凝土原材料中的某些化学成分发生异常反应，持续生成气体所致。因此展开了对所有原材料的排查。

发现这种异常现象之后，立即从生产该批混凝土的搅拌楼筒仓中和料场上提取各种材料，在实验室内进行试拌，并制作试块，膨胀情况相同。于是锁定样品，进行相应的检测。首先排除砂石骨料。检测对象为水泥、粉煤灰、粒化高炉矿渣粉、外加剂。

16.2　试验分析

16.2.1　试验方案

采用胶砂试验的方法。试验为：水+水泥、水+水泥+粉煤灰、水+水泥+矿粉，结果发现，仅仅水+水泥+粉煤灰的胶砂发生了明显的膨胀，而水+水泥及水+水泥+矿粉的胶砂则未发生明显变化，外加剂对此试验无影响。如图16-1~图16-4所示。

图16-1　混凝土浇筑后冒泡现象

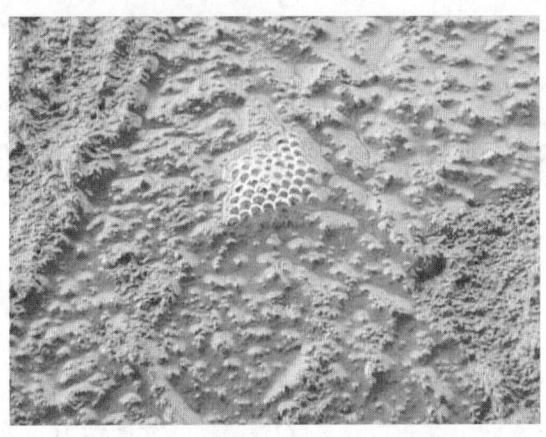

图 16-2　混凝土浇筑后冒泡现象

图 16-3　抹面时形成空鼓

图 16-4　硬化后混凝土整体膨胀
（刮平时混凝土与预埋钢板上沿齐平）

因此初步推断在各种组成材料中，粉煤灰有异常。参考资料介绍，相似的工程案例，粉煤灰中混有金属铝造成质量问题发生。根据化学反应特性，金属铝与强碱反应生成氢气，化学反应式如下：

$$2Al + 2H_2O + 2OH^- =\!=\!= 2AlO_2^- + 3H_2$$

因此,将水泥、粉煤灰、矿粉样品分别投入 60~70℃的水中进行观察,并未发生释放气体的反应,重复试验后仍未发生。而将样品放入氢氧化钠溶液中则只有粉煤灰发生剧烈的反应,释放出气体,该气体具有强烈的刺鼻气味。说明杂质并不是铝或者不单纯是铝。该气体可使湿润的红色石蕊试纸变蓝,初步推断生成的气体为氨气,化学反应式如下:

$$NH_4^+ + OH^- \Longleftrightarrow NH_3 + H_2O$$

16.2.2 进一步分析

粉煤灰样品(编号 F3)可直接闻到刺鼻的气味,疑为氨味(参考资料反映 2009 年春在上海曾发生类似事件,并检出氨),颜色为土黄色,粉煤灰样品(编号 F4)无明显气味,颜色黑灰,如图 16-5 所示。

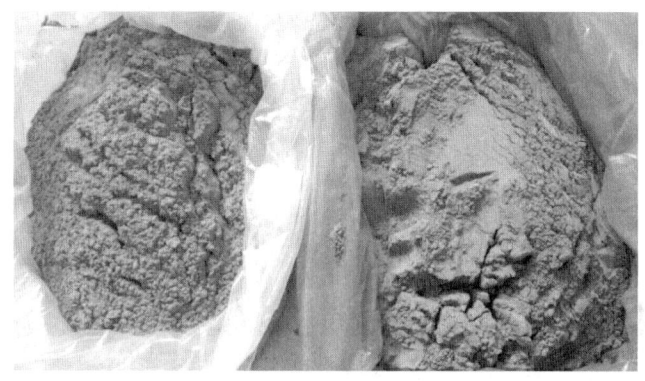

图 16-5 粉煤灰样品 F3 和 F4 的图片

1. X 射线衍射(XRD)检测

对粉煤灰、磨细矿粉进行 XRD 试验,结果如图 16-6~图 16-8(样品说明:F1~F5 为粉煤灰,K1 为磨细矿渣粉)所示。

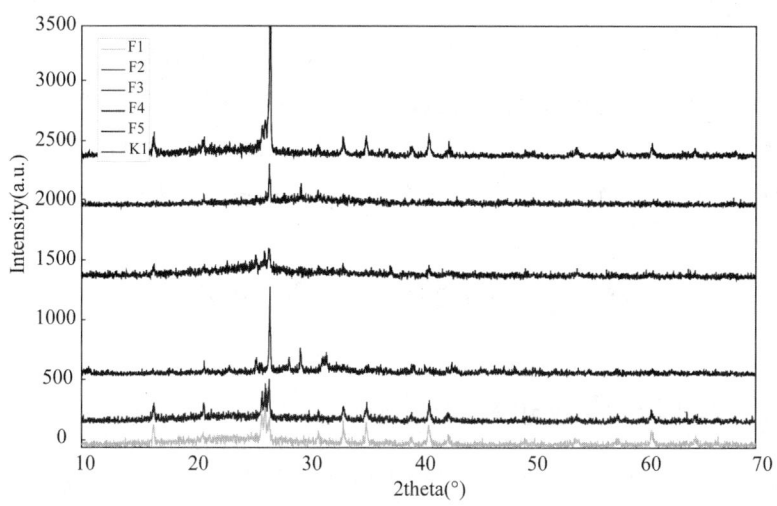

图 16-6 粉煤灰及磨细矿粉的 XRD

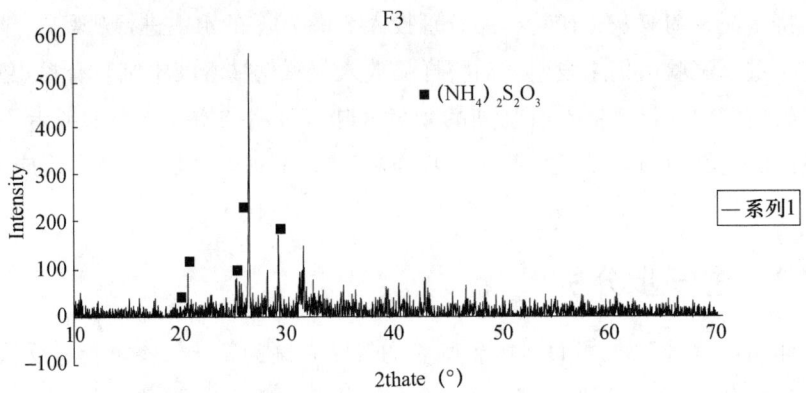

图 16-7 粉煤灰样品 F3 的 XRD

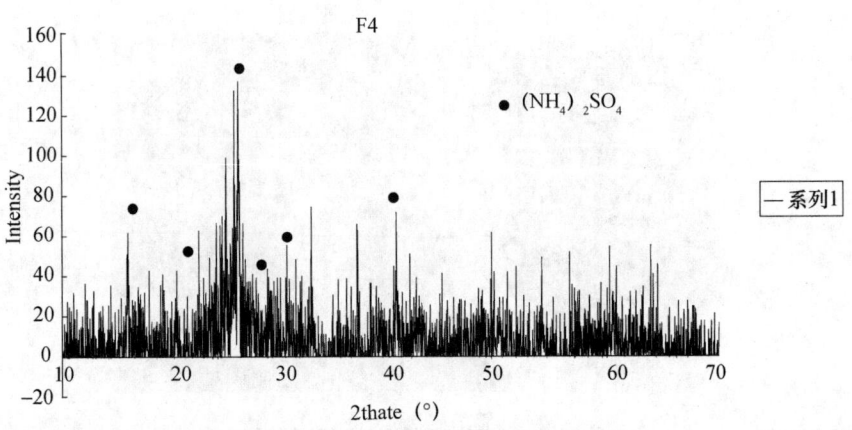

图 16-8 粉煤灰样品 F4 的 XRD

由 XRD 的分析结果可知：所检的材料中均未检出单质铝，有质量问题的粉煤灰中检出硫酸铵和硫代硫酸铵。

2. 氨含量检测

将有质量问题的两个粉煤灰样品送检国家无机盐产品质量监督检验中心，对该粉煤灰与碱反应生成的气体进行成分判定并测定含量。结果为粉煤灰样品中加入氢氧化钠后释放出的碱性气体为氨气，氨的含量分别为 0.034% 和 0.024%（检验方法：GB/T 2946—2018）。氨的存在对建筑物的室内空气质量产生危害，在建设工程中是不允许的。

16.3 问题粉煤灰来源调查

16.3.1 粉煤灰生成过程

粉煤灰来自火力发电厂，作者走访了天津和河北的部分电厂，了解粉煤灰的生成过程及脱硫工艺。

大多数电厂粉煤灰均是收尘所得,其中以电收尘居多。从燃煤炉释放出来的烟气首先经过电收尘,在不同的电场作用下,收集到不同细度的粉煤灰进入不同的筒仓盛放。这个环节收尘的效率一般超过 95%,而剩余的含有很少量粉煤灰的高温烟气在引风机的作用下进入烟囱,在进入烟囱之前实施对烟气的脱硫和脱硝作业。上述过程就是典型的粉煤灰生成过程和脱硫工艺。可见,粉煤灰的生成与脱硫工艺是先后关系,不可能产生混淆。

16.3.2 烟气脱硫工艺调查

我国目前的经济条件和技术条件还不允许像发达国家那样投入大量的人力和财力,并且在对二氧化硫的治理方面起步很晚,国内一些电厂的烟气脱硫装置大部分是从欧洲、美国、日本引进的技术,由于近几年国家环保要求的严格,脱硫工程是所有新建电厂必须建设的。因此,我国开始逐步以国外的技术为基础研制适合自己的脱硫技术。石灰石-石膏法脱硫工艺是世界上应用最广泛的一种脱硫技术,自从 2002 年在 300MW 机组国产化示范以来,在我国已经进入推广阶段。氨法烟气脱硫技术是近几年在国内开始采用的,适用范围广,不受燃煤含硫量、锅炉容量的限制。由于吸收剂氨比石灰石或石灰活性大,因此氨法脱硫装置对煤质变化、锅炉负荷变化的适应性强。这在我国能源供应紧张、来什么煤烧什么煤的情况下,更显现出它的优势。氨法烟气脱硫工艺是以氨(废氨水、液氨、碳铵或氨水等)为原料,回收烟气中的 SO_2,生产高价值的化肥,脱硫原料成本完全可以从回收产品中得到抵扣,还会产生一定的经济效益。投资低,运行成本低,不产生二次污染,无废水,无废渣。此法符合循环经济规律,可实现脱硫过程的零消耗。氨法脱硫的特点之一是煤中含硫越高,硫酸铵的产量就越大;同时,煤也越便宜,业主所得到的利润就越大。氨法脱硫的工艺在黑龙江、辽宁、天津、山东、江苏、四川、上海都有应用。

16.3.3 粉煤灰的供应现状

随着建设工程项目的增多以及粉煤灰应用技术的成熟,市场对粉煤灰的需求量骤增,导致对粉煤灰的需求加大,出现了明显的供不应求的状况,加之燃煤电厂并不把粉煤灰作为重要的产品售出,只是作为一种废弃物进行处理,只要满足环保的要求即可,所以粉煤灰的质量水平很难得到保证。而粉煤灰的供应商(运输单位)为了满足供给需求和获得更大的经济利益,到处购买,导致料源不固定,甚至出现混装拼凑的情况。而对粉煤灰的二次加工更增加了引入不明杂质的可能性,使得粉煤灰的品质变化进一步加大。

16.3.4 综合分析

结合试验检验分析以及对粉煤灰来源的调查情况,分析推测:

(1) 导致混凝土发泡膨胀的主要原因是粉煤灰中含有有害杂质，在混凝土加水搅拌合水化过程的强碱性环境下，发生释放大量气体的反应引起的。

(2) 粉煤灰中含有大量的氨，主要来源猜测如下：

①非常规的氨法脱硫残余；

②脱硫产物人为混入粉煤灰的运输环节。

(3) 在本次质量问题调查中，未在有问题的粉煤灰中检出单质铝的存在，但据专家推断：在碱性环境下，发生剧烈的释放气体的反应很可能是单质铝所致，而受 XRD 检测方法限制（结晶态不良或含量低），未能在衍射图谱中真实反映也是可能的。铝的存在有客观可能的条件，即电厂为做到零排放，将一部分粉煤灰生产加气混凝土砌块，铝粉是发泡剂，生产中必不可少。

16.4 预防措施

根据有害杂质（铝及铵盐）的化学共性：在碱性溶液环境下，发生释放气体的反应。因此，模拟新拌混凝土的强碱性环境，主要的检验试剂选用氢氧化钠溶液。为加快反应进程，缩短试验检测的时间，选择试验的化学反应温度为 60~70℃。编制详细的检验方法附后，供同行们参考使用。

16.5 结　　论

造成混凝土"冒泡"进而引起体积膨胀的原因是粉煤灰中含有硫酸铵和硫代硫酸铵及氨气，并有单质铝存在的可能。无论是哪种有害杂质，都在碱性环境条件下发生剧烈的释放气体的反应而对混凝土形成危害，根据该特性而编制的检验方法对上述有害杂质都是有效的，并且检验方法操作简便，时间短，费用低。

多次在全国的不同地方（浙江、上海、天津、四川）发生类似的粉煤灰质量问题，说明不是偶然事件，应该引起混凝土生产企业、粉煤灰供应商和火电厂的重视，积极查找产生问题的根源，并予以消除，无论是工艺的缺陷还是管理漏洞。粉煤灰的利用本身就是节能减排的良好举措，切不可让技术人员已熟练应用多年的工业废弃物——粉煤灰成为混凝土的阴毒杀手，给建设工程带来灾难性的损失。

16.6 粉煤灰中有害杂质检验方法标准

16.6.1 目的

检验粉煤灰中是否含有因产生大量气体而对混凝土质量造成危害的杂质（铵盐及铝）。

16.6.2 试验方法

(1) 取样。

(2) 取样频率：以最小的运输单位（车）为一个取样检验频次。

(3) 取样方法：试样应在值班试验人员的监督下，从运输车中抽取。有条件时，应采用取样器从运输车的上口插入距离粉煤灰上表面至少 50cm 以下的位置抽取。取样点位不少于三个，累计取样量不少于 5kg，混合均匀后进行试验。

16.6.3 留样

除用于试验检验的样品外，其余样品均作为留样，装于塑料袋内，封口，然后置于留样桶中。塑料袋和留样桶均应有标签，塑料袋内的标签上标明：品名、生产厂家、等级、数量、供货车辆牌照号、供货日期及时间（精确至分）、打入的站仓号。

16.6.4 检验

1. 试验器具及药品

氢氧化钠（化学纯）、石蕊试纸、玻璃棒、烧杯、电炉、石棉网、温度计、天平（感量 1g，量程 1kg）。

2. 检验方法

(1) 称取粉煤灰 50g。

(2) 烧杯中加入水 100mL，氢氧化钠 5g，置于电炉上加热至 60～70℃。

(3) 将称量好的粉煤灰倒入烧杯，用玻璃棒进行搅拌至粉煤灰全部分散。

(4) 观察 5min 内混合物的状态。

3. 结果判定

(1) 在规定的时间内，若有大量的气泡生成，并伴有刺激性气味，则该批粉煤灰不合格。同时将湿润的红色石蕊试纸置于烧杯口处，观察其是否变色，并做记录。

(2) 在规定的时间内，若没有大量的气泡生成，则该批粉煤灰合格。

16.6.5 注意事项

(1) 本试验使用的药品具有强烈的腐蚀性，应注意规范操作，若遇药品及溶液溅到衣物或皮肤上，应立即用大量清水冲洗干净。

(2) 本试验过程中生成的气体有刺激性，应保持室内通风。

17 C65高抛自密实混凝土施工工法

17.1 前　　言

混凝土的抗压强度高，但抗弯能力较弱，而钢材，特别是型钢的抗弯能力强，具有良好的弹塑性，但在受压时容易失稳而丧失轴向抗压能力。而钢管混凝土在结构上能够将两者的优点结合在一起，可使混凝土处于侧向受压状态，其抗压强度可成倍提高。同时由于混凝土的存在，提高了钢管的刚度，两者共同发挥作用，从而大大地提高了承载能力。

在高层建筑结构中，钢管混凝土柱具有很大的优势：具有承载力高，抗震性能好的特点，既可以取代钢筋混凝土柱，解决高层建筑结构中普通钢筋混凝土结构底部的"胖柱"问题和高强钢筋混凝土结构中柱的脆性破坏问题；也可以取代钢结构体系中的钢柱，以减少钢材用量，提高结构的抗侧移刚度。但与此同时，浇筑钢管混凝土时，振捣密实是一项施工难点。

云南昆明春之眼商业中心项目是由2栋超高层摩天大厦与高端商业中心组成，包括一栋高407m的主塔和一栋高308m的副塔，主塔高度407m，地下4层，地上77层。结构形式为巨型框架-核心筒-外伸臂结构，主塔外框柱高度8.95m，外围为钢结构，不便振捣。为此，中建西部建设有限公司与中国建筑第二工程局结合施工难点与特点，巨型柱、翼墙及钢管柱采用高抛C65自密实混凝土进行施工，通过前期试验及成功的工程应用，总结出C65高抛自密实混凝土的施工工艺，形成本工法，有效地解决施工难点，提升施工效率与施工质量。

17.2 工法特点

C65高抛自密实混凝土具有很高的流动性、稳定性、抗离析性，利用浇筑时从高处下抛产生的动能来实现流动密实的混凝土。本法通过对原材料的优选、配合比设计与优化、生产过程控制、运输控制、浇筑与养护，形成了一套行之有效的C65高抛自密实混凝土施工工艺。

该施工工艺技术成熟，生产施工过程便于控制，与传统施工方法相比，能够有效解决混凝土漏振、过振等导致的密实度问题，保证结构实体的强度、弹性模量、密实度等性能指标满足工程质量要求。

17.3 适用范围

本工法适用于高抛高度为3～12m的钢管柱混凝土施工。

17.4 工艺原理

C65高抛自密实混凝土的工艺原理是选择优质的原材料，采用合理的配合比，配制成高流动性，不离析，不泌水的混凝土，在高位抛落后，在不振捣或轻微振捣下，利用下抛的动能使混凝土能够均匀密实填充模板。

本工法选用通用硅酸盐水泥、掺合料、骨料、高性能聚羧酸减水剂等材料，按比例混合搅拌制备出工作性能、力学性能良好的C65高抛自密实混凝土。

17.5 工艺流程及操作方法

17.5.1 施工工艺流程

施工工艺流程如图17-1所示。

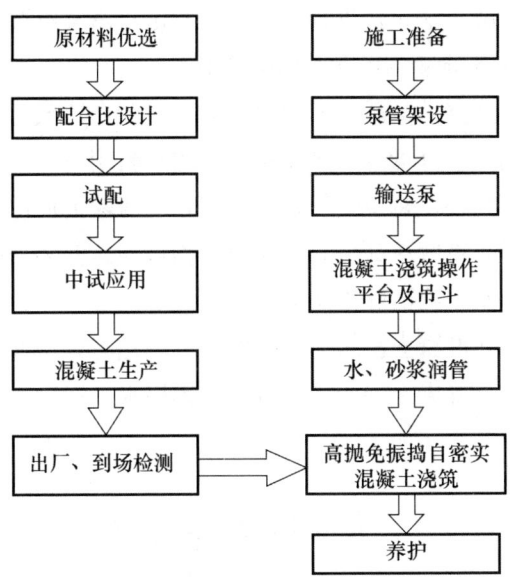

图17-1 施工工艺流程

混凝土生产流程：

原材料优选→配合比设计→试配→中试应用→生产准备（计量生产设备、原材料等）混凝土生产→出厂、到场检测→混凝土浇筑。

混凝土浇筑施工流程：

施工准备（模板、场地等）→泵管架设→输送泵→混凝土浇筑操作平台及吊斗→水、砂浆润管→高抛免振捣自密实混凝土浇筑→养护。

17.5.2 操作要点

（1）浇筑时管内不得有杂物和积水，先浇筑一层100～200mm厚与混凝土强度等级相同的水泥砂浆，以防止自由下落的混凝土粗骨料产生弹跳。

（2）钢管内自密实混凝土浇筑时应将混凝土输送管伸入钢管内且宜连续浇筑，若间歇时，时间不应超过自密实混凝土的初凝时间，需留施工缝时，应将管口封闭，防止水（包括冬季施工期间水结成冰）、砂浆、油和异物等落入，并做好清理工作。

（3）当抛落的高度不足4m时，为保证内部边角部位、隔板间等部位填充密实，虽为自密实混凝土，但为保守起见，仍应用插入式振捣棒密插短振，逐层振捣。为保证混凝土振捣前后质量稳定，前期通过振捣前后各性能的检测对比试验，如混凝土的抗离析性等性能指标，确定振捣时间和浇筑工艺：振捣棒垂直插入自密实混凝土内，要快插慢拔，振捣棒应插入下一层自密实混凝土中5～10cm。振捣棒插点按梅花形均匀布置，逐点移动，按顺序进行，不得漏振，每点振捣时间5～10s。同时，管外配合人工木槌敲击，根据声音判断自密实混凝土是否密实，每层振捣至自密实混凝土表面平齐不再明显下降，不再出现气泡，骨料不明显下沉，表面略微泛出灰浆为止。

（4）钢管内自密实混凝土浇筑接近顶面时，应测定自密实混凝土浮浆厚度，计算与原自密实混凝土相同级配的石子量，并投入和振捣密实。

（5）钢管、巨柱等部位浇筑最后一车混凝土时，对配合比设计参数进行调整，在满足施工要求的条件下，适当调整降低外加剂用量、浆体材料用量，以减少浮浆的产生。

（6）除最后一节钢管柱外，每节钢管柱浇筑完，应清除上面的浮浆，待自密实混凝土初凝后灌水养护，用塑料布将管口封住，并防止异物掉入。安装上一节钢柱前应将管内的积水、浮浆、松动的石子及杂物清除干净。

（7）覆盖浇水养护应在混凝土浇筑完毕后的12h内进行，浇水次数应根据能保持混凝土处于湿润的状态来决定，混凝土的养护用水宜用饮用水。混凝土终凝后，可注入清水养护，水深不宜少于200mm。

17.6 材料与设备

17.6.1 原材料

1. 胶凝材料

通过前期大量试配验证，最终选用P·O 42.5普通硅酸盐水泥、I级粉煤灰、SF-90硅灰。

2. 骨料

根据施工特点，细骨料选用Ⅱ区连续级配水洗砂、粗骨料选用 5～20mm 连续级配碎石。

3. 外加剂、水

通过大量试配，选用专用的聚羧酸外加剂；拌合用水选用洁净的地表水。

17.6.2 设备

混凝土主要生产设备见表 17-1。

表 17-1 混凝土主要生产设备

设备名称	规格型号	数量	生产能力	备用
生产线	180	2	180m³/h	—
装载机	50L	2	—	2
移动发电机	300kWA	1	320kW	外租
罐车	8/12/15m³	40	—	—

施工现场主要设备见表 17-2。

表 17-2 施工现场主要设备

主要设备名称	用途	规格型号	数量
混凝土输送泵	混凝土输送	—	7
混凝土输送管	混凝土输送	φ150mm	同施工高度相应增加
振动器	混凝土振捣	—	3
塔吊机	吊运混凝土及设备	—	1
移动发电机	应急供电	300kWA	1
吊斗	混凝土运送	3.5m³	2

17.7 质量控制

17.7.1 原材料质量控制

1. 水泥

使用 P•O 42.5 普通硅酸盐水泥，水泥应具有较低的需水性，同时还应与高效减水剂有较好的适应性，其各项指标均须满足《通用硅酸盐水泥》(GB 175—2007) 的要求。

2. 粉煤灰

使用Ⅰ级粉煤灰，粉煤灰应具有低的需水性、高的活性，其各项指标均须满足《用于水泥和混凝土中的粉煤灰》(GB/T 1596—2017) 的要求。

3. 硅灰

使用 SF-90 硅灰，硅灰应具有低的需水性、低烧失量和高的活性，其各项指标均须满足《砂浆和混凝土用硅灰》（GB/T 27690—2011）的要求。

4. 外加剂

使用聚羧酸减水剂，减水剂应与各原材料具有好的适应性，能较好地保持拌合物的流动性、合适的凝结时间与泌水率、良好的可泵性，对硬化后的混凝土无不良影响，其各项指标均须满足《混凝土外加剂》（GB 8076—2008）的要求。

5. 砂

使用Ⅱ区连续级配水洗砂，细度模数为 2.6~3.0 中砂，含泥量不大于 2.0%，泥块含量不大于 0.5%，亚甲蓝值小于 1.4g/kg，其各项指标均须满足《建设用砂》（GB/T 14684—2011）的要求。

6. 碎石

使用 5~20mm 连续级配碎石，含泥量不大于 0.5%，泥块含量不大于 0.2%，针片状含量不大于 5%，其各项指标均须满足《建设用卵石、碎石》（GB/T 14685—2011）的要求。

7. 生产用水

拌合物用水为地表水，不得使用混凝土搅拌设备和运输车辆洗刷水，其各项指标均须满足《混凝土用水标准》（JGJ 63—2006）的要求。

17.7.2 生产混凝土质量控制

1. 计量设备保障

生产线计量设备需具有法定计量部门签发的有效检定证书，并定期校核。同时每周组织对生产计量设备进行校核。在混凝土生产前，对计量设备进行零点校核，每盘及累计混凝土各组成材料计量偏差应符合如下规定，见表 17-3。

表 17-3 每盘及累计混凝土各组成材料计量偏差

序号	原材料品种	水泥	骨料	水	外加剂	掺合料
1	每盘计量允许偏差（%）	±2	±3	±1	±1	±2
2	累计计量允许偏差（%）	±1	±2	±1	±1	±1

每班次安排车辆进行空车、重车过磅不少于五次，以便监控计量过程中的误差，及时调整，避免出现堆积容度异常的情况。

2. 搅拌工艺

每次混凝土生产前，生产所用的原材料需准备充足，确定可以保证生产过程中不断料，才准许开盘；若不满足，则需要及时解决，直到满足要求为止。

混凝土生产前，应根据原材料储备情况，由技术人员组织进行混凝土试配验证和生产试验验证（中试），混凝土性能指标（混凝土坍落度、扩展度、倒置坍落度筒排空试验、

T500、抗离析性等）满足要求方可采用拟选配合比进行生产。

混凝土搅拌过程是全过程微机操作，完全按照搅拌程序进行，并由相关技术人员进行监督，技术人员对混凝土搅拌时间有着严格合理的控制，C65高抛自密实混凝土的搅拌时间要求不低于150s。

（1）严格控制混凝土配合比

开盘前质检人员从料仓（尤其是水洗砂仓）的上、中、下三个部位取样混合均匀后测试含水率，指导生产配合比的开具，混凝土运输车在每次装载混凝土之前放干净车内残留的洗车水，保证水胶比不变，同时合理调整砂率以及外加剂用量。

（2）出厂性能检测见表17-4

表17-4　C65高抛自密实混凝土性能指标及检测参考标准

性能指标	性能要求	检测参考标准
坍落扩展度（mm）	$600<K\leqslant 650$	《普通混凝土拌合物性能试验方法标准》（GB/T 50080—2016）
含气量	$2\leqslant A\leqslant 4$	
离析率（%）	$f_m\leqslant 10$	
U形箱（mm）	$\Delta h\leqslant 40$	《高抛免振捣混凝土应用技术规程》（JGJ/T 296—2013）
T_{500}（s）	$3\leqslant T_{500}\leqslant 5$	
V漏斗（s）	$T\leqslant 25$	《普通混凝土拌合物性能试验方法标准》（GB/T 50080—2016）
倒置坍落度筒排空试验（s）	$3\leqslant T\leqslant 5$	
间隙通过性（mm）	$0\leqslant PA2\leqslant 25$	《自密实混凝土应用技术规程》（JGJ/T 283—2012）

对前三车混凝土施工性能（混凝土坍落扩展度、倒置坍落度筒排空试验、含气量、离析率、U形箱、T_{500}等）进行逐车检测，生产稳定后按批量（≤100m³）取样抽检，确保混凝土质量的稳定。

17.7.3　施工现场质量控制

1. 现场混凝土质量控制见表17-5、表17-6

表17-5　C65高抛自密实混凝土入泵前性能指标检测

性能指标	性能要求
坍落扩展度（mm）	$600<K\leqslant 650$
倒置坍落度筒排空试验（s）	$3\leqslant T\leqslant 5$
T_{500}	$3\leqslant T_{500}\leqslant 5$
离析率（%）	$f_m\leqslant 10$

表17-6　C65高抛自密实混凝土出泵性能指标检测

性能指标	性能要求
坍落扩展度（mm）	$600<K\leqslant 650$
倒置坍落度筒排空试验（s）	$3\leqslant T\leqslant 5$
T_{500}	$3\leqslant T_{500}\leqslant 5$

对到达现场的混凝土进行跟踪,并检测其性能。混凝土入泵前,应逐车观察罐车内混凝土性能,做好坍落扩展度、倒置坍落度筒排空试验、T_{500}、离析率检测。第一车混凝土出泵之后,应在出泵口进行混凝土性能检测,检测混凝土的坍落扩展度、倒置坍落度筒排空试验、T_{500},并做好记录,对比入泵前后混凝土性能的变化。稳定泵送施工时按照 100m³/次的频率进行出泵口混凝土质量的检测。

2. 施工质量控制

(1)做好混凝土浇筑工人的组织安排,保证混凝土施工各岗位工人数以及熟练程度。

(2)检查各施工器具运行是否正常,保证施工连续性。

(3)提前与当地气象部门签订服务合同,及时掌握天气预报的气象变化趋势及动态,便于安排施工,做好预防准备工作。

(4)浇筑时做好管柱清理工作,浇筑结束按规定进行养护。

17.7.4 质量检查

(1)敲击法:依靠技术人员通过敲击钢管后根据不同音色判断出缺陷位置以及种类。这方法操作简便,对检测工具要求低,但敲击法是凭借技术人员的经验,缺乏理论依据,无论是对于判断缺陷的种类还是判断的精度都是不能得到保证的,因此只能作为一种辅助检测手段。

(2)超声波检测法:利用脉冲波在技术条件相同混凝土中传播的时间或速度、接收波的振幅和频率等声学参数的相对变化,来判定混凝土的缺陷,此方法被广泛应用于钢管混凝土缺陷检测。但超声波法也有一定的限制,因其采用逐点径向检测,不仅检测进度慢,而且由于不能连续检测易造成漏检。

(3)钻芯取样法:利用专用钻机,从结构混凝土中钻取芯样以检测混凝土强度或观察混凝土内部质量的方法。该方法能直观地反映出钢管混凝土的完整性,而且能比较精确地验证混凝土强度是否满足要求,但钻芯取样具有局限性、随机性高、费用高,同时对混凝土结构具有一定破坏。

实际检测中结合以上三种方法进行检测,若检测发现局部浇筑不密实时,应进行压浆补强并将焊平钻孔。

17.8 安全措施

(1)生产过程中注意试验用品、生产机械、运输车辆伤人,生产单位做好风险源识别并进行培训交底。

(2)施工现场注意塔吊、起重机、钢筋等造成人身伤害,取样检测混凝土注意车辆行驶。

(3)施工平台做好防滑、防电措施,操作人员应系安全带进行施工作业。

(4) 现场施工人员必须接受安全教育培训，熟悉和遵守安全技术规程，规范操作。施工现场设置明显的交通标志、安全标牌等标志，保证施工机械和施工人员的施工安全。

(5) 在人员安排上，夜间施工人员白天必须保证睡眠，不得连续作业。

(6) 施工现场设置明显的交通标志、安全标牌、护栏、警戒灯等标志。保证行人、施工机械和施工人员的施工安全。

(7) 做好夜间施工防护，在作业地点附近设置警示标志，悬挂红色灯，以提醒行人和司机注意，并安排专人值守。

(8) 夜间施工用电设备必须有专人看护，确保用电设备及人身安全。

(9) 夜间气候恶劣的情况下严禁施工作业。特别是六级及以上大风时，严禁塔吊从事吊装作业。

17.9　环保措施

(1) 生产、施工所用原材料符合绿色建材要求，产生污水循环过滤使用，杜绝外排。

(2) 建筑材料尤其是砂石水泥等材料要密闭运输，减少遗撒；原材料储存仓及生产空间应进行封闭，减少扬尘。

(3) 生产施工现场、场地、汽车便道要硬化处理，并指定专人定期洒水清扫，形成制度，防止道路、场所扬尘。

(4) 建筑垃圾分类处理，定点排放，尽量回收利用，有毒有害固体废弃物单独存放。

(5) 夜间施工照明采用定向灯罩，不影响周围设置区，减少光污染。

(6) 选用噪声小的施工机械，同时出入的车辆注意慢行，尽量不按喇叭。

(7) 对含油材料和化学材料库进行特殊处理，防止含油材料和化学材料污染土壤；保证污水不直接排放或渗入地下，杜绝污水污染土壤。

(8) 含油或危险化学品存放处保证有严格的隔水层处理。含油或危险化学品废物堆放区采用内铺防水卷材的密封金属桶对含油或危险化学品的垃圾进行回收。

(9) 提高现场施工机械的利用率，减少施工机械空运转时间，节约能源。

(10) 成立对应的施工环境卫生管理小组，在工程施工过程中严格遵守国家和地方政府下发的有关环境保护的法律、法规和规章，随时接受相关单位的监督检查。

17.10　技术经济效益分析

本施工工法综合效益如下：

(1) 高抛自密实利用混凝土高流动性、稳定性、抗离析性，浇筑时从高处下抛产生的动能来实现流动密实的效果。有效解决巨型钢管柱振捣难度大、密实不均匀的难题，提高钢管混凝土浇筑质量。

(2) 节约人工成本,加快施工效率。高抛自密实因无须振捣或少量振捣,减小了施工人员劳动强度以及所需施工人员数量,加快了施工进度,节约了人工成本。同时,降低人为因素造成的混凝土质量不稳定问题,提高工程质量。

(3) 施工方便、节约资源、性能优越,推广价值高。通过对配合比的不断优化,所需原材料来源广、易获取,有效节约资源;产品工作性能优异,便于施工。

17.11 工程实例

通过试验和检测证实 C65 高抛自密实混凝土施工工艺及核心技术的可行性后,中建西部建设西南有限公司云南事业部在云南昆明春之眼商业中心项目中成功应用实施。

春之眼商业中心项目位于昆明市东风广场工人文化宫以南、拓东路以北、盘龙江以东、北京路以西,东西宽 100~150m,南北长约 245m,项目占地面积 3.15 万 m^2,总建筑面积约 60 万 m^2,由 2 栋超高层摩天大厦与高端商业中心组成,包括一栋高 407m 的主塔和一栋高 308m 的副塔,以及高 49.8m 的商业裙楼,预估混凝土浇筑量地下约 14 万 m^3,地上约 4.5 万 m^3。T1 塔楼(主塔)高度 407m,地下 4 层,地上 77 层,结构形式为巨型框架-核心筒-外伸臂结构。巨型柱、翼墙及钢管柱采用 C65 高抛自密实混凝土进行施工,主塔外框柱高度 8.95m(3.95+3.7+1.3,两层一节),共浇筑 1420m^3,主塔分三个流水段施工。单次浇筑方量 475m^3,外框巨柱由地泵浇筑,对于较远区域的柱子,就近使用塔吊接 3.5m^3 料斗浇筑,如图 17-2 所示。

序号	浇筑部位	平面布置
1	主塔1区巨柱	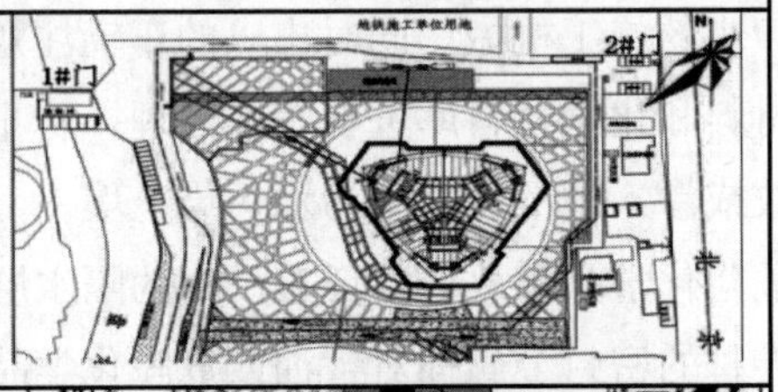
2	主塔2区巨柱	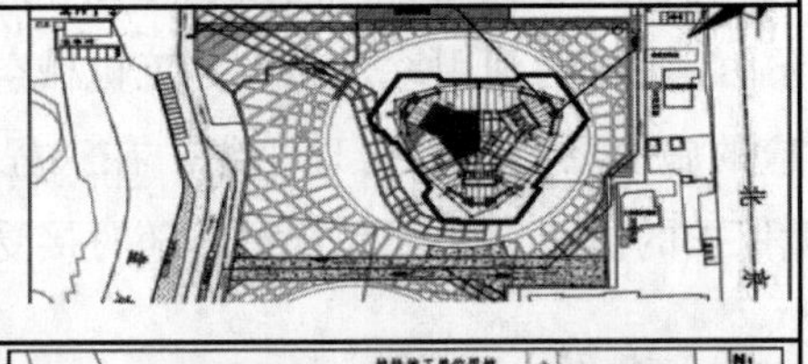
3	主塔3区巨柱	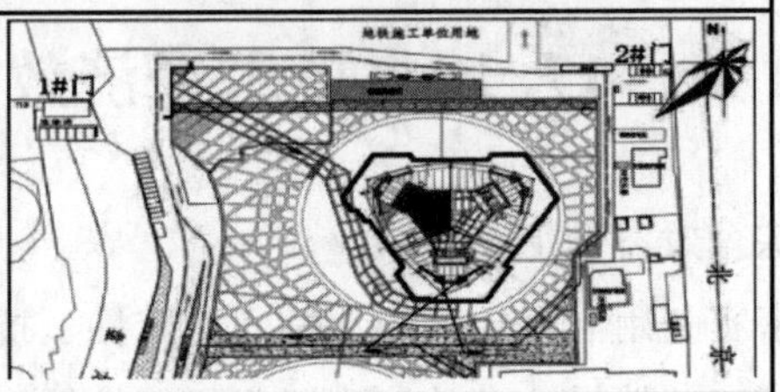

图 17-2 主塔巨柱情况

施工中C65高抛自密实混凝土的实际拌制情况如下。

1. 施工配合比

施工配合比见表17-7。

表17-7 C65高抛自密实混凝土配合比　　　　　　　　　　（kg/m³）

材料	P·O 42.5 水泥	Ⅰ级粉煤灰	硅灰	水洗砂	5～20mm 碎石	聚羧酸减水剂	地表水
C65高抛自密实	450	160	50	880	800	16	160

对C65高抛自密实3d、7d绝热温升计算如下：

混凝土3d龄期的绝热温升：

$$T(t) = \frac{WQ}{C\rho}(1-e^{-mt}) = 49.3℃$$

混凝土7d龄期的绝热温升：

$$T(t) = \frac{WQ}{C\rho}(1-e^{-mt}) = 77.8℃$$

2. C65高抛自密实混凝土性能

（1）新拌混凝土工作性能检测指标见表17-8，如图17-3～图17-6所示。

表17-8 C65高抛自密实新拌混凝土性能

序号	项目	指标	性能
1	U形箱（mm）	2	基本流平，满足要求
2	V漏斗（s）	22.6	满足要求
3	J环间隙通过性（mm）	10	钢筋附近无骨料堆积，满足要求
4	T_{500}（s）	4	满足要求
5	倒置坍落度筒排空试验（s）	3.1	
6	含气量（%）	2.2	
7	离析率（%）	4	
经时损失性能			
8	初始扩展度	710mm	
9	1h扩展度/倒塌	720mm/3.2s	
10	2h扩展度/倒塌	700mm/3.6s	
11	3h扩展度/倒塌	690mm/4.4s	
12	4h扩展度/倒塌	640mm/5.6s	
13	4h加入10kg/m³外加剂调整后	700mm/3.5s	
14	（4h未调整）5h扩展度/倒塌	570mm/7.8s	
15	4h调整过混凝土5h扩展度/倒塌	705mm/4.0s	
16	5h加入20kg/m³外加剂调整后	700mm/3.8s	

图 17-3　J 环试验

图 17-4　L 型箱

图 17-5　含气量测定

图 17-6　T_{500} 测定

C65 高抛自密实新拌混凝土匀质性、黏聚性及流动性良好，运输及施工过程中不泌水，不分层离析。在春之眼项目建设单位、施工单位、监理单位的共同见证下，经试验验证，U 形箱、V 漏斗、J 环扩展度、含气量、离析率、T_{500} 等试验指标均满足施工技术要求。

（2）混凝土力学性能检测见表 17-9。

表 17-9　混凝土抗压强度

强度等级	7d 抗压强度（MPa）	28d 抗压强度（MPa）	7~28d 增长（MPa）
C65 高抛自密实（试配未振捣）	73.2	86.1	12.9
C65 高抛自密实（试配振捣）	73.8	85.4	11.6
C65 高抛自密实（生产）	60.2	74.5	14.3

试配时，通过振捣与非振捣方式对 10 组混凝土进行成型抗压试块，两者 28d 强度均值相差 0.7MPa，说明高抛自密实混凝土未进行振捣对强度无任何不良影响。

综合试配以及实际应用情况来看，C65 高抛自密实混凝土施工工法具有密实性好、施工效率高、降低成本、减小工作强度、增强结构设计自由度、改善混凝土表观质量、改善工作环境，降低施工噪声等诸多优点，具有现实推广意义。

18 混凝土结构工程施工规范

18.1 总　　则

（1）为在混凝土结构工程施工中贯彻国家技术经济政策，保证工程质量，做到技术先进、工艺合理、节约资源、保护环境，制定本规范。

（2）本规范适用于建筑工程混凝土结构的施工，不适用于轻骨料混凝土及特殊混凝土的施工。

（3）本规范为混凝土结构工程施工的基本要求；当设计文件对施工有专门要求时，尚应按设计文件执行。

（4）混凝土结构工程的施工除应符合本规范外，尚应符合国家现行有关标准的规定。

18.2 术　　语

1. 混凝土结构

以混凝土为主制成的结构，包括素混凝土结构、钢筋混凝土结构和预应力混凝土结构，按施工方法可分为现浇混凝土结构和装配式混凝土结构。

2. 现浇混凝土结构

在现场原位支模并整体浇筑而成的混凝土结构，简称现浇结构。

3. 装配式混凝土结构

由预制混凝土构件或部件装配、连接而成的混凝土结构，简称装配式结构。

4. 混凝土工作性

在一定施工条件下，便于施工操作且能保证获得均匀密实的混凝土，混凝土拌合物应具备的性能，主要包括流动性、黏聚性和保水性。

5. 自密实混凝土

无须外力振捣，能够在自重作用下流动并密实的混凝土。

6. 先张法

在台座或模板上先张拉预应力筋并用夹具临时固定，再浇筑混凝土，待混凝土达到一定强度后，放张预应力筋，通过预应力筋与混凝土的粘结力，使混凝土产生预压应力的施工方法。

7. 后张法

在混凝土达到一定强度的构件或结构中，张拉预应力筋并用锚具永久固定，使混凝土产生预压应力的施工方法。

8. 后浇带

考虑环境温度变化、混凝土收缩、结构不均匀沉降等因素，将梁、板（包括基础底板）、墙分割为若干部分，经过一定时间后再浇筑的具有一定宽度的混凝土带。

18.3 基本规定

18.3.1 施工管理

（1）承担混凝土结构工程施工的施工单位应具备相应的资质，并应建立相应的质量管理体系、施工质量控制和检验制度。

（2）施工项目部的机构设置和人员组成，应满足混凝土结构工程施工管理的需要。施工操作人员应经过培训，应具备各自岗位需要的基础知识和技能水平。

（3）施工前，应由建设单位组织设计、施工、监理等单位对设计文件进行交底和会审。由施工单位完成的深化设计文件应经原设计单位确认。

（4）施工单位应保证施工资料真实、有效、完整和齐全。施工项目技术负责人应组织施工全过程的资料编制、收集、整理和审核，并应及时存档、备案。

（5）施工单位应根据设计文件和施工组织设计的要求制订具体的施工方案，并应经监理单位审核批准后组织实施。

（6）混凝土结构工程施工前，施工单位应对施工现场可能发生的危害、灾害与突发事件制订应急预案。对应急预案应进行交底和培训，必要时应进行演练。

18.3.2 施工技术

（1）混凝土结构工程施工前，应根据结构类型、特点和施工条件，确定施工工艺，并应做好各项准备工作。

（2）对体形复杂、体量庞大或层数较多、跨度较大、地基情况复杂及施工环境条件特殊的混凝土结构工程，宜进行施工过程监测，并应及时调整施工控制措施。

（3）混凝土结构工程施工中采用的新技术、新工艺、新材料、新设备，应按有关规定进行评审、备案。施工前应对新的或首次采用的施工工艺进行评价，制订专门的施工方案，并经监理单位核准。

（4）混凝土结构工程施工中采用的专利技术，不应违反本规范的有关规定。

（5）混凝土结构工程施工应采取有效的环境保护措施。

18.3.3 施工质量与安全

(1) 混凝土结构工程各工序的施工，应在前一道工序质量检查合格后进行。

(2) 在混凝土结构工程施工过程中，应及时进行自检、互检和交接检，其质量不应低于国家标准《混凝土结构工程施工质量验收规范》（GB 50204—2015）的有关规定。对检查中发现的质量问题，应及时处理。

(3) 在混凝土结构工程施工过程中，对隐蔽工程应进行验收，对重要工序和关键部位应加强质量检查或进行测试，并应做出详细记录，同时宜留存图像资料。

(4) 混凝土结构工程施工使用的材料、产品和设备，应符合国家现行有关标准、设计文件和施工方案的规定。

(5) 原材料、半成品和成品进场时，应对其规格、型号、外观和质量证明文件进行检查，并应按国家标准《混凝土结构工程施工质量验收规范》（GB 50204—2015）等的有关规定进行检验。对来源稳定且连续检验合格，或经产品认证符合要求的产品进场时，可按本规范的有关规定放宽检验。

(6) 材料进场后，应按种类、规格、批次分开贮存与堆放，并应标识明晰。贮存与堆放条件不应影响材料品质。

(7) 混凝土结构工程施工前，施工单位应制订检测和试验计划，并应经监理（建设）单位批准后实施。监理（建设）单位应根据检测和试验计划制订见证计划。

(8) 施工中为各种检验目的所制作的试件应具有真实性和代表性，并应符合下列规定：

①所有试件均应及时进行唯一性标识；

②混凝土试件的抽样方法、抽样地点、抽样数量、养护条件、试验龄期应符合国家标准《混凝土结构工程施工质量验收规范》（GB 50204—2015）、《混凝土强度检验评定标准》（GB/T 50107—2010）等的有关规定；其制作要求、试验方法应符合国家标准《混凝土物理力学性能试验方法标准》（GB/T 50081—2019）等的有关规定；

③钢筋、预应力筋等试件的抽样方法、抽样数量、制作要求和试验方法应符合国家现行有关标准的规定。

(9) 施工现场应设置足够的平面和高程控制点作为确定结构位置的依据，其精度应符合规划、设计要求和施工需要，并应防止扰动。

(10) 混凝土结构工程施工中的安全措施、劳动保护、防火要求等，应符合国家现行有关标准的规定。

18.4 模板工程

18.4.1 一般规定

(1) 模板工程应编制专项施工方案。滑模、爬模等工具式模板工程及高大模板支架工程的专项施工方案，应进行技术论证。

（2）模板及支架应根据施工过程中的各种工况进行设计，应具有足够的承载力和刚度，并应保证其整体稳固性。

（3）模板及支架应保证工程结构和构件各部分形状、尺寸和位置准确，且应便于钢筋安装和混凝土浇筑、养护。

18.4.2　材料

（1）模板及支架材料的技术指标应符合国家现行有关标准的规定。

（2）模板及支架宜选用轻质、高强、耐用的材料。连接件宜选用标准定型产品。

（3）接触混凝土的模板表面应平整，并应具有良好的耐磨性和硬度；清水混凝土的模板面板材料应保证脱模后所需的饰面效果。

（4）脱模剂应能有效减小混凝土与模板间的吸附力，并应有一定的成模强度，且不应影响脱模后混凝土表面的后期装饰。

18.4.3　设计

（1）模板及支架的形式和构造应根据工程结构形式、荷载大小、地基土类别、施工设备和材料供应等条件确定。

（2）模板及支架的设计应包括下列内容：

①模板及支架的选型及构造设计；

②模板及支架上的荷载及其效应计算；

③模板及支架的承载力、刚度验算；

④模板及支架的抗倾覆验算；

⑤绘制模板及支架施工图。

（3）模板及支架的设计应符合下列规定：

①模板及支架的结构设计宜采用以分项系数表达的极限状态设计方法；

②模板及支架的结构分析中所采用的计算假定和分析模型，应有理论或试验依据，或经工程验证可行；

③模板及支架应根据施工期间各种受力工况进行结构分析，并确定其最不利的作用效应组合；

④承载力计算应采用荷载基本组合，变形验算应采用永久荷载标准组合。

（4）模板及支架设计时，应根据实际情况计算不同工况下的各项荷载。各项荷载的标准值可按本规范附录确定。

（5）模板及支架结构构件应按短暂设计状况进行承载力计算。承载力计算应符合下式要求：

$$\gamma_0 S \leqslant \frac{R}{\gamma_R} \tag{18-1}$$

式中 γ_0——结构重要性系数。对重要的模板及支架宜取 $\gamma_0 \geqslant 1.0$；对于一般的模板及支架应取 $\gamma_0 \geqslant 0.9$；

S——模板及支架的荷载基本组合的效应设计值；

R——模板及支架结构构件的承载力设计值，应按国家现行有关标准计算；

γ_R——承载力设计值调整系数，应根据模板及支架重复使用情况取用，不应小于1.0。

（6）模板及支架的荷载基本组合的效应设计值，可按下式计算：

$$S = 1.35\alpha \sum_{i \geqslant 1} S_{G_{ik}} + 1.4\psi_{cj} \sum_{j \geqslant 1} S_{Q_{jk}} \quad (18-2)$$

式中 $S_{G_{ik}}$——第 i 个永久荷载标准值产生的荷载效应值；

$S_{Q_{jk}}$——第 j 个可变荷载标准值产生的荷载效应值；

α——模板及支架的类型系数：对侧面模板，取0.9；对底面模板及支架，取1.0；

ψ_{cj}——第 j 个可变荷载的组合值系数，宜取 $\psi_{cj} \geqslant 0.9$。

（7）参与模板及支架承载力计算的各项荷载确定，并应采用最不利的荷载效应组合进行设计。参与组合的永久荷载应包括模板及支架自重（G_1）、新浇筑混凝土自重（G_2）、钢筋自重（G_3）及新浇筑混凝土对模板的侧压力（G_4）等；参与组合的可变荷载宜包括施工人员及施工设备产生的荷载（Q_1）、混凝土下料产生的水平荷载（Q_2）、泵送混凝土或不均匀堆载等因素产生的附加水平荷载（Q_3）及风荷载（Q_4）等，见表18-1。

表18-1 参与模板及支架承载力计算的各项荷载

计算内容		参与荷载项
模板	底面模板的承载力	$G_1+G_2+G_3+Q_1$
	侧面模板的承载力	G_4+Q_2
支架	支架水平杆及节点的承载力	$G_1+G_2+G_3+Q_1$
	立杆的承载力	$G_1+G_2+G_3+Q_1+Q_4$
	支架结构的整体稳定	$G_1+G_2+G_3+Q_1+Q_3$ $G_1+G_2+G_3+Q_1+Q_4$

注：表中的"+"仅表示各项荷载参与组合，而不表示代数相加。

（8）模板及支架的变形验算应符合下列要求：

$$\alpha_{fG} \leqslant \alpha_{f,lim} \quad (18-3)$$

式中 α_{fG}——构件变形值，按永久荷载标准组合计算；

$\alpha_{f,lim}$——构件变形限值。

（9）模板及支架的变形限值应根据结构工程要求确定，并宜符合下列规定：

①对结构表面外露的模板，其挠度限值宜取模板构件计算跨度的1/400；

②对结构表面隐蔽的模板，其挠度限值宜取模板构件计算跨度的1/250；

③支架的轴向压缩变形限值或侧向挠度限值宜取计算高度或计算跨度的1/1000。

(10) 支架的高宽比不宜大于3；当高宽比大于3时，应增设整体稳固性措施。

(11) 支架抗倾覆验算应考虑混凝土浇筑前和混凝土浇筑时两个工况。支架的抗倾覆验算应满足下式要求：

$$\gamma_0 M_0 \leqslant M_r \tag{18-4}$$

式中 M_0——支架的倾覆力矩设计值，其中永久荷载的分项系数取1.35，可变荷载的分项系数取1.4；

M_r——支架的抗倾覆力矩设计值，其中永久荷载的分项系数取0.9，可变荷载的分项系数取0。

(12) 支架结构中钢构件的长细比不应超过表18-2中规定的容许值。

表18-2 支架结构钢构件容许长细比

构件类别	容许长细比
受压构件的支架立柱及桁架	180
受压构件的斜撑、剪刀撑	200
受拉构件的钢杆件	350

(13) 对于多层楼板连续支模情况，应计入荷载在多层楼板间传递的效应，宜分别验算最不利工况下的支架和楼板结构的承载力。

(14) 支承于地基土上的支架，应按国家标准《建筑地基基础设计规范》（GB 50007—2011）的有关规定对地基土进行验算；支承于混凝土结构构件上的支架，应按国家标准《混凝土结构设计规范》（GB 50010—2010）的有关规定对混凝土结构构件进行验算。

(15) 采用钢管和扣件搭设的支架设计时，应符合下列规定：

①钢管和扣件搭设的支架宜采用中心传力方式；

②立杆顶部承受水平杆扣件传递的垂直荷载时，立杆应按不小于50mm的偏心距进行承载力验算，立杆的单根承载力不应大于12kN；

③立杆顶部承受水平杆扣件传递的垂直荷载时，高大模板支架的立杆应按不小于100mm的偏心距进行承载力验算，高大模板支架立杆的单根承载力不应大于10kN；

④支承模板荷载的顶部水平杆可按受弯构件进行承载力验算；

⑤扣件抗滑移承载力验算可按行业标准《建筑施工扣件式钢管脚手架安全技术规范》（JGJ 130—2011）的有关规定执行。

(16) 采用门式、碗扣式、盘扣式或盘销式等钢管架搭设的支架，应采用支架立柱杆端插入可调托座的中心传力方式，其承载力及刚度可按国家现行有关标准的规定进行验算。

18.4.4 制作与安装

(1) 模板应按图加工、制作。通用性强的模板宜制作成定型模板。

（2）模板面板背侧的木方高度应一致。制作胶合板模板时，其板面拼缝处应密封。地下室外墙和人防工程墙体的模板对拉螺栓中部应设止水片，止水片应与对拉螺栓环焊。

（3）与通用钢管支架匹配的专用支架，应按图加工、制作。搁置于支架顶端可调托座上的主梁，可采用木方、木工字梁或截面对称的型钢制作。

（4）支架立柱和竖向模板安装在基土上时，应符合下列规定：

①应设置具有足够强度和支承面积的垫板，且应中心承载；

②基土应坚实，并应有排水措施；对湿陷性黄土，应有防水措施；对冻胀性土，应有防冻融措施；

③对软土地基，当需要时可采用堆载预压的方法调整模板面安装高度。

（5）竖向模板安装时，应在安装基层面上测量放线，并应采取保证模板位置准确的定位措施。对竖向模板及支架，安装时应有临时稳定措施。应根据混凝土一次浇筑高度和浇筑速度，采取合理的竖向模板抗侧移、抗浮和抗倾覆措施。安装位于高空的模板时，应有可靠的防倾覆措施。

（6）对跨度不小于4m的梁、板，其模板起拱高度宜为梁、板跨度的1/1000～3/1000。

（7）采用扣件式钢管作模板支架时，支架搭设应符合下列规定：

①模板支架搭设所采用的钢管、扣件规格应符合设计要求；立杆纵距、立杆横距、支架步距以及构造要求应符合专项施工方案要求；

②立杆纵距、立杆横距不应大于1.5m，支架步距不应大于2.0m；立杆纵向和横向宜设置扫地杆，纵向扫地杆距立杆底部不宜大于200mm，横向扫地杆宜设置在纵向扫地杆的下方；立杆底部应设置底座或垫板；

③立杆接头除顶层步距可采用搭接外，其余各层步距接头应采用对接扣件连接，两个相邻立杆的接头不应设置在同一步距内；

④立杆步距的上下两端应设置双向水平杆，水平杆与立杆的交错点应采用扣件连接，双向水平杆与立杆的连接扣件之间的距离不应大于150mm；

⑤支架周边应连续设置竖向剪刀撑。支架长度或宽度大于6m时，应设置中部纵向或横向的竖向剪刀撑，剪刀撑的间距和单幅剪刀撑的宽度均不宜大于8m，剪刀撑与水平杆的夹角宜控制在45°～60°；支架高度大于3倍步距时，支架顶部宜设置一道水平剪刀撑，剪刀撑应延伸至周边；

⑥立杆、水平杆、剪刀撑的搭接长度不应小于0.8m，且不应少于2个扣件连接，扣件盖板边缘至杆端不应小于100mm；

⑦扣件螺栓的拧紧力矩不应小于40N·m，且不应大于65N·m；

⑧支架立杆搭设的垂直偏差不宜大于1/200。

（8）采用扣件式钢管作高大模板支架时，支架搭设应完整，尚应符合下列规定：

①宜在支架立杆顶部插入可调托座，可调托座螺杆外径不应小于36mm，插入深度不

应小于180mm，伸出长度不应大于400mm，可调托座的顶部距支架顶部水平杆的距离不应大于600mm；

②立杆纵距、立杆横距不应大于1.2m，支架步距不应大于1.8m；

③立杆顶部接头采用搭接时，搭接长度不应小于1m，且不应少于3个扣件连接；

④立杆纵向和横向应设置扫地杆，纵向扫地杆距立杆底部不宜大于200mm；

⑤支架宜设置中部纵向或横向的竖向剪刀撑，剪刀撑的间距不宜大于5m；沿支架高度方向搭设的水平剪刀撑的间距不宜大于6m；

⑥支架立杆的搭设垂直偏差不宜大于1/200，且不宜大于100mm；

⑦支架应根据周边结构的情况，采取有效的连接措施加强支架整体稳固性，支架和周边结构的连接措施方案应进行技术论证。

(9) 采用碗扣式、插接式和盘销式钢管架搭设模板支架时，应符合下列规定：

①碗扣架或盘销架的水平杆与立柱的扣接应牢靠，不应滑脱；

②立杆上的上、下层水平杆间距不应大于1.8m；

③插入立杆顶端可调托座伸出顶层水平杆的悬臂长度不应超过650mm，螺杆插入钢管的长度不应小于150mm，其直径应满足与钢管内径间隙不小于6mm的要求。架体最顶层的水平杆步距应比标准步距缩小一个节点间距；

④立柱间应设置专用斜杆或扣件钢管斜杆加强模板支架。

(10) 采用门式钢管架搭设模板支架时，应符合行业标准《建筑施工门式钢管脚手架安全技术规范》(JGJ 128—2019)的有关规定。当支架高度较大或荷载较大时，宜采用主立杆钢管直径不小于48mm并有横杆加强杆的门架搭设。

(11) 支架的垂直斜撑和水平斜撑应与支架同步搭设，架体应与成型的混凝土结构拉结。钢管支架的垂直斜撑和水平斜撑的搭设应符合国家现行有关钢管脚手架标准的规定。

(12) 对现浇多层、高层混凝土结构，上、下楼层模板支架的立杆应对准，模板及支架杆件等应分散堆放。

(13) 模板安装应保证混凝土结构构件各部分形状、尺寸和相对位置准确，并应防止漏浆。

(14) 模板安装应与钢筋安装配合进行，梁柱节点的模板宜在钢筋安装后安装。

(15) 模板与混凝土接触面应清理干净并涂刷脱模剂，脱模剂不得污染钢筋和混凝土接槎处。

(16) 后浇带的模板及支架应独立设置。

(17) 固定在模板上的预埋件、预留孔和预留洞均不得遗漏，且应安装牢固、位置准确。

18.4.5 拆除与维护

(1) 模板拆除时，可采取先支的后拆、后支的先拆，先拆非承重模板、后拆承重模板的顺序，并应从上而下进行拆除。

（2）混凝土强度达到设计要求后，方可拆除底模及支架；当设计无具体要求时，同条件养护的混凝土立方体试件抗压强度应符合表 18-3 的规定。

表 18-3　底模拆除时的混凝土强度要求

构件类型	构件跨度（m）	按达到设计混凝土强度等级值的百分率计（%）
板	≤2	≥50
	>2，≤8	≥75
	>8	≥100
梁、拱、壳	≤8	≥75
	>8	≥100
悬臂结构		≥100

（3）当混凝土强度能保证其表面及棱角不受损伤时，方可拆除侧模。

（4）多个楼层间连续支模的底层支架拆除时间，应根据连续支模的楼层间荷载分配和混凝土强度的增长情况确定。

（5）快拆支架体系的支架立杆间距不应大于 2m。拆模时应保留立杆并顶托支承楼板，拆模时的混凝土强度可按本规范表 18-3 中构件跨度为 2m 的规定确定。

（6）对于后张预应力混凝土结构构件，侧模宜在预应力筋张拉前拆除；底模支架不应在结构构件建立预应力前拆除。

（7）拆下的模板及支架杆件不得抛扔，应分散堆放在指定地点，并应及时清运。

（8）模板拆除后应将其表面清理干净，对变形和损伤部位应进行修复。

18.4.6　质量检查

（1）模板、支架杆件和连接件的进场检查应符合下列规定：

①模板表面应平整；胶合板模板的胶合层不应脱胶翘角；支架杆件应平直，应无严重变形和锈蚀；连接件应无严重变形和锈蚀，并不应有裂纹；

②模板规格、支架杆件的直径、壁厚等，应符合设计要求；

③对在施工现场组装的模板，其组成部分的外观和尺寸应符合设计要求；

④必要时，应对模板、支架杆件和连接件的力学性能进行抽样检查；

⑤对外观，应在进场时和周转使用前全数检查；

⑥对尺寸和力学性能可按国家现行有关标准的规定进行抽样检查。

（2）对固定在模板上的预埋件、预留孔和预留洞，应检查其数量和尺寸，允许偏差应符合表 18-4 的规定。

表 18-4 预埋件、预留孔和预留洞的允许偏差

项目		允许偏差（mm）
预埋钢板中心线位置		3
预埋管、预留孔中心线位置		3
插筋	中心线位置	5
	外露长度	+10，0
预埋螺栓	中心线位置	2
	外露长度	+10，0
预留洞	中心线位置	10
	截面内部尺寸	+10，0

（3）对现浇结构模板，应检查尺寸，允许偏差和检查方法应符合表 18-5 的规定。

表 18-5 现浇结构模板允许偏差和检查方法

项目		允许偏差（mm）	检查方法
轴线位置		5	钢尺检查
底模上表面标高		±5	水准仪或拉线、钢尺检查
截面内部尺寸	基础	±10	钢尺检查
	柱、墙、梁	+4，-5	钢尺检查
层高垂直度	全高不大于5m	6	经纬仪或吊线、钢尺检查
	全高大于5m	8	经纬仪或吊线、钢尺检查
相邻两板表面高低差		2	钢尺检查
表面平整度		5	2m靠尺和塞尺检查

（4）对预制构件模板，首次使用及大修后应全数检查其尺寸，使用中应定期检查并不定期抽查其尺寸，允许偏差和检查方法应符合表 18-6 的规定。

表 18-6 预制构件模板允许偏差和检查方法

项目		允许偏差（mm）	检查方法
长度	板、梁	±5	钢尺量两角边，取其中较大值
	薄腹梁、桁架	±10	
	柱	0，-10	
	墙板	0，-5	
宽度	板、墙板	0，-5	钢尺量一端及中部，取其中较大值
	梁、薄腹梁、桁架、柱	+2，-5	
高（厚）度	板	+2，-3	钢尺量一端及中部，取其中较大值
	墙板	0，-5	
	梁、薄腹梁、桁架、柱	+2，-5	

续表

项目		允许偏差（mm）	检查方法
构件长度 l 内的侧向弯曲	梁、板、柱	l/1000 且≤15	拉线、钢尺量最大弯曲处
	墙板、薄腹梁、桁架	l/1500 且≤15	
板的表面平整度		3	2m 靠尺和塞尺检查
相邻两板表面高低差		1	2m 靠尺和塞尺检查
对角线差	板	7	钢尺量两个对角线
	墙板	5	
翘曲	板、墙板	l/1500	调平尺在两端量测
设计起拱	薄腹梁、桁架、梁	±3	拉线、钢尺量跨中

注：l 为构件长度（mm）。

(5) 对扣件式钢管支架，应进行下列检查：

①按设计方案搭设的混凝土梁下支架立杆间距的偏差不应大于 50mm，混凝土板下支架立杆间距的偏差不应大于 100mm；水平杆间距的偏差不应大于 50mm；

②应检查支架顶部承受模板荷载的水平杆与支架立杆连接的扣件数量，采用双扣件构造设置的抗滑移扣件，其上下应顶紧，间隙不应大于 2mm；

③支架顶部承受模板荷载的水平杆与支架立杆连接的扣件拧紧力矩不应小于 40N·m，且不应大于 65N·m；支架每步双向水平杆应与立杆扣接，不得缺失。

(6) 对碗扣式、门式、插接式和盘销式钢管支架，应进行下列检查：

①插入立杆顶端可调托撑伸出顶层水平杆的悬臂长度，不应超过 650mm；

②水平杆杆端与立杆连接的碗扣、插接和盘销的连接状况，不应松脱；

③按规定设置的垂直和水平斜撑。

18.5 钢筋工程

18.5.1 一般规定

(1) 钢筋工程宜采用高强钢筋和专业化生产的成型钢筋。

(2) 钢筋连接方式应根据设计要求和施工条件选用。

(3) 当需要进行钢筋代换时，应办理设计变更文件。

18.5.2 材料

(1) 钢筋的性能应符合国家现行有关标准的规定。常用钢筋的公称直径、公称截面面积、计算截面面积及理论质量应符合本规范附录 B 的规定。

(2) 对有抗震设防要求的结构，其纵向受力钢筋的性能应满足设计要求；当设计无具体要求时，对按一、二、三级抗震等级设计的框架和斜撑构件（含梯段）中的纵向受力钢筋应采用 HRB335E、HRB400E、HRB500E、HRBF335E、HRBF400E 或 HRBF500E 钢筋，其强度和最大力下总伸长率的实测值应符合下列规定：

①钢筋的抗拉强度实测值与屈服强度实测值的比值不应小于 1.25；

②钢筋的屈服强度实测值与屈服强度标准值的比值不应大于 1.30；

③钢筋的最大力下总伸长率不应小于 9%。

（3）施工过程中应采取防止钢筋混淆、锈蚀或损伤的措施。

（4）施工中发现钢筋脆断、焊接性能不良或力学性能显著不正常等现象时，应停止使用该批钢筋，并对该批钢筋进行化学成分检验或其他专项检验。

18.5.3 钢筋加工

（1）钢筋加工前应将表面清理干净。表面有颗粒状、片状老锈或有损伤的钢筋不得使用。

（2）钢筋加工宜在常温状态下进行，加工过程中不应加热钢筋。钢筋弯折应一次完成，不得反复弯折。

（3）钢筋宜采用机械设备进行调直，也可采用冷拉方法调直。当采用机械设备调直时，调直设备不应具有延伸功能。当采用冷拉方法调直时，HPB300 光圆钢筋的冷拉率不宜大于 4%；HRB335、HRB400、HRB500、HRBF335、HRBF400、HRBF500 及 RRB400 带肋钢筋的冷拉率不宜大于 1%。钢筋调直过程中不应损伤带肋钢筋的横肋。调直后的钢筋应平直，不应有局部弯折。

（4）受力钢筋的弯折应符合下列规定：

①光圆钢筋末端做 180°弯钩时，弯钩的弯后平直部分长度不应小于钢筋直径的 3 倍；

②光圆钢筋的弯弧内直径不应小于钢筋直径的 2.5 倍；

③400MPa 级带肋钢筋的弯弧内直径不应小于钢筋直径的 5 倍；

④直径为 28mm 以下的 500MPa 级带肋钢筋的弯弧内直径不应小于钢筋直径的 6 倍，直径为 28mm 及以上的 500MPa 级带肋钢筋的弯弧内直径不应小于钢筋直径的 7 倍；

⑤框架结构的顶层端节点，对梁上部纵向钢筋、柱外侧纵向钢筋在节点角部弯折处，当钢筋直径为 28mm 以下时，弯弧内直径不宜小于钢筋直径的 12 倍，钢筋直径为 28mm 及以上时，弯弧内直径不宜小于钢筋直径的 16 倍；

⑥箍筋弯折处的弯弧内直径尚不应小于纵向受力钢筋直径。

（5）除焊接封闭箍筋外，箍筋、拉筋的末端应按设计要求做弯钩。当设计无具体要求时，应符合下列规定：

①箍筋、拉筋弯钩的弯弧内直径应符合本规范的规定；

②对一般结构构件，箍筋弯钩的弯折角度不应小于 90°，弯折后平直部分长度不应小于箍筋直径的 5 倍；对有抗震设防及设计有专门要求的结构构件，箍筋弯钩的弯折角度不

应小于135°，弯折后平直部分长度不应小于箍筋直径的10倍和75mm的较大值；

③圆柱箍筋的搭接长度不应小于钢筋的锚固长度，两末端均应做135°弯钩，弯折后平直部分长度对一般结构构件不应小于箍筋直径的5倍，对有抗震设防要求的结构构件不应小于箍筋直径的10倍；

④用作箍筋的拉筋，其两端弯钩应符合本条第2款的有关规定；其他拉筋的两端弯钩可采用一端135°另一端90°，弯折后平直部分长度不应小于拉筋直径的5倍。

(6) 焊接封闭箍筋宜采用闪光对焊，也可采用气压焊或单面搭接焊，并宜采用专用设备进行焊接。焊接封闭箍筋下料长度和端头加工应按焊接工艺确定。多边形焊接封闭箍筋的焊点设置应符合下列规定：

①每个箍筋的焊点数量应为1个，焊点宜位于多边形箍筋中的某边中部，且距箍筋弯折处的位置不宜小于100mm；

②矩形柱箍筋焊点宜设在柱短边，等边多边形柱箍筋焊点可设在任一边；不等边多边形柱箍筋应加工成焊点位于不同边上的两种类型；

③梁箍筋焊点应设置在顶边或底边。

18.5.4 钢筋连接与安装

(1) 钢筋的接头宜设置在受力较小处。同一纵向受力钢筋不宜设置两个或两个以上的接头。接头末端至钢筋弯起点的距离不应小于钢筋公称直径的10倍。

(2) 钢筋机械连接应符合行业标准《钢筋机械连接技术规程》（JGJ 107—2016）的规定。钢筋焊接连接应符合行业标准《钢筋焊接及验收规程》（JGJ 18—2012）的规定。

(3) 当纵向受力钢筋采用机械连接或焊接时，设置在同一构件内的接头宜相互错开。每层柱第一个钢筋接头位置距楼地面高度不宜小于500mm、柱高的1/6及柱截面长边（或直径）的较大值；连续梁、板的上部钢筋接头位置宜设置在跨中1/3跨度范围内，下部钢筋接头位置宜设置在梁端1/3跨度范围内。

纵向受力钢筋机械连接接头及焊接接头连接区段的长度应为35d（d为纵向受力钢筋的较大直径）且不应小于500mm，凡接头中点位于该连接区段长度内的接头均应属于同一连接区段。同一连接区段内，纵向受力钢筋接头面积百分率为该区段内有接头的纵向受力钢筋截面面积与全部纵向受力钢筋截面面积的比值。

同一连接区段内，纵向受力钢筋的接头面积百分率应符合下列规定：

①在受拉区不宜超过50%，但装配式混凝土结构构件连接处可根据实际情况适当放宽；受压接头可不受限制；

②接头不宜设置在有抗震要求的框架梁端、柱端的箍筋加密区；当无法避开时，对等强度高质量机械连接接头，不应超过50%；

③直接承受动力荷载的结构构件中，不宜采用焊接；当采用机械连接时，不应超过50%。

（4）同一构件中相邻纵向受力钢筋的绑扎搭接接头宜相互错开。绑扎搭接接头中钢筋的横向净间距 s 不应小于钢筋直径，且不应小于25mm。纵向受力钢筋绑扎搭接接头的最小搭接长度应符合本规范附录的规定。

纵向受力钢筋绑扎搭接接头连接区段的长度应为 $1.3l_l$（l_l 为搭接长度），凡搭接接头中点位于该连接区段长度内的搭接接头均应属于同一连接区段。同一连接区段内，纵向受力钢筋接头面积百分率为该区段内有接头的纵向受力钢筋截面面积与全部纵向受力钢筋截面面积的比值。

同一连接区段内，纵向受拉钢筋绑扎搭接接头面积百分率应符合下列规定：

①梁、板类构件不宜超过25%，基础筏板不宜超过50%；

②柱类构件，不宜超过50%；

③当工程中确有必要增大接头面积百分率时，对梁类构件，不应大于50%；对其他构件，可根据实际情况适当放宽（图18-1）。

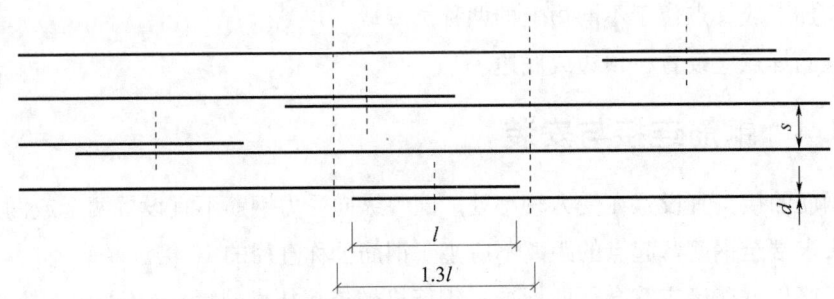

图 18-1　钢筋绑扎搭接接头连接区段及接头面积百分率

注：图18-1中所示搭接接头同一连接区段内的搭接钢筋为两根，当各钢筋直径相同时，接头面积百分率为50%。

（5）在梁、柱类构件的纵向受力钢筋搭接长度范围内，应按设计要求配置箍筋。当设计无具体要求时，应符合下列规定：

①箍筋直径不应小于搭接钢筋较大直径的0.25倍；

②受拉搭接区段，箍筋间距不应大于搭接钢筋较小直径的5倍，且不应大于100mm；

③受压搭接区段，箍筋间距不应大于搭接钢筋较小直径的10倍，且不应大于200mm；

④当柱中纵向受力钢筋直径大于25mm时，应在搭接接头两个端面外100mm范围内各设置两个箍筋，其间距宜为50mm。

（6）钢筋绑扎应符合下列规定：

①钢筋的绑扎搭接接头应在接头中心和两端用铁丝扎牢。

②墙、柱、梁钢筋骨架中各垂直面钢筋网交叉点应全部扎牢；板上部钢筋网的交叉点应全部扎牢，底部钢筋网除边缘部分外可间隔交错扎牢。

③梁、柱的箍筋弯钩及焊接封闭箍筋的对焊点应沿纵向受力钢筋方向错开设置。构件同一表面，焊接封闭箍筋的对焊接头面积百分率不宜超过50%。

④填充墙构造柱纵向钢筋宜与框架梁钢筋共同绑扎。

⑤梁及柱中箍筋、墙中水平分布钢筋及暗柱箍筋、板中钢筋距构件边缘的距离宜为50mm。

（7）构件交接处的钢筋位置应符合设计要求。当设计无要求时，应优先保证主要受力构件和构件中主要受力方向的钢筋位置。框架节点处梁纵向受力钢筋宜置于柱纵向钢筋内侧；次梁钢筋宜放在主梁钢筋内侧；剪力墙中水平分布钢筋宜放在外部，并在墙边弯折锚固。

（8）钢筋安装应采用定位件固定钢筋的位置，并宜采用专用定位件。定位件应具有足够的承载力、刚度、稳定性和耐久性。定位件的数量、间距和固定方式应能保证钢筋的位置偏差符合国家现行有关标准的规定。混凝土框架梁、柱保护层内，不宜采用金属定位件。

（9）钢筋安装过程中，如因施工操作需要而对钢筋进行焊接时，应符合行业标准《钢筋焊接及验收规程》（JGJ 18—2012）的有关规定。

（10）采用复合箍筋时，箍筋外围应封闭。梁类构件复合箍筋内部宜选用封闭箍筋，单数筋也可采用拉筋；柱类构件复合箍筋内部可部分采用拉筋。

（11）钢筋安装应采取可靠措施防止钢筋受模板、模具内表面的脱模剂污染。

18.5.5 质量检查

（1）钢筋进场质量检查应符合下列规定：

①应检查钢筋的质量证明书；

②应按国家现行有关标准的规定抽样检验屈服强度、抗拉强度、伸长率、弯曲性能及单位长度质量偏差；

（2）成型钢筋进场时，应检查成型钢筋的质量证明书及成型钢筋所用材料的检验合格报告，并应抽样检验成型钢筋的屈服强度、抗拉强度、伸长率。检验批量可由合同约定，且同一工程、同一原材料来源、同一组生产设备生产的成型钢筋，检验批量不宜大于100t。

（3）盘卷供货的钢筋冷拉调直后，应检查力学性能和单位长度质量偏差。

（4）钢筋加工后，应检查尺寸偏差；钢筋安装后，应检查位置偏差。

（5）在施工现场，应按行业标准《钢筋机械连接技术规程》（JGJ 107—2016）、《钢筋焊接及验收规程》（JGJ 18—2012）的有关规定抽取钢筋机械连接接头、焊接接头试件做力学性能检验。

18.6 混凝土制备与运输

18.6.1 一般规定

（1）混凝土结构施工宜采用预拌混凝土。

（2）混凝土制备应符合下列规定：

①预拌混凝土应符合国家标准《预拌混凝土》（GB/T 14902—2012）的规定；

②现场搅拌混凝土宜采用具有自动计量装置的设备集中搅拌；

③当不具备本条第①、②款规定的条件时，应采用符合国家标准《混凝土搅拌机》(GB/T 9142—2000)的搅拌机进行搅拌，并应配备计量装置。

(3) 混凝土运输应符合下列规定：

①混凝土宜采用搅拌运输车运输，运输车辆应符合国家现行有关标准的规定；

②运输过程中应保证混凝土拌合物的均匀性和工作性；

③应采取保证连续供应的措施，并应满足现场施工的需要。

18.6.2 原材料

(1) 混凝土原材料的主要技术指标应符合本规范附录和国家现行有关标准的规定。

(2) 水泥的选用应符合下列规定：

①水泥品种与强度等级应根据设计、施工要求以及工程所处环境条件确定；

②普通混凝土宜选用通用硅酸盐水泥，有特殊需要时，也可选用其他品种水泥；

③对于有抗渗、抗冻融要求的混凝土，宜选用硅酸盐水泥或普通硅酸盐水泥；

④处于潮湿环境的混凝土结构，当使用碱活性骨料时，宜采用低碱水泥。

(3) 粗骨料宜选用粒形良好、质地坚硬的洁净碎石或卵石，并应符合下列规定：

①粗骨料最大粒径不应超过构件截面最小尺寸的1/4，且不应超过钢筋最小净间距的3/4；对实心混凝土板，粗骨料的最大粒径不宜超过板厚的1/3，且不应超过40mm；

②粗骨料宜采用连续粒级，也可用单粒级组合成满足要求的连续粒级；

③含泥量、泥块含量指标应符合本规范附录的规定。

(4) 细骨料宜选用级配良好、质地坚硬、颗粒洁净的天然砂或机制砂，并应符合下列规定：

①细骨料宜选用Ⅱ区中砂。当选用Ⅰ区砂时，应提高砂率，并应保持足够的胶凝材料用量，满足混凝土的工作性要求；当采用Ⅲ区砂时，宜适当降低砂率；

②混凝土细骨料中氯离子含量，对钢筋混凝土，按干砂的质量百分率计算不得大于0.06%；对预应力混凝土，按干砂的质量百分率计算不得大于0.02%；

③含泥量、泥块含量指标应符合本规范附录的规定；

④海砂应符合行业标准《海砂混凝土应用技术规范》(JGJ 206—2010)的规定。

(5) 强度等级为C60及以上的混凝土所用骨料除应符合本规范规定外，还应符合下列规定：

①粗骨料压碎指标的控制值应经试验确定；

②粗骨料最大粒径不宜大于25mm，针片状颗粒含量不宜大于8.0%，含泥量不应大于0.5%，泥块含量不应大于0.2%；

③细骨料细度模数宜控制为2.6~3.0，含泥量不应大于2.0%，泥块含量不应大于0.5%。

(6) 对于有抗渗、抗冻融或其他特殊要求的混凝土，宜选用连续级配的粗骨料，最大粒径不宜大于40mm，含泥量不应大于1.0%，泥块含量不应大于0.5%；所用细骨料含泥量不应大于3.0%，泥块含量不应大于1.0%。

(7) 矿物掺合料的选用应根据设计、施工要求以及工程所处环境条件确定，其掺量应通过试验确定。

(8) 外加剂的选用应根据设计、施工要求，混凝土原材料性能以及工程所处环境条件等因素通过试验确定，并应符合下列规定：

①当使用碱活性骨料时，由外加剂带入的碱含量（以当量氧化钠计）不宜超过1.0kg/m³，混凝土总碱含量尚应符合国家标准《混凝土结构设计规范（2015年版）》（GB 50010—2010）的有关规定；

②不同品种外加剂首次复合使用时，应检验混凝土外加剂的相容性。

(9) 混凝土拌和及养护用水应符合行业标准《混凝土用水标准》（JGJ 63—2006）的规定。

(10) 未经处理的海水严禁用钢筋混凝土结构和预应力混凝土结构中混凝土的拌制和养护。

(11) 原材料进场后，应按种类、批次分开储存与堆放，应标识明晰，并应符合下列规定：

①散装水泥、矿物掺合料等粉体材料应采用散装罐分开储存。袋装水泥、矿物掺合料、外加剂等应按品种、批次分开码垛堆放，并应采取防雨、防潮措施，高温季节应有防晒措施；

②骨料应按品种、规格分别堆放，不得混入杂物，并应保持洁净和颗粒级配均匀。骨料堆放场地的地面应做硬化处理，并应采取排水、防尘和防雨等措施；

③液体外加剂应放置于阴凉干燥处，应防止日晒、污染、浸水，使用前应搅拌均匀；如有离析、变色等现象，应经检验合格后再使用。

18.6.3 混凝土配合比

(1) 混凝土配合比设计应符合下列要求，并应经试验确定：

①应在满足混凝土强度、耐久性和工作性要求的前提下，减少水泥和水的用量；

②当有抗冻、抗渗、抗氯离子侵蚀和化学腐蚀等耐久性要求时，尚应符合国家标准《混凝土结构耐久性设计标准》（GB/T 50476—2019）的有关规定；

③应分析环境条件对施工及工程结构的影响；

④试配所用的原材料应与施工实际使用的原材料一致。

(2) 混凝土的配制强度应按下列规定计算：

①当设计强度等级小于C60时，配制强度应按式（18-5）确定：

$$f_{cu,0} \geqslant f_{cu,k} + 1.645\sigma \tag{18-5}$$

式中 $f_{cu,0}$——混凝土的配制强度（MPa）；

$f_{cu,k}$——混凝土的强度标准值（MPa）；

σ——混凝土的强度标准差（MPa）。

②当设计强度等级大于或等于C60时，配制强度应按式（18-6）确定：

$$f_{cu,0} \geqslant 1.15 f_{cu,k} \qquad (18-6)$$

(3) 混凝土强度标准差应按下列规定计算确定：

①当具有近期的同品种混凝土的强度资料时，其混凝土强度标准差σ应按式（18-7）计算：

$$\sigma = \sqrt{\frac{\sum_{i=1}^{n} f_{cu,i}^2 - n m_{fcu}^2}{n-1}} \qquad (18-7)$$

式中 $f_{cu,i}$——第i组的试件强度（MPa）；

m_{fcu}——n组试件的强度平均值（MPa）；

n——试件组数，n值不应小于30。

②按第①款计算混凝土强度标准差时，对于强度等级小于等于C30的混凝土，计算得到的σ大于等于3.0MPa时，应按计算结果取值；计算得到的σ小于3.0MPa时，σ应取3.0MPa；对于强度等级大于C30且小于C60的混凝土，计算得到的σ大于等于4.0MPa时，应按计算结果取值；计算得到的σ小于4.0MPa时，σ应取4.0MPa。

③当没有近期的同品种混凝土强度资料时，其混凝土强度标准差σ可按表18-7的规定采用。

表18-7 标准差σ值 （MPa）

混凝土强度标准值	≤C20	C25~C45	C50~C55
σ	4.0	5.0	6.0

(4) 混凝土的工作性，应根据结构形式、运输方式和距离、泵送高度、浇筑和振捣方式以及工程所处环境条件等确定。

(5) 混凝土最大水胶比和最小胶凝材料用量应符合行业标准《普通混凝土配合比设计规程》（JGJ 55—2011）的有关规定。

(6) 当设计文件对混凝土提出耐久性指标时，应进行相关耐久性试验验证。

(7) 大体积混凝土的配合比设计应符合下列规定：

①在保证混凝土强度及工作性要求的前提下，应采取提高矿物掺合料、骨料含量等措施降低水泥用量，并宜采用低、中水化热水泥；

②温度控制要求较高的大体积混凝土，其胶凝材料用量、品种等宜通过水化热和绝热温升试验确定；

③宜采用高性能减水剂。

(8) 混凝土配合比的试配、调整和确定应按下列步骤进行：

①采用工程实际使用的原材料和计算配合比进行试配。每盘混凝土试配量不应小于20L；

②进行试拌，并调整砂率和外加剂掺量等使拌合物满足工作性要求，提出试拌配合比；

③在试拌配合比的基础上，调整胶凝材料用量，提出不少于3个配合比进行试配。根据试件的试压强度和耐久性试验结果，选定设计配合比；

④应对选定的设计配合比进行生产适应性调整，确定施工配合比；

⑤对采用搅拌运输车运输的混凝土，当运输时间较长时，试配时应控制混凝土坍落度经时损失值。

(9) 施工配合比应经有关人员批准。混凝土配合比使用过程中，应根据反馈的混凝土动态质量信息对配合比进行调整。

(10) 遇有下列情况时，应重新进行配合比设计：

①当混凝土性能指标有变化或有其他特殊要求时；

②当原材料品质发生显著改变时；

③同一配合比的混凝土生产间断三个月以上时。

18.6.4 混凝土搅拌

(1) 当粗、细骨料的实际含水量发生变化时，应及时调整粗、细骨料和拌合用水的用量。

(2) 混凝土搅拌时应对原材料用量准确计量，并应符合下列规定：

①计量设备的精度应符合现行国家标准《建筑施工机械与设备 混凝土搅拌站（楼）》（GB/T 10171—2016）的有关规定，并应定期校准，使用前设备应归零。

②原材料的计量应按质量计，水和外加剂溶液可按体积计，其允许偏差应符合表18-8的规定。

表18-8 混凝土原材料计量允许偏差 （%）

原材料品种	水泥	细骨料	粗骨料	水	矿物掺合料	外加剂
每盘计量允许偏差	±2	±3	±3	±1	±2	±1
累计计量允许偏差	±1	±2	±2	±1	±1	±1

注：1. 现场搅拌时原材料计量允许偏差应满足每盘计量允许偏差要求。
　　2. 累计计量允许偏差指每一运输车中各盘混凝土的每种材料计量的偏差。该项指标仅适用于采取计算机控制计量的搅拌站。
　　3. 骨料含水率应经常测定，雨雪天施工应增加测定次数。

(3) 采用分次投料搅拌方法时，应通过试验确定投料顺序、数量及分段搅拌的时间等工艺参数。矿物掺合料宜与水泥同步投料，液体外加剂宜滞后于水和水泥投料；粉状外加剂宜溶解后再投料。

(4) 混凝土应搅拌均匀，宜采用强制式搅拌机搅拌。混凝土搅拌的最短时间可按表 18-9 采用，当能保证搅拌均匀时可适当缩短搅拌时间。搅拌强度等级 C60 及以上的混凝土时，搅拌时间应适当延长。

表 18-9　混凝土搅拌的最短时间　　　　　　　　　　　　　（s）

混凝土坍落度（mm）	搅拌机机型	搅拌机出料量（L）		
		<250	250~500	>500
≤40	强制式	60	90	120
>40，且<100	强制式	60	60	90
≥100	强制式	60		

注：1. 混凝土搅拌时间是指从全部材料装入搅拌筒中起，到开始卸料时止的时间段；
　　2. 当掺有外加剂与矿物掺合料时，搅拌时间应适当延长；
　　3. 采用自落式搅拌机时，搅拌时间宜延长 30s；
　　4. 当采用其他形式的搅拌设备时，搅拌的最短时间也可按设备说明书的规定或经试验确定。

(5) 对首次使用的配合比应进行开盘鉴定，开盘鉴定应包括下列内容：
①混凝土的原材料与配合比设计所采用原材料的一致性；
②出机混凝土工作性与配合比设计要求的一致性；
③混凝土强度；
④有特殊要求时，还应包括混凝土耐久性能。

18.6.5　混凝土运输

(1) 采用混凝土搅拌运输车运输混凝土时，应符合下列规定：
①接料前，搅拌运输车应排净罐内积水；
②在运输途中及等候卸料时，应保持搅拌运输车罐体正常转速，不得停转；
③卸料前，搅拌运输车罐体宜快速旋转搅拌 20s 以上后再卸料。
(2) 采用混凝土搅拌运输车运输时，施工现场车辆出入口处应设置交通安全指挥人员，施工现场道路应顺畅，有条件时宜设置循环车道；危险区域应设置警戒标志；夜间施工时，应有良好的照明。
(3) 采用搅拌运输车运送混凝土，当坍落度损失较大不能满足施工要求时，可在运输车罐内加入适量的与原配合比相同成分的减水剂。减水剂加入量应事先由试验确定，并应做好记录。加入减水剂后，混凝土罐车应快速旋转搅拌均匀，并应达到要求的工作性能后再泵送或浇筑。
(4) 当采用机动翻斗车运输混凝土时，道路应通畅，路面应平整、坚实，临时坡道或支架应牢固，铺板接头应平顺。

18.6.6　质量检查

(1) 原材料进场时，供方应对进场材料按材料进场验收所划分的检验批提供相应的质量证明文件。外加剂产品还应提供使用说明书。当能够确认连续进场的材料为同一厂家的同批出厂材料时,也可按出厂的检验批提供质量证明文件。

(2) 原材料进场时,应对材料外观、规格、等级、生产日期等进行检查,并应对其主要技术指标按本规范规定划分检验批进行抽样检验,每个检验批检验不得少于1次。当符合下列条件之一时,检验时可将检验批量扩大1倍:

①对经产品认证机构认证符合要求的产品;

②来源稳定且连续三次检验合格;

③同一厂家的同批出厂材料,用于同时施工且属于同一工程项目的多个单位工程。

(3) 原材料进场检验应符合下列规定:

①应对水泥的强度、安定性及其他必要的性能指标进行检验。同一生产厂家、同一等级、同一品种、统一批号且连续进场的水泥,袋装不超过200t为一批,散装不超过500t为一批。

②应对粗骨料的颗粒级配、含泥量、泥块含量、针片状含量指标进行检验,压碎指标可根据工程需要进行检验。应对细骨料颗粒级配、含泥量、泥块含量指标进行检验。当设计文件有要求或结构处于易发生碱-骨料反应环境中时,应对骨料进行碱活性检验。抗冻等级F100及以上的混凝土用骨料应进行坚固性检验。骨料不超过400m³或600t为一检验批。

③应对矿物掺合料细度(比表面积)、需水量比(流动度比)、活性指数(抗压强度比)、烧失量指标进行检验。粉煤灰、矿渣粉、沸石粉不超过200t为一检验批,硅灰不超过30t为一检验批。

④应按外加剂产品标准规定对其主要匀质性指标和掺外加剂混凝土性能指标进行检验。同一品种外加剂不超过50t为一检验批。

⑤当采用饮用水作为混凝土用水时,可不检验。当采用中水、搅拌站清洗水或施工现场循环水等其他水源时,应对其成分进行检验。

(4) 当在使用中对水泥质量有怀疑或水泥出厂超过三个月(快硬硅酸盐水泥超过一个月)时,应进行复验,并应按复验结果使用。

(5) 混凝土在生产过程中应按下列规定进行检查:

①混凝土在生产前应检查混凝土所用原材料的品种、规格是否与施工配合比一致。在生产过程中应检查原材料实际称量误差是否满足要求,每一工作班应至少2次;

②每次开盘前应检查生产设备和控制系统是否正常,计量设备是否归零;

③混凝土拌合物的工作性检查每100m³不应少于1次,且每一工作班不应少于2次,必要时可增加检查次数;

④骨料含水率的检验每工作班不应少于1次;当雨雪天气等外界影响导致混凝土骨料含水率变化时,应及时检验;

⑤同一工程、同一配合比的混凝土的凝结时间应至少在开盘前检验1次。

(6) 混凝土应进行抗压强度试验。对有抗冻、抗渗等耐久性要求的混凝土,还应进行抗冻性、抗渗性等耐久性项目的试验。其试件留置方法和数量应按国家标准《混凝土结构工程施工质量验收规范》(GB 50204—2015)的有关规定执行。

(7) 采用预拌混凝土时,供方应提供混凝土配合比通知单、混凝土抗压强度报告、混凝土质量合格证和混凝土运输单;当需要其他资料时,供需双方应在合同中明确约定。预拌混凝土质量控制资料的保存期限,应满足工程质量追溯的要求。

(8) 混凝土拌合物工作性应检验其坍落度或维勃稠度,检验应符合下列规定:

①坍落度和维勃稠度的检验方法应符合国家标准《普通混凝土拌合物性能试验方法标准》(GB/T 50080—2016)的有关规定;

②坍落度、维勃稠度的允许偏差应符合表 18-10 的规定;

③预拌混凝土的坍落度检查应在交货地点进行;

④坍落度大于 220mm 的混凝土,可根据需要测定其坍落扩展度,扩展度的允许偏差标准为±30mm,见表 18-10。

表 18-10 坍落度、维勃稠度的允许偏差

坍落度(mm)			
设计值(mm)	≤40	50~90	≥100
允许偏差(mm)	±10	±20	±30
维勃稠度(s)			
设计值(s)	≥11	10~6	≤5
允许偏差(s)	±3	±2	±1

(9) 掺引气剂或引气型外加剂的混凝土拌合物,应按国家标准《普通混凝土拌合物性能试验方法标准》(GB/T 50080—2016)的有关规定检验含气量,含气量宜符合表 18-11 的规定。

表 18-11 混凝土含气量限值

粗骨料最大公称粒径(mm)	混凝土含气量(%)
20	≤5.5
25	≤5.0
40	≤4.5

18.7 现浇结构工程

18.7.1 一般规定

(1) 混凝土浇筑前应完成下列工作:

①隐蔽工程验收和技术复核;

②对操作人员进行技术交底;

③根据施工方案中的技术要求,检查并确认施工现场具备的实施条件;

④施工单位应填报浇筑申请单,并经监理单位签认。

(2) 混凝土拌合物入模温度不应低于5℃,且不应高于35℃。

(3) 混凝土运输、输送、浇筑过程中严禁加水;混凝土运输、输送、浇筑过程中散落的混凝土严禁用于结构混凝土浇筑。

(4) 混凝土应布料均衡。应对模板及支架进行观察和维护,发生异常情况应及时进行处理。混凝土浇筑和振捣应采取防止模板、钢筋、钢构、预埋件及其定位件移位的措施。

18.7.2 混凝土输送

(1) 混凝土输送宜采用泵送方式。

(2) 输送混凝土的管道、容器、溜槽不应吸水、漏浆,并应保证输送通畅。输送混凝土时应根据工程所处环境条件采取保温、隔热、防雨等措施。

(3) 混凝土输送泵的选择及布置应符合下列规定:

①输送泵的选型应根据工程特点、混凝土输送高度和距离、混凝土工作性确定;

②输送泵的数量应根据混凝土浇筑量和施工条件确定,必要时应设置备用泵;

③输送泵设置的位置应满足施工要求,场地应平整、坚实,道路应畅通;

④输送泵的作业范围不得有阻碍物;输送泵设置位置应有防范高空坠物的设施。

(4) 混凝土输送泵管的选择与支架的设置应符合下列规定:

①混凝土输送泵管应根据输送泵的型号、拌合物性能、总输出量、单位输出量、输送距离以及粗骨料粒径等进行选择。

②混凝土粗骨料最大粒径不大于25mm时,可采用内径不小于125mm的输送泵管;混凝土粗骨料最大粒径不大于40mm时,可采用内径不小于150mm的输送泵管。

③输送泵管安装接头应严密,输送泵管道转向宜平缓。

④输送泵管应采用支架固定,支架应与结构牢固连接,输送泵管转向处支架应加密。支架应通过计算确定,设置位置的结构应进行验算,必要时应对结构进行加固。

⑤垂直向上输送混凝土时,地面水平输送泵管的直管和弯管总的折算长度不宜小于垂直输送高度的0.2倍,且不宜小于15m。

⑥输送泵管倾斜或垂直向下输送混凝土,且高差大于20m时,应在倾斜或垂直管下端设置直管或弯管,直管或弯管总的折算长度不宜小于高差的1.5倍。

⑦垂直输送高度大于100m时,混凝土输送泵出料口处的输送泵管位置应设置截止阀。

⑧混凝土输送泵管及其支架应经常进行过程检查和维护。

(5) 混凝土输送布料设备的选择和布置应符合下列规定:

①布料设备的选择应与输送泵相匹配;布料设备的混凝土输送管内径宜与混凝土输送泵管内径相同;

②布料设备的数量及位置应根据布料设备工作半径、施工作业面大小以及施工要求确定;

③布料设备应安装牢固,且应采取抗倾覆稳定措施;布料设备安装位置处的结构或施工设施应进行验算,必要时应采取加固措施;

④应经常对布料设备的弯管壁厚进行检查,磨损较大的弯管应及时更换;

⑤布料设备作业范围不得有阻碍物,并应有防范高空坠物的设施。

(6) 输送泵输送混凝土应符合下列规定:

①应先进行泵水检查,并应湿润输送泵的料斗、活塞等直接与混凝土接触的部位;泵水检查后,应清除输送泵内积水;

②输送混凝土前,应先输送水泥砂浆对输送泵和输送管进行润滑,然后开始输送混凝土;

③输送混凝土速度应先慢后快、逐步加速,应在系统运转顺利后再按正常速度输送;

④输送混凝土过程中,应设置输送泵骨料斗网罩,并应保证骨料斗有足够的混凝土余量。

(7) 吊车配备斗容器输送混凝土时应符合下列规定:

①应根据不同结构类型以及混凝土浇筑方法选择不同的斗容器;

②斗容器的容量应根据吊车吊运能力确定;

③运输至施工现场的混凝土宜直接装入斗容器进行输送;

④斗容器宜在浇筑点直接布料。

(8) 升降设备配备小车输送混凝土时应符合下列规定:

①升降设备和小车的配备数量、小车行走路线及卸料点位置应能满足混凝土浇筑需要;

②运输至施工现场的混凝土宜直接装入小车进行输送,小车宜在靠近升降设备的位置进行装料。

18.7.3 混凝土浇筑

(1) 浇筑混凝土前,应清除模板内或垫层上的杂物。表面干燥的地基、垫层、模板上应洒水湿润;现场环境温度高于35℃时宜对金属模板进行洒水降温;洒水后不得留有积水。

(2) 混凝土浇筑应保证混凝土的均匀性和密实性。混凝土宜一次连续浇筑。

(3) 混凝土浇筑过程应分层进行,上层混凝土应在下层混凝土初凝之前浇筑完毕。

(4) 混凝土运输、输送入模的过程宜连续进行,从运输到输送入模的延续时间不宜超过表18-12的规定,且不应超过表18-13的限值规定。掺早强型减水外加剂、早强剂的混凝土以及有特殊要求的混凝土,应根据设计及施工要求,通过试验确定允许时间。

表 18-12　运输到输送入模的延续时间　　　　　　　　　　　　　　（min）

条件	气温	
	≤25℃	>25℃
不掺外加剂	90	60
掺外加剂	150	120

表 18-13　运输、输送入模及其间歇总的时间限值　　　　　　　（min）

条件	气温	
	≤25℃	>25℃
不掺外加剂	180	150
掺外加剂	240	210

（5）混凝土浇筑的布料点宜接近浇筑位置，应采取减少混凝土下料冲击的措施，并应符合下列规定：

①宜先浇筑竖向结构构件，后浇筑水平结构构件；

②浇筑区域结构平面有高差时，宜先浇筑低区部分再浇筑高区部分。

（6）柱、墙模板内的混凝土浇筑倾落高度应符合表 18-14 的规定；当不能满足表 18-14 的要求时，应加设串筒、溜管、溜槽等装置。

表 18-14　柱、墙模板内混凝土浇筑倾落高度限值　　　　　　　　　（m）

条件	浇筑倾落高度限值
粗骨料粒径大于 25mm	≤3
粗骨料粒径小于等于 25mm	≤6

注：当有可靠措施能保证混凝土不产生离析时，混凝土倾落高度可不受本表限制。

（7）混凝土浇筑后，在混凝土初凝前和终凝前宜分别对混凝土裸露表面进行抹面处理。

（8）柱、墙混凝土设计强度等级高于梁、板混凝土设计强度等级时，混凝土浇筑应符合下列规定：

①柱、墙混凝土设计强度比梁、板混凝土设计强度高一个等级时，柱、墙位置梁、板高度范围内的混凝土经设计单位同意，可采用与梁、板混凝土设计强度等级相同的混凝土进行浇筑。

②柱、墙混凝土设计强度比梁、板混凝土设计强度高两个等级及以上时，应在交界区域采取分隔措施。分隔位置应在低强度等级的构件中，且距高强度等级构件边缘不应小于 500mm。

③宜先浇筑高强度等级混凝土，后浇筑低强度等级混凝土。

（9）泵送混凝土浇筑应符合下列规定：

①宜根据结构形状及尺寸、混凝土供应、混凝土浇筑设备、场地内外条件等划分每台

输送泵浇筑区域及浇筑顺序；

②采用输送管浇筑混凝土时，宜由远而近浇筑；采用多根输送管同时浇筑时，其浇筑速度宜保持一致；

③润滑输送管的水泥砂浆用于湿润结构施工缝时，水泥砂浆应与混凝土浆液成分相同；接浆层厚度不应大于30mm，多余水泥砂浆应收集后运出；

④混凝土泵送浇筑应保持连续；当混凝土供应不及时，应采取间歇泵送方式；

⑤混凝土浇筑后，应清理输送泵和输送管。

(10) 施工缝或后浇带处浇筑混凝土应符合下列规定：

①结合面应为粗糙面，并应清除浮浆、疏松石子、软弱混凝土层；

②结合面处应洒水湿润，但不得有积水；

③施工缝处已浇筑混凝土的强度不应小于1.2MPa；

④柱、墙水平施工缝水泥砂浆接浆层厚度不应大于30mm，接浆层水泥砂浆应与混凝土浆液成分相同；

⑤后浇带混凝土强度等级及性能应符合设计要求；当设计无要求时，后浇带混凝土强度等级宜比两侧混凝土提高一级，并宜采用减少收缩的技术措施进行浇筑。

(11) 超长结构混凝土浇筑应符合下列规定：

①可留设施工缝分仓浇筑，分仓浇筑间隔时间不应少于7d；

②当留设后浇带时，后浇带封闭时间不得少于14d；

③超长整体基础中调节沉降的后浇带，混凝土封闭时间应通过监测确定，差异沉降应趋于稳定后再封闭后浇带；

④后浇带的封闭时间尚应经设计单位确认。

(12) 型钢混凝土结构浇筑应符合下列规定：

①混凝土粗骨料最大粒径不应大于型钢外侧混凝土保护层厚度的1/3，且不宜大于25mm；

②混凝土浇筑应有充分的下料位置，浇筑应能使混凝土充盈整个构件各部位；

③型钢周边混凝土浇筑宜同步上升，混凝土浇筑高差不应大于500mm。

(13) 钢管混凝土结构浇筑应符合下列规定：

1) 宜采用自密实混凝土浇筑；

2) 混凝土应采取减少收缩的措施；

3) 在钢管适当位置应留有足够的排气孔，排气孔孔径不应小于20mm；浇筑混凝土应加强排气孔观察，并应在确认浆体流出和浇筑密实后再封堵排气孔；

4) 当采用粗骨料粒径不大于25mm的高流态混凝土或粗骨料粒径不大于20mm的自密实混凝土时，混凝土最大倾落高度不宜大于9m；倾落高度大于9m时，应采用串筒、溜槽、溜管等辅助装置进行浇筑；

5) 混凝土从管顶向下浇筑时应符合下列规定：

①浇筑应有充分的下料位置，浇筑应能使混凝土充盈整个钢管；

②输送管端内径或斗容器下料口内径应小于钢管内径，且每边应留有不小于100mm的间隙；

③应控制浇筑速度和单次下料量，并应分层浇筑至设计标高；

④混凝土浇筑完毕后应对管口进行临时封闭。

6）混凝土从管底顶升浇筑时应符合下列规定：

①应在钢管底部设置进料输送管，进料输送管应设止流阀门，止流阀门可在顶升浇筑的混凝土达到终凝后拆除；

②合理选择混凝土顶升浇筑设备，配备上下通信联络工具，有效控制混凝土的顶升或停止过程；

③应控制混凝土顶升速度，并均衡浇筑至设计标高。

（14）自密实混凝土浇筑应符合下列规定：

①应根据结构部位、结构形状、结构配筋等确定合适的浇筑方案；

②自密实混凝土粗骨料最大粒径不宜大于20mm；

③浇筑应能使混凝土充填到钢筋、预埋件、预埋钢构周边及模板内各部位；

④自密实混凝土浇筑布料点应结合拌合物特性选择适宜的间距，必要时可通过试验确定混凝土布料点下料间距。

（15）清水混凝土结构浇筑应符合下列规定：

①应根据结构特点进行构件分区，同一构件分区应采用同批混凝土，并应连续浇筑；

②同层或同区内混凝土构件所用材料牌号、品种、规格应一致，并应保证结构外观色泽符合要求；

③竖向构件浇筑时应严格控制分层浇筑的间歇时间。

（16）基础大体积混凝土结构浇筑应符合下列规定：

①用多台输送泵接输送泵管浇筑时，输送泵管布料点间距不宜大于10m，并宜由远而近浇筑；

②用汽车布料杆输送浇筑时，应根据布料杆工作半径确定布料点数量，各布料点浇筑速度应保持均衡；

③宜先浇筑深坑部分再浇筑大面积基础部分；

④宜采用斜面分层浇筑方法，也可采用全面分层、分块分层浇筑方法，层与层之间混凝土浇筑的间歇时间应能保证整个混凝土浇筑过程的连续；

⑤混凝土分层浇筑应采用自然流淌形成斜坡，并应沿高度均匀上升，分层厚度不宜大于500mm；

⑥抹面处理应符合本规范的规定，抹面次数宜适当增加；

⑦应有排除积水或混凝土泌水的有效技术措施。

(17) 预应力结构混凝土浇筑应符合下列规定:
①应避免预应力锚垫板与波纹管连接处及预应力筋连接处的管道移位或脱落;
②应采取保证预应力锚固区等配筋密集部位混凝土浇筑密实的措施。

18.7.4 混凝土振捣

(1) 混凝土振捣应能使模板内各个部位混凝土密实、均匀,不应漏振、欠振、过振。

(2) 混凝土振捣应采用插入式振动棒、平板振动器或附着振动器,必要时可采用人工辅助振捣。

(3) 振动棒振捣混凝土应符合下列规定:
①应按分层浇筑厚度分别进行振捣,振动棒的前端应插入前一层混凝土中,插入深度不应小于50mm;
②振动棒应垂直于混凝土表面并快插慢拔均匀振捣;当混凝土表面无明显塌陷、有水泥浆出现、不再冒气泡时,可结束该部位振捣;
③振动棒与模板的距离不应大于振动棒作用半径的0.5倍;振捣插点间距不应大于振动棒的作用半径的1.4倍。

(4) 表面振动器振捣混凝土应符合下列规定:
①表面振动器振捣应覆盖振捣平面边角;
②表面振动器移动间距应覆盖已振实部分混凝土边缘;
③倾斜表面振捣时,应由低处向高处进行振捣。

(5) 附着振动器振捣混凝土应符合下列规定:
①附着振动器应与模板紧密连接,设置间距应通过试验确定;
②附着振动器应根据混凝土浇筑高度和浇筑速度,依次从下往上振捣;
③模板上同时使用多台附着振动器时应使各振动器的频率一致,并应交错设置在相对面的模板上。

(6) 混凝土分层振捣的最大厚度应符合表18-15的规定。

表 18-15 混凝土分层振捣的最大厚度

振捣方法	混凝土分层振捣的最大厚度
振动棒	振动棒作用部分长度的1.25倍
表面振动器	200mm
附着振动器	根据设置方式,通过试验确定

(7) 特殊部位的混凝土应采取下列加强振捣措施:
①宽度大于0.3m的预留洞底部区域应在洞口两侧进行振捣,并应适当延长振捣时间;宽度大于0.8m的洞口底部,应采取特殊的技术措施;
②后浇带及施工缝边角处应加密振捣点,并应适当延长振捣时间;

③钢筋密集区域或型钢与钢筋结合区域应选择小型振动棒辅助振捣、加密振捣点，并应适当延长振捣时间；

④基础大体积混凝土浇筑流淌形成的坡顶和坡脚应适时振捣，不得漏振。

18.7.5 混凝土养护

（1）混凝土浇筑后应及时进行保湿养护，保湿养护可采用洒水、覆盖、喷涂养护剂等方式。选择养护方式应考虑现场条件、环境温湿度、构件特点、技术要求、施工操作等因素。

（2）混凝土的养护时间应符合下列规定：

①采用硅酸盐水泥、普通硅酸盐水泥或矿渣硅酸盐水泥配制的混凝土，不应少于7d；采用其他品种水泥时，养护时间应根据水泥性能确定；

②采用缓凝型外加剂、大掺量矿物掺合料配制的混凝土，不应少于14d；

③抗渗混凝土、强度等级C60及以上的混凝土，不应少于14d；

④后浇带混凝土的养护时间不应少于14d；

⑤地下室底层墙、柱和上部结构首层墙、柱宜适当增加养护时间；

⑥基础大体积混凝土养护时间应根据施工方案确定。

（3）洒水养护应符合下列规定：

①洒水养护宜在混凝土裸露表面覆盖麻袋或草帘后进行，也可采用直接洒水、蓄水等养护方式；洒水养护应保证混凝土处于湿润状态；

②洒水养护用水应符合本规范规定；

③当日最低温度低于5℃时，不应采用洒水养护。

（4）覆盖养护应符合下列规定：

①覆盖养护宜在混凝土裸露表面覆盖塑料薄膜、塑料薄膜加麻袋、塑料薄膜加草帘；

②塑料薄膜应紧贴混凝土裸露表面，塑料薄膜内应保持有凝结水；

③覆盖物应严密，覆盖物的层数应按施工方案确定。

（5）喷涂养护剂养护应符合下列规定：

①应在混凝土裸露表面喷涂覆盖致密的养护剂进行养护；

②养护剂应均匀喷涂在结构构件表面，不得漏喷；养护剂应具有可靠的保湿效果，保湿效果可通过试验检验；

③养护剂使用方法应符合产品说明书的有关要求。

（6）基础大体积混凝土裸露表面应采用覆盖养护方式；当混凝土表面以内40～80mm位置的温度与环境温度的差值小于25℃时，可结束覆盖养护。覆盖养护结束但尚未到达养护时间要求时，可采用洒水养护方式直至养护结束。

（7）柱、墙混凝土养护方法应符合下列规定：

①地下室底层和上部结构首层柱、墙混凝土带模养护时间，不宜少于3d；带模养护结束后可采用洒水养护方式继续养护，也可采用覆盖养护或喷涂养护剂养护方式继续养护；

②其他部位柱、墙混凝土可采用洒水养护，也可采用覆盖养护或喷涂养护剂养护。

(8) 混凝土强度达到 $1.2N/mm^2$ 前，不得在其上踩踏、堆放荷载、安装模板及支架。

(9) 同条件养护试件的养护条件应与实体结构部位养护条件相同，并应采取措施妥善保管。

(10) 施工现场应具备混凝土标准试件制作条件，并应设置标准试件养护室或养护箱。标准试件养护应符合国家现行有关标准的规定。

18.7.6　混凝土施工缝与后浇带

(1) 施工缝和后浇带的留设位置应在混凝土浇筑之前确定。施工缝和后浇带宜留设在结构受剪力较小且便于施工的位置。受力复杂的结构构件或有防水抗渗要求的结构构件，施工缝留设位置应经设计单位确认。

(2) 水平施工缝的留设位置应符合下列规定：

①柱、墙施工缝可留设在基础、楼层结构顶面，柱施工缝与结构上表面的距离宜为 0～100mm，墙施工缝与结构上表面的距离宜为 0～300mm；

②柱、墙施工缝也可留设在楼层结构底面，施工缝与结构下表面的距离宜为 0～50mm；当板下有梁托时，可留设在梁托下 0～20mm；

③高度较大的柱、墙、梁以及厚度较大的基础可根据施工需要在其中部留设水平施工缝；当因改变受力状态而需要调整构件配筋时，应经设计单位确认；

④特殊结构部位留设水平施工缝应征得设计单位同意。

(3) 垂直施工缝和后浇带的留设位置应符合下列规定：

①有主次梁的楼板施工缝应留设在次梁跨度中间的 1/3 范围内；

②单向板施工缝应留设在平行于板短边的任何位置；

③楼梯梯段施工缝宜设置在梯段板跨度端部的 1/3 范围内；

④基础大体积混凝土养护时间应根据施工方案确定；

⑤后浇带留设位置应符合设计要求；

⑥特殊结构部位留设垂直施工缝应征得设计单位同意。

(4) 设备基础施工缝留设位置应符合下列规定：

①水平施工缝应低于地脚螺栓底端，与地脚螺栓底端的距离应大于 150mm；当地脚螺栓直径小于 30mm 时，水平施工缝可留设在深度不小于地脚螺栓埋入混凝土部分总长度的 3/4 处；

②垂直施工缝与地脚螺栓中心线的距离不应小于 250mm，且不应小于螺栓直径的 5 倍。

(5) 承受动力作用的设备基础施工缝留设位置应符合下列规定：

①标高不同的两个水平施工缝，其高低接合处应留设成台阶形，台阶的高宽比不应大于 1.0；

②在水平施工缝处继续浇筑混凝土前,应对地脚螺栓进行一次复核校正;

③垂直施工缝或台阶形施工缝的垂直面处应加插钢筋,插筋数量和规格应由设计确定;

④施工缝的留设应经设计单位确认。

(6) 施工缝、后浇带留设界面应垂直于结构构件和纵向受力钢筋。结构构件厚度或高度较大时,施工缝或后浇带界面宜采用专用材料封挡。

(7) 混凝土浇筑过程中,因特殊原因需临时设置施工缝时,施工缝留设应规整,并宜垂直于构件表面,必要时可采取增加插筋、事后修凿等技术措施。

(8) 施工缝和后浇带应采取钢筋防锈或阻锈等保护措施。

18.7.7 大体积混凝土裂缝控制

(1) 大体积混凝土宜采用后期强度作为配合比设计、强度评定及验收的依据。对基础混凝土,龄期可取 60d (56d) 或 90d;柱、墙混凝土强度等级不小于 C80 时,龄期可取 60d (56d)。采用混凝土后期强度应经设计单位确认。

(2) 大体积混凝土施工应合理选用混凝土配合比,宜选用低、中水化热水泥,并宜掺加粉煤灰、矿渣粉和高性能减水剂,控制水泥用量,应加强混凝土养护工作。

(3) 大体积混凝土施工时的温度控制应符合下列规定:

①混凝土入模温度不宜大于 30℃;混凝土浇筑体最大绝热温升值不宜高于 50℃;

②混凝土浇筑体表面温度与混凝土浇筑体内部温度的差值不宜高于 25℃,且与周边环境温度的差值不宜高于 25℃;

③混凝土降温速率不宜大于 2.0℃/d。

(4) 大体积混凝土测温应符合下列规定:

①测温点的布置应具有代表性和可比性,并应真实地反映混凝土浇筑体的入模温度、表面温度、内部温度、环境温度和降温速率等;测温点可布置在浇筑体剖面对称轴线或对角线上,并兼顾中部和对角区;表面测温点宜设置在浇筑体剖面周边,浇筑体表面以内 40~80mm 区域;内部测温点宜设置在浇筑体剖面中部区域;环境测温点应离开混凝土浇筑体表面一定距离;

②混凝土的入模温度宜根据每个测温点被混凝土初次覆盖时的温度确定;

③浇筑体内部测温点、浇筑体表面测温点、环境测温点的测温,应与混凝土浇筑、养护过程同步进行;

④应按测温频率要求及时提供测温报告,测温报告应包含各测温点的温度数据、温度变化曲线、温度变化趋势分析等内容;

⑤混凝土浇筑体的表面温度与周边环境温度的差值小于 20℃时,可停止测温。

(5) 基础大体积混凝土测温点设置应符合下列规定:

①宜选择具有代表性的两个竖向剖面进行测温,竖向剖面宜通过浇筑体中部区域;

②竖向剖面上的周边及内部测温点宜上下、左右对齐；每个竖向位置设置的测温点不应少于3处，间距不宜大于1.0m；每个横向设置的测温点不应少于4处，间距不应大于10m；

③覆盖养护层底部的测温点宜布置在代表性的位置，且不应少于2处；环境温度测温点不应少于2处；

④对基础厚度不大于1.6m，裂缝控制技术措施完善的工程可不进行测温。

(6) 柱、墙、梁结构实体最小尺寸大于2m，且混凝土强度等级不小于C60时，宜进行测温。测温点宜设置在高度方向上的两个横向剖面中；横向剖面中部区域的内部测温点不应少于2个，间距不宜大于1.0m。如温度控制技术措施根据前期测温结果进行调整，并取得良好效果，后续工程可不再进行测温。

(7) 大体积混凝土测温频次应符合下列规定：

①第一天至第四天，每4h不应少于一次；

②第五天至第七天，每8h不应少于一次；

③第七天至测温结束，每12h不应少于一次。

18.7.8 质量检查

(1) 混凝土结构施工质量检查可分为过程控制检查和拆模后的实体质量检查。过程控制检查应在混凝土施工全过程中，按施工段划分和工序安排及时进行；拆模后的实体质量检查应在混凝土表面未做处理和装饰前进行。

(2) 混凝土浇筑前应检查混凝土送料单，核对混凝土配合比，确认混凝土强度等级，检查混凝土运输时间，测定混凝土坍落度，必要时还应测定混凝土扩展度。

(3) 混凝土结构质量的检查，应符合下列规定：

①检查的频率、时间、方法和参加检查的人员，应当根据质量控制的需要确定；

②施工单位应对完成施工的部位或成果的质量进行自检，自检应全数检查；

③混凝土结构质量检查应做出记录。对于返工和修补的构件，应有返工修补前、后的记录，并应有图像资料；

④混凝土结构质量检查中，对于已经隐蔽、不可直接观察和量测的内容，可检查隐蔽工程验收记录；

⑤需要对混凝土结构的性能进行检验时，应委托有资质的检测机构检测并出具检测报告。

(4) 混凝土结构的质量过程控制检查宜包括下列内容：

1) 模板宜包括下列内容：

①模板与模板支架的安全性；

②模板位置、尺寸；

③模板的刚度和密封性；

④模板涂刷隔离剂及必要的表面湿润;

⑤模板内杂物清理。

2) 钢筋及预埋件宜包括下列内容:

①钢筋的规格、数量;

②钢筋的位置;

③钢筋的保护层厚度;

④预埋件(预埋管线、箱盒、预留孔洞)规格、数量、位置及固定。

3) 混凝土拌合物宜包括下列内容:

①坍落度、入模温度等;

②大体积混凝土的温度测控。

4) 混凝土浇筑宜包括下列内容:

①混凝土输送、浇筑、振捣等;

②混凝土浇筑时模板的变形、漏浆等;

③混凝土浇筑时钢筋和预埋件(预埋管线、预留孔洞)位置;

④混凝土试件制作;

⑤混凝土养护;

⑥施工荷载加载后,模板与模板支架的安全性。

(5) 混凝土结构拆除模板后的实体质量检查宜包括下列内容:

1) 构件的尺寸、位置

①轴线位置、标高;

②截面尺寸、表面平整度;

③垂直度(构件垂直度、单层垂直度和全高垂直度)。

2) 预埋件

①数量;

②位置。

3) 构件的外观缺陷;

4) 构件的连接及构造做法。

(6) 混凝土结构质量过程控制检查、拆模后实体质量检查的方法与合格判定,应符合国家标准《混凝土结构工程施工质量验收规范》(GB 50204—2015) 等的有关规定。

18.7.9 混凝土缺陷修整

(1) 混凝土结构缺陷可分为尺寸偏差缺陷和外观缺陷。尺寸偏差缺陷和外观缺陷可分为一般缺陷和严重缺陷。混凝土结构尺寸偏差超出规范规定,但尺寸偏差对结构性能和使用功能未构成影响时,应属于一般缺陷;而尺寸偏差对结构性能和使用功能构成影响时,应属于严重缺陷。混凝土结构外观缺陷分类应符合表 18-16 的规定。

表 18-16 混凝土结构外观缺陷分类

名称	现象	严重缺陷	一般缺陷
露筋	构件内钢筋未被混凝土包裹而外露	纵向受力钢筋有露筋	其他钢筋有少量露筋
蜂窝	混凝土表面缺少水泥砂浆而形成石子外露	构件主要受力部位有蜂窝	其他部位有少量蜂窝
孔洞	混凝土中孔穴深度和长度均超过保护层厚度	构件主要受力部位有孔洞	其他部位有少量孔洞
夹渣	混凝土中夹有杂物且深度超过保护层厚度	构件主要受力部位有夹渣	其他部位有少量夹渣
疏松	混凝土中局部不密实	构件主要受力部位有疏松	其他部位有少量疏松
裂缝	缝隙从混凝土表面延伸至混凝土内部	构件主要受力部位有影响结构性能或使用功能的裂缝	其他部位有少量不影响结构性能或使用功能的裂缝
连接部位缺陷	构件连接处混凝土有缺陷及连接钢筋、连接件松动	连接部位有影响结构传力性能的缺陷	连接部位有基本不影响结构传力性能的缺陷
外形缺陷	缺棱掉角、棱角不直、翘曲不平、飞边凸肋等	清水混凝土构件有影响使用功能或装饰效果的外形缺陷	其他混凝土构件有不影响使用功能的外形缺陷
外表缺陷	构件表面麻面、掉皮、起砂、沾污等	具有重要装饰效果的清水混凝土构件有外表缺陷	其他混凝土构件有不影响使用功能的外表缺陷

(2) 施工过程中发现混凝土结构缺陷时,应认真分析缺陷产生的原因。对严重缺陷施工单位应制订专项修整方案,方案应经论证审批后再实施,不得擅自处理。

(3) 混凝土结构外观一般缺陷修整应符合下列规定:

①对于露筋、蜂窝、孔洞、夹渣、疏松、外表缺陷,应凿除胶结不牢固部分的混凝土,并清理表面,洒水湿润后应用 1:2~1:2.5 水泥砂浆抹平;

②应封闭裂缝;

③连接部位缺陷、外形缺陷可与面层装饰施工一并处理。

(4) 混凝土结构外观严重缺陷修整应符合下列规定:

1) 对于露筋、蜂窝、孔洞、夹渣、疏松、外表缺陷,应凿除胶结不牢固部分的混凝土至密实部位,清理表面,支设模板,洒水湿润,涂抹混凝土界面剂,应采用比原混凝土强度等级高一级的细石混凝土浇筑密实,养护时间不应少于 7d。

2) 开裂缺陷修整应符合下列规定:

①对于民用建筑的地下室、卫生间、屋面等接触水介质的构件,均应注浆封闭处理,注浆材料可采用环氧、聚氨酯、氰凝、丙凝等。对于民用建筑不接触水介质的构件,可采用注浆封闭、聚合物砂浆粉刷或其他表面封闭材料进行封闭。

②对于无腐蚀介质工业建筑的地下室、屋面、卫生间等接触水介质的构件以及有腐蚀

介质的所有构件，均应注浆封闭处理，注浆材料可采用环氧、聚氨酯、氰凝、丙凝等。对于无腐蚀介质工业建筑不接触水介质的构件，可采用注浆封闭、聚合物砂浆粉刷或其他表面封闭材料进行封闭。

③清水混凝土的外形和外表严重缺陷，宜在水泥砂浆或细石混凝土修补后用磨光机械磨平。

（5）混凝土结构尺寸偏差一般缺陷，可采用装饰修整方法修整。

（6）混凝土结构尺寸偏差严重缺陷，应会同设计单位共同制订专项修整方案，结构修整后应重新检查验收。

18.8 冬期、高温与雨期施工

18.8.1 一般规定

（1）根据当地多年气象资料统计，当室外日平均气温连续5日稳定低于5℃时，应采取冬期施工措施；当室外日平均气温连续5日稳定高于5℃时，可解除冬期施工措施。当混凝土未达到受冻临界强度而气温骤降至0℃以下时，应按冬期施工的要求采取应急防护措施。

（2）当日平均气温达到30℃及以上时，应按高温施工要求采取措施。

（3）雨季和降雨期间，应按雨期施工要求采取措施。

（4）混凝土冬期施工应按行业标准《建筑工程冬期施工规程》（JGJ/T 104—2011）的有关规定进行热工计算。

18.8.2 冬期施工

（1）冬期施工配制混凝土宜选用硅酸盐水泥或普通硅酸盐水泥。采用蒸汽养护时，宜选用矿渣硅酸盐水泥。

（2）用于冬期施工混凝土的粗、细骨料中，不得含有冰、雪冻块及其他易冻裂物质。

（3）冬期施工混凝土用外加剂应符合国家标准《混凝土外加剂应用技术规范》（GB 50119—2013）的有关规定。采用非加热养护方法时，混凝土中宜掺入引气剂、引气型减水剂或含有引气组分的外加剂，混凝土含气量宜控制在3.0%～5.0%。

（4）冬期施工混凝土配合比应根据施工期间环境气温、原材料、养护方法、混凝土性能要求等经试验确定，并宜选择较小的水胶比和坍落度。

（5）冬期施工混凝土搅拌前，原材料的预热应符合下列规定：

①宜加热拌合水。当仅加热拌合水不能满足热工计算要求时，可加热骨料。拌合水与骨料的加热温度可通过热工计算确定，加热温度不应超过表18-17的规定；

②水泥、外加剂、矿物掺合料不得直接加热，应事先贮于暖棚内预热。

表 18-17 拌合水及骨料最高加热温度 (℃)

水泥强度等级	拌合水	骨料
42.5 以下	80	60
42.5、42.5R 及以上	60	40

(6) 冬期施工混凝土搅拌应符合下列规定：

①液体防冻剂使用前应搅拌均匀，由防冻剂溶液带入的水分应从混凝土拌合水中扣除；

②蒸汽法加热骨料时，应加大对骨料含水率测试频率，并应将由骨料带入的水分从混凝土拌合水中扣除；

③混凝土搅拌前应对搅拌机械进行保温或采用蒸汽进行加温，搅拌时间应比常温搅拌时间延长 30~60s；

④混凝土搅拌时应先投入骨料与拌合水，预拌后再投入胶凝材料与外加剂。胶凝材料、引气剂或含引气组分外加剂不得与 60℃ 以上热水直接接触。

(7) 混凝土拌合物的出机温度不宜低于 10℃，入模温度不应低于 5℃；对预拌混凝土或需远距离输送的混凝土，混凝土拌合物的出机温度可根据运输和输送距离经热工计算确定，但不宜低于 15℃。大体积混凝土的入模温度可根据实际情况适当降低。

(8) 混凝土运输、输送机具及泵管应采取保温措施。当采用泵送工艺浇筑时，应采用水泥浆或水泥砂浆对泵和泵管进行润滑、预热。混凝土运输、输送与浇筑过程中应进行测温，温度应满足热工计算的要求。

(9) 混凝土浇筑前，应清除地基、模板和钢筋上的冰雪和污垢，并应进行覆盖保温。

(10) 混凝土分层浇筑时，分层厚度不应小于 400mm。在被上一层混凝土覆盖前，已浇筑层的温度应满足热工计算要求，且不得低于 2℃。

(11) 采用加热方法养护现浇混凝土时，应考虑加热产生的温度应力对结构的影响，并应合理安排混凝土浇筑顺序与施工缝留置位置。

(12) 冬期浇筑的混凝土，其受冻临界强度应符合下列规定：

①当采用蓄热法、暖棚法、加热法施工时，采用硅酸盐水泥、普通硅酸盐水泥配制的混凝土，不应低于设计混凝土强度等级值的 30%；采用矿渣硅酸盐水泥、粉煤灰硅酸盐水泥、火山灰质硅酸盐水泥、复合硅酸盐水泥配制的混凝土时，不应低于设计混凝土强度等级值的 40%；

②当室外最低气温不低于 −15℃ 时，采用综合蓄热法、负温养护法施工的混凝土受冻临界强度不应低于 4.0MPa；当室外最低气温不低于 −30℃ 时，采用负温养护法施工的混凝土受冻临界强度不应低于 5.0MPa；

③强度等级等于或高于 C50 的混凝土，不宜低于设计混凝土强度等级值的 30%；

④对有抗冻耐久性要求的混凝土，不宜低于设计混凝土强度等级值的 70%。

(13) 混凝土结构工程冬期施工养护应符合下列规定：

①当室外最低气温不低于 −15℃ 时，对地面以下的工程或表面系数不大于 $5m^{-1}$ 的结

构，宜采用蓄热法养护，并应对结构易受冻部位加强保温措施；

②当采用蓄热法不能满足要求时，对表面系数为 5～15m^{-1} 的结构，可采用综合蓄热法养护。采用综合蓄热法养护时，混凝土中应掺加具有减水、引气性能的早强剂或早强型外加剂；

③对不易保温养护，且对强度增长无具体要求的一般混凝土结构，可采用掺防冻剂的负温养护法进行施工；

④当本条第①～③款不能满足施工要求时，可采用暖棚法、蒸汽加热法、电加热法等方法，但应采取降低能耗的措施。

(14) 混凝土浇筑后，对裸露表面应采取防风、保湿、保温措施，对边、棱角及易受冻部位应加强保温。在混凝土养护和越冬期间，不得直接对负温混凝土表面浇水养护。

(15) 模板和保温层应在混凝土达到要求强度，且混凝土表面温度冷却到 5℃ 后再拆除。对墙、板等薄壁结构构件，宜延长模板拆除时间。当混凝土表面温度与环境温度之差大于 20℃ 时，拆模后的混凝土表面应立即进行保温覆盖。

(16) 混凝土强度未达到受冻临界强度和设计要求时，应继续进行养护。工程越冬期间，应编制越冬维护方案并进行保温维护。

(17) 混凝土工程冬期施工应加强对骨料含水率、防冻剂掺量的检查，以及原材料、入模温度、实体温度和强度的监测；应依据气温的变化，检查防冻剂掺量是否符合配合比与防冻剂说明书的规定，并应根据需要进行配合比的调整。

(18) 混凝土冬期施工期间，应按国家现行有关标准的规定对混凝土拌合水温度、外加剂溶液温度、骨料温度、混凝土出机温度、浇筑温度、入模温度以及养护期间混凝土内部和大气温度进行测量。

(19) 冬期施工混凝土强度试件的留置除应符合国家标准《混凝土结构工程施工质量验收规范》(GB 50204—2015) 的有关规定，尚应增设与结构同条件养护试件，养护试件不应少于 2 组。同条件养护试件应在解冻后进行试验。

18.8.3 高温施工

(1) 高温施工时，对露天堆放的粗、细骨料应采取遮阳防晒等措施。必要时，可对粗骨料进行喷雾降温。

(2) 高温施工混凝土配合比设计除应符合本规范规定外，尚应符合下列规定：

①应考虑原材料温度、环境温度、混凝土运输方式与时间对混凝土初凝时间、坍落度损失等性能指标的影响，根据环境温度、湿度、风力和采取温控措施的实际情况，对混凝土配合比进行调整；

②宜在近似现场运输条件、时间和预计混凝土浇筑作业最高气温的天气条件下，通过混凝土试拌和与试运输的工况试验后，调整并确定适合高温天气条件下施工的混凝土配合比；

③宜采用低水泥用量的原则，并可采用粉煤灰取代部分水泥。宜选用水化热较低的水泥；

④混凝土坍落度不宜小于 70mm。

(3) 混凝土的搅拌应符合下列规定：

①应对搅拌站料斗、储水器、皮带运输机、搅拌楼采取遮阳防晒措施；

②对原材料进行直接降温时，宜采用对水、粗骨料进行降温的方法。当对水直接降温时，可采用冷却装置冷却拌合用水，并应对水管及水箱加设遮阳和隔热设施，也可在水中加碎冰作为拌合用水的一部分。混凝土拌和时掺加的固体冰应确保在搅拌结束前融化，且在拌合用水中应扣除其质量；

③原材料入机温度不宜超过表 18-18 中的规定；

表 18-18　原材料最高入机温度　　　　　　　　　　　　　（℃）

原材料	入机温度
水泥	60
骨料	30
水	25
粉煤灰等矿物掺合料	60

④混凝土拌合物出机温度不宜高于 30℃。出机温度可按下式计算：

$$T_0=\frac{0.22(T_gW_g+T_sW_s+T_cW_c+T_mW_m)+T_wW_w+T_gW_{wg}+T_sW_{ws}+0.5T_{ice}W_{ice}-79.6W_{ice}}{0.22(W_g+W_s+W_c+W_m)+W_w+W_{wg}+W_{ws}+W_{ice}}$$

(18-8)

式中　　T_0——混凝土的出机温度（℃）；

T_g、T_s——粗骨料、细骨料的入机温度（℃）；

T_c、T_m——水泥、矿物掺合料的入机温度（℃）；

T_w、T_{ice}——搅拌水、冰的入机温度（℃）；冰的入机温度低于 0℃时，T_{ice}应取负值；

W_g、W_s——粗骨料、细骨料干质量（kg）；

W_c、W_m——水泥、矿物掺合料质量（kg）；

W_w、W_{ice}——搅拌水、冰质量（kg），当混凝土不加冰拌和时，$W_{ice}=0$；

W_{wg}、W_{ws}——粗骨料、细骨料中所含水质量（kg）。

⑤当需要时，可采取掺加干冰等附加控温措施。

(4) 混凝土宜采用白色涂装的混凝土搅拌运输车运输；对混凝土输送管应进行遮阳覆盖，并应洒水降温。

(5) 混凝土浇筑入模温度不应高于 35℃。

(6) 混凝土浇筑宜在早间或晚间进行，且宜连续浇筑。当混凝土水分蒸发较快时，应在施工作业面采取挡风、遮阳、喷雾等措施。

(7) 混凝土浇筑前，施工作业面宜采取遮阳措施，并应对模板、钢筋和施工机具采用洒水等降温措施，但浇筑时模板内不得有积水。

(8) 混凝土浇筑完成后，应及时进行保湿养护。侧模拆除前宜采用带模湿润养护。

18.8.4 雨期施工

（1）雨期施工期间，对水泥和矿物掺合料应采取防水和防潮措施，并应对粗、细骨料含水率实时监测，及时调整混凝土配合比。

（2）应选用具有防雨水冲刷性能的模板脱模剂。

（3）雨期施工期间，对混凝土搅拌、运输设备和浇筑作业面应采取防雨措施，并应加强施工机械检查维修及接地接零检测工作。

（4）除采用防护措施外，小雨、中雨天气不宜进行混凝土露天浇筑，且不应开始大面积作业面的混凝土露天浇筑；大雨、暴雨天气不应进行混凝土露天浇筑。

（5）雨后应检查地基面的沉降，并应对模板及支架进行检查。

（6）应采取防止基槽或模板内积水的措施。基槽或模板内和混凝土浇筑分层面出现积水时，应在排水后再浇筑混凝土。

（7）混凝土浇筑过程中，对因雨水冲刷致使水泥浆流失严重的部位，应采取补救措施后再继续施工。

（8）在雨天进行钢筋焊接时，应采取挡雨等安全措施。

（9）混凝土浇筑完毕后，应及时采取覆盖塑料薄膜等防雨措施。

（10）台风来临前，应对尚未浇筑混凝土的模板及支架采取临时加固措施；台风结束后，应检查模板及支架，已验收合格的模板及支架应重新办理验收手续。

18.9 环境保护

18.9.1 一般规定

（1）施工项目部应制订施工环境保护计划，落实责任人员，并组织实施。对混凝土结构施工过程的环境保护效果，宜进行自评估。

（2）施工过程中，应采取建筑垃圾减量化措施。对施工过程中产生的建筑垃圾，应进行分类、统计和处理。

18.9.2 环境因素控制

（1）施工过程中，应采取防尘、降尘措施，控制作业区扬尘。对施工现场的主要道路，宜进行硬化处理或采取其他扬尘控制措施。对可能造成扬尘的露天堆储材料，宜采取扬尘控制措施。

（2）施工过程中，应对材料搬运、施工设备和机具作业等采取可靠的降低噪声措施。施工作业在施工场界的噪声级应符合国家标准《建筑施工场界环境噪声排放标准》（GB 12523—2011）的有关规定。

(3) 施工过程中，应采取光污染控制措施。对可能产生强光的施工作业，应采取防护和遮挡措施。夜间施工时，应采用低角度灯光照明。

(4) 对施工过程中产生的污水，应采取沉淀、隔油等措施进行处理，不得直接排放。

(5) 宜选用环保型脱模剂。涂刷模板脱模剂时，应防止洒漏。对含有污染环境成分的脱模剂，使用后剩余的脱模剂及其包装等不得与普通垃圾混放，并应由厂家或有资质的单位回收处理。

(6) 施工过程中，对施工设备和机具维修、运行、存储时的漏油，应采取有效的隔离措施，不得直接污染土壤。漏油应统一收集并进行无害化处理。

(7) 混凝土外加剂、养护剂的使用应满足环境保护和人身健康的要求。

(8) 进行挥发性有害物质施工时，施工操作人员应采取有效的防护方法，并应配备相应的防护用品。

19 实验室作业指导书

19.1 水泥的检验规程

19.1.1 总则

为了便于操作，准确无误地测定出水泥标准稠度用水量、凝结时间、安定性、抗折强度及抗压强度，特制定本规程。

19.1.2 范围

适用于本实验室硅酸盐水泥、普通硅酸盐水泥、矿渣硅酸盐水泥、粉煤灰硅酸盐水泥、火山灰质硅酸盐水泥、复合硅酸盐水泥以及指定采用本方法的其他品种水泥的检验。

19.1.3 职责

检验人员应严格执行本作业指导书的操作规定，客观、准确地出具检验报告。

19.1.4 检验依据

(1)《水泥细度检验方法　筛析法》(GB/T 1345—2005)；
(2)《水泥标准稠度用水量、凝结时间、安定性检验方法》(GB/T 1346—2011)；
(3)《水泥胶砂强度检验方法（ISO法）》(GB/T 17671—1999)。

19.1.5 检验方法及操作程序

1. 水泥细度（负压筛法）检验方法

(1) 水泥样品应充分拌匀，通过0.9mm方孔筛，记录筛余物情况，并倒掉，要防止过筛时混进其他水泥。

(2) 筛析试验前，应把负压筛放在筛座上，盖上筛盖，接通电源，检查控制系统。调节负压至4000～6000Pa。

(3) 称取试样25g，置于洁净的负压筛中，盖上筛盖，放在筛座上，开动筛析仪连续筛2min，在此期间有试样附在筛盖上，可轻轻地敲击，使试样落下。筛毕，用天平称量筛余物。

(4) 当工作负压小于 4000Pa 时,应清理吸在器内水泥,使负压恢复正常。

(5) 试样结果(计算至 0.1%):

水泥试样筛余百分数按下式计算:

$$F=\frac{p_s}{W}\times 100 \tag{19-1}$$

式中 F——水泥试样筛余百分数(%);

p_s——水泥筛余物的质量(g);

W——水泥试样的质量(g)。

2. 水泥标准稠度用水量、凝结时间、安定性检验方法

(1) 水泥净浆的拌制

用水泥净浆搅拌机搅拌,搅拌锅和搅拌叶片先用湿布擦过,将拌合水倒入搅拌锅内,然后在 5~10s 小心将称好的 500g 水泥加入水中,防止水泥溅出;拌和时先将锅壁上的水泥浆刮入锅中间,接着高速搅拌 120s 停机。

(2) 标准用水量的测定

拌和结束后,立即将拌制好的水泥净浆装入已置于玻璃板上的试模中,用小刀插捣,轻轻振动数次,刮去多余净浆,抹平后迅速将试模和底板移到锥卡仪上,并将其中心定在试杆下,降低试杆直至与水泥净浆表面接触,拧紧螺丝 1~2s,突然放松,使试杆垂直自由沉入水泥净浆中,在试杆停止沉入或释入试杆 30s 时,记录试杆距底板之间的距离,升起试杆后,立即擦净;整个操作应在 1.5min 内完成。以试杆沉入净浆并距底板(6±1)mm 的水泥净浆为标准稠度净浆。其拌合水量为水泥的标准稠度用水量(P),按水泥质量的百分比计。

(3) 凝结时间的测定

1) 测定前准备工作:当凝结时间测定仪的试针接触玻璃板时,指针对准零点。

2) 试件的制备:以标准稠度用水量按"1"条制成标准稠度净浆一次装满试模,振动数次刮平,立即放入湿气养护箱中。记录水泥全部加入水中的时间作为凝结时间的起始时间。

3) 初凝时间的测定:将试件在湿气养护箱中养护至加水后 30min 进行第一次测定。测定时将湿气养护箱中取出试模放在试针下,降低试针与净浆表面接触。拧紧螺丝 1~2s 突然放松,试针垂直自由沉入净浆,观察试针停止下沉或释放试针 30s 时指针读数。当试针沉至距底板(4±1)mm 时,为水泥达到初凝状态;由水泥全部加入水中至初凝状态的时间为水泥的初凝时间,用 min 表示。

4) 终凝时间的测定:完成初凝时间的测定后,立即将试模连同浆体以平移的方式从玻璃板上,翻转 180°直径大端向上,小端向下放在玻璃板上,再放入湿气养护箱中继续养护,临近终凝时间时每隔 15min 测定一次,当试针沉入试体 0.5mm 时,即环形附件开始不能在试体上留下痕迹时,为水泥达到终凝状态,由水泥全部加入水中至终凝状态的时间为水泥的终凝时间，用 min 表示。

（4）安定性的测定

1）测定前的准备工作：每个试件需成型两个试件，每个雷氏夹需配制质量为 75~85g 的玻璃块两块，加工玻璃板雷氏夹内表面稍微涂上一层油。

2）雷氏夹试件的成型：将预先准备好的雷氏夹放在已稍涂油的玻璃板上，并立即将已制好的标准稠度净浆一次装满雷氏夹，装浆时，一只手轻轻扶持雷氏夹，另一只手用宽约 10mm 的小刀插捣数次，然后抹平，盖上稍涂油的玻璃板，接着立即将试件移至湿气养护箱内养护（24±2）h。

3）沸煮：

①调整好沸煮箱内的水位，使能保证在整个沸煮过程中都超过试件，不需中途补加试验用水，同时又能保证（30±5）min 内升至沸腾。

②脱去玻璃板取下试件，先测量雷氏夹指针尖端的距离（A），精确到 0.5mm，再将试件放入沸煮箱水中的试件架上，指针朝上，然后在（30±5）min 内加热至沸腾并恒沸（180±5）min。

4）结果判别：沸煮结束后，立即放掉沸煮箱内的热水，打开箱盖，待箱体冷却至室温，取出试件测量雷氏夹指针尖端的距离（C），精确到 0.5mm。当两个试件沸煮后增加距离（C－A）的平均值不大于 5.0mm 时，即认为该水泥安定性合格；当两个试件的（C－A）值相差超过 4.0mm 时，应用同一样品立即重做一次试验。再如此，则认为该水泥安定性不合格。

3. 水泥胶砂强度检验方法（ISO）法

（1）说明

1）胶砂的质量配合比应为一份水泥、三份标准砂和半份水（水胶比为 0.5）一锅胶砂成三条试体。

2）水泥、砂、水和试验用具的湿度与实验室相同，称量用的天平精度应为±1g。当用自动滴管加 225mL 水时，滴管精度应达到±1mL。

（2）操作程序

1）将水泥试模（40mm×40mm×160mm）紧密装配，并在内壁均匀刷一层机油。

2）先使搅拌机处于待工作状态。

3）将 225mL 水加入锅里，再加入 450g 水泥，把锅放在固定架上，上升至固定位置。

4）立即开动机器，低速搅拌 30s 后，在第二个 30s 开始的同时均匀地将砂子加入（当各级砂是分装时，从最粗级开始，依次将所需的每级砂子加完）。把机器转至高速再拌 30s。

5）停拌 90s，在第一个 15s 内用一胶皮刮具，将叶片和锅壁上的胶砂刮入锅中间。

6）胶砂制备后立即进行成型。将空试模和模套固定在振实台上，用一个适当的勺子直接从搅拌锅里将胶砂分两层装入试模，装第一层时，每个模槽约放 300g 胶砂，用大播料器垂直架在模套顶部沿每个模槽来回一次将料层播平，接着振实 60 下。再装入第二层胶砂，用小播料器播平，再振实 60 下。移走模套，从振实台上取下试模，用一金属直尺以约 90°的角度架在试模模顶的一端，然后刮去，并用直尺以近水平的标准将试体表面抹平。

7）用防水墨汁或颜料对试体进行编号。两个龄期以上的试体，应将同一试模中的三条试体分在两个以上的龄期内。

8）将试件放在水中养护，试件之间应留有间隙，水面至少高出试件 5mm，将试件从水中取出，用湿布覆盖。

（3）抗折强度测定

每龄期取出三条试件先做抗折，试验前须擦去试件表面水分和砂粒，清除夹具上圆柱表面黏着的杂物，将试件放在抗折夹具内，侧面应与圆柱接触，采用杠杆抗折机时，试件放入前应使杠杆呈平衡状态。试件放入后调整夹具，使杠杆在试件折断时尽可能接近平衡位置。

抗折试验加荷速度为 50N±10N/s，抗折强度按下式计算（精确到 0.1MPa）：

$$R_\mathrm{f}=\frac{1.5F_\mathrm{f}L}{b^3} \tag{19-2}$$

式中　R_f——抗折强度（MPa）；

　　　F_f——折断时施加于棱柱体中部的荷载（N）；

　　　L——支撑圆柱中心的距离（mm）；

　　　b——棱柱正方形截面的边长（mm）。

以一组三个试件抗折结果的平均值作为试验结果，当三个强度值中有超出平均值±10%时，应剔除后再取平均值作为抗折强度试验结果。计算精确至 0.1MPa。

（4）抗压强度测定

抗压强度试验通过压力机，在半截棱柱体的侧面上进行。

先打开压力机，检查压力运行是否正常。放好试块，加荷过程以（2.4±0.2）kN/s 的速度均匀加荷直至破坏。抗压强度按下式计算：

（精确到 0.1MPa）

$$R_\mathrm{c}=\frac{F_\mathrm{c}}{A} \tag{19-3}$$

式中　F_c——破坏时的最大荷载（N）；

　　　R_c——抗压强度（MPa）；

　　　A——受力部分面积（mm^2），（40mm×40mm=1600mm^2）。

抗压强度结果评定：以一组三棱柱体上得到的六个抗压强度测定值的算术平均值为试验结果，如六个值中有一个超过六个平均值的±10%，就应该剔除，以剩下五个的平均数作为结果。如五个值中再有超过它们平均数的±10%，则此组结果作废。

19.2 建筑用砂检验规程

19.2.1 总则

为了合理选择和使用天然砂,保证所配制混凝土的质量,特制定本规程。

19.2.2 范围

适用于建筑工程中普通混凝土、高强混凝土、高性能混凝土用砂的质量检验。

19.2.3 职责

检验人员应严格执行本作业指导书的操作规定,客观、准确地出具检验报告。

19.2.4 试验依据

《建设用砂》(GB/T 14684—2011)。

19.2.5 试验方法及操作程序

1. 筛分析试验

(1) 将砂样品缩分至约 1100g 放在 (105±5)℃的烘箱中烘干至恒重,待冷却至室温后,筛除大于 9.50mm 的颗粒,分为大致相等的两份备用。

(2) 称取试样 500g,精确至 1g,将试样按孔径大小从上到下组合的套筛(附筛底)上进行筛分。

(3) 将套筛置于摇筛机上,摇 10min,取下套筛,按筛孔大小顺序再逐个用手筛,筛至每分钟通过量小于试样总量的 0.1% 为止。

(4) 称出各号筛的筛余量,精确至 1g。

(5) 结果计算与评定:

1) 计算分计筛余百分率:各号筛的筛余量与试样总量之比,计算精确至 0.1%。

2) 计算累计筛余百分率:该号筛的筛余百分率加上该号筛以上各筛余百分率之和,精确至 0.1%。

3) 砂的细度模数按下式计算,精确至 0.01:

$$M_x = \frac{(A_2 + A_3 + A_4 + A_5 + A_6) - 5A_1}{100 - A_1} \tag{19-4}$$

式中 M_x——细度模数;

A_1、A_2、A_3、A_4、A_5、A_6——4.75mm、2.36mm、1.18mm、600μm、300μm、150μm 筛的累计筛余百分率。

2. 含泥量试验

(1) 将试样缩分至约 1100g,放在烘箱中于 (105±5)℃下烘干至恒重,待冷却至室温后,分为大致相等的两份备用。

(2) 称取试样 500g,精确至 0.1g。将试样倒入淘洗容器中,注入清水,使水面高于试样面约 150mm,充分搅拌均匀后,浸泡 2h,然后用手在水中淘洗试样,使尘屑、淤泥和黏土与砂粒分离,把浑水缓缓倒入 1.18mm 及 75μm 的筛上 (1.18mm 筛放在 75μm 筛上面),滤去小于 75μm 的颗粒。试验前筛子的两面应先用水润湿,在整个过程中应小心操作,防止砂粒流失。

(3) 再向容器中注入清水,重复上述操作,直至容器内的水目测清澈为止。

(4) 用水淋洗剩余在筛上的细粒,并将 75μm 筛放在水中 (使水面略高出筛中砂粒的上表面) 来回摇动,以充分洗掉小于 75μm 的颗粒,然后将两只筛的筛余颗粒和清洗容器中已经洗净的试样一并倒入搪瓷盘,放在烘箱中于 (105±5)℃下烘干至恒重,待冷却至室温后,称出其质量,精确到 0.1g。

(5) 结果计算与评定:

含泥量按下式计算,精确至 0.1%:

$$Q_a = \frac{G_0 - G_1}{G_0} \times 100 \tag{19-5}$$

式中 Q_a——含泥量 (%);

G_0——试验前烘干试样的质量 (g);

G_1——试验后烘干试样的质量 (g)。

(6) 含泥量取两个试样的试验结果的算术平均值作为测定值。

3. 泥块含量试验

(1) 将试样缩分至约 5000g,放在烘箱中于 (105±5)℃下烘干至恒重,待冷却至室温后,筛除小余 1.18mm 的颗粒,分为大致相等的两份备用。

(2) 称取试样 200g,精确至 0.1g,将试样倒入淘洗容器中,注入清水,使水面高于试样面约 150mm,充分搅拌均匀后,浸泡 2h,然后用手在水中碾碎泥块,再把试样放在 600μm 筛上,用水淘洗,直至容器内的水目测清澈为止。

(3) 保留下来的试样小心地从筛中取出,装入装盘后,放在烘箱中于 (105±5)℃下烘干至恒重,待冷却至室温后,称出其质量,精确至 0.1g。

(4) 结果计算与评定:

1) 泥块含量按下式计算,精确至 0.1%:

$$Q_b = \frac{G_1 - G_2}{G_1} \times 100 \tag{19-6}$$

式中 Q_b——泥块含量 (%);

G_1——1.18mm 筛筛余试样的质量 (g);

G_2——试验后烘干试样的质量（g）。

2）泥块含量取两次试验结果的算术平均值，精确至0.1%。

19.3 建筑用卵石、碎石检验规程

19.3.1 总则

为合理选择和使用卵石、碎石，保证混凝土质量，特制定本规程。

19.3.2 范围

适用于建筑工程中混凝土用卵石、碎石的质量检验。

19.3.3 职责

检验人员应严格执行本作业指导书的操作规定，客观准确地出具检验报告。

19.3.4 试验依据

《建设用卵石、碎石》（GB/T 14685—2011）。

19.3.5 试验与操作程序

1. 颗粒级配试验

（1）按标准规定取样，并将试样缩分至大于规定的数量，烘干或风干后备用。

（2）按规定的数量称取试样一份，精确至1g。将试样倒入按孔径大小从上到下的组合套筛（附筛底）上，然后进行筛分。

（3）将套筛置于摇筛机上，摇10min；取下套筛，按筛孔径大小顺序再逐个用手筛，筛至每分钟通过量小于试样总量的0.1%为止。通过的颗粒并入下一号筛中，并和下一号筛中的试样一起过筛，这样顺序进行，直至各号筛全部筛完为止。

（4）称量出各号筛的筛余量，精确至1g。

（5）结果计算与评定：

1）计算分计筛余百分率：各号筛的筛余量与试样总量之比，计算精确至0.1%。

2）计算累计筛余百分率：该号筛的筛余百分率加上该号筛以上各筛余百分率之和，精确至1%。筛分后，如每号筛的筛余量与筛底的筛余量之和同原试样的质量之差超过1%时，须重新试验。

3）根据各号筛的累计筛余百分率，评定该试样的颗粒级配。

2. 含泥量试验

（1）按标准规定取样，并将试样缩分至大于规定的数量，放在烘箱中于（105±5）℃

下烘干至恒重，待冷却至室温后，分为大致相等的两份备用。

（2）按规定的数量称取试样一份，精确至 0.1g。将试样倒入淘洗容器中，注入清水，使水面高于试样面约 150mm，充分搅拌均匀后，浸泡 2h，然后用手在水中淘洗试样，使尘屑、淤泥和黏土与石粒分离，把浑水缓缓倒入 1.18mm 及 75μm 的套筛上（1.18mm 筛放在 75μm 筛上面），滤去小于 75μm 的颗粒。试验前筛子的两面应先用水润湿，在整个过程中应小心防止大于 75μm 的颗粒流失。

（3）再向容器中注入清水，重复上述操作，直至容器内的水目测清澈为止。

（4）用水淋洗剩余在筛上的细粒，并将 75μm 筛放在水中（使水面略高出筛中石粒的上表面）来回摇动，以充分洗掉小于 75μm 的颗粒，然后将两只筛的筛余颗粒和清洗容器中已经洗净的试样一并倒入搪瓷盘，放在烘箱中于（105±5）℃下烘干至恒重，待冷却至室温后，称量出其质量，精确至 1g。

（5）结果计算与评定。

含泥量按下式计算，精确至 0.1%：

$$Q_a = \frac{G_1 - G_2}{G_1} \times 100 \tag{19-7}$$

式中　Q_a——含泥量（%）；

G_1——试验前烘干试样的质量（g）；

G_2——试验后烘干试样的质量（g）。

（6）含泥量取两次试验结果的算术平均值作为测定值，精确至 0.1%。

3. 针片状颗粒试验

（1）按标准规定取样，并将试样缩分至大于规定的数量，烘干或风干后备用。

（2）按规定的数量称取试样一份，精确至 1g。

（3）按规定的粒级分别用协作单位仪逐粒检验，凡颗粒长度大于针状规准仪上相应间距的，为针状颗粒；颗粒厚度小于片状规准仪上的相应孔宽的，为片状颗粒。称量出其质量，精确至 1g。

（4）结果计算

针片状颗粒含量按下式计算，精确至 1%：

$$Q_c = \frac{Q_2}{Q_1} \times 100 \tag{19-8}$$

式中　Q_c——针片状颗粒含量（%）；

G_1——试样的质量（g）；

G_2——试样中所含针片状颗粒的总质量（g）。

4. 压碎指标试验

（1）按标准规定取样，风干后筛除大于 19.0mm 及小于 9.50mm 的颗粒，并除去针片状颗粒，分为大致相等的三份备用。

(2) 称取试样 3kg，精确至 1g。将试样分两层装入圆模（置于底盘上）内，每装完一层试样后，在底盘下面垫放一直径为 10mm 的圆钢，将筒按住，左右交替颠击地面各 25 次，两次颠实后，平整模内试样表面，盖上压头。

(3) 把装有试样的模子置于压力机上，开动压力试验机，以 1kN/s 速度均匀加荷至 200kN 并稳荷 5s，然后卸荷。取下加压头，倒出试样，用孔径 2.36mm 的筛筛余被压碎的细粒，称出留在筛上的试样的质量，精确至 1g。

(4) 计算三次压碎指标试验结果的平均值，精确至 1%。

19.4　混凝土外加剂匀质性试验方法（一）

19.4.1　总则

为了便于操作，准确地检验用于混凝土中外加剂，特制定出本规程。

19.4.2　范围

适用于普通外加剂、高效减水剂、缓凝高效减水剂、缓凝减水剂、缓凝剂、防冻剂、膨胀剂等品种。

19.4.3　职责

检验人员应严格执行本作业指导书的操作规定，客观、准确地出具检验报告。

19.4.4　检验依据

《混凝土外加剂匀质性试验方法》（GB/T 8077—2012）、《水泥胶砂流动度测定方法》（GB/T 2419—2005）。

19.4.5　试验方法与操作程序

1. 固体含量

方法提要及试验步骤：

(1) 将已恒量的称量瓶内放入被测试样于一定的温度下烘至恒量。

(2) 将洁净带盖称量瓶放入烘箱内，于 100~105℃ 烘 30min，取出置于干燥器内，冷却 30min 后称量，重复上述步骤直至恒量，其质量为 m_0。

(3) 将被测试样装入已恒量的称量瓶内，盖上盖称出试样及称量瓶的总质量为 m_1。

试样称量：固体产品：1.000~2.000g；液体产品：3.000~5.000g。

(4) 将盛有试样的称量瓶放入烘箱内，开启瓶盖，升温至 100~105℃（特殊品种除外）

烘干，盖上盖置于干燥器内冷却 30min 后称量，重复上述步骤，直至恒量，其质量为 m_2。

(5) 结果表示固体含量 $X_固$ 按下式计算：

$$X_{固}=\frac{m_2-m_0}{m_1-m_0}\times 100 \quad (19\text{-}9)$$

式中　$X_固$——固体含量（%）；

　　　m_0——称量瓶的质量（g）；

　　　m_1——称量瓶加试样的质量（g）；

　　　m_2——称量瓶加烘干后试样的质量（g）。

2. 外加剂溶液密度 ρ 的测定

将已校正 V 值的比重瓶洗净、干燥、灌满被测溶液，塞上塞子后浸入 (20±1)℃超级恒温器内，恒温 20min 后取出，用吸水纸吸干瓶外的水及毛细管溢出的溶液后，在天平上称量出比重瓶装满外加剂溶液后的质量为 m_2。

结果表示：

外加剂溶液的密度 ρ 按下式计算：

$$\rho=\frac{m_2-m_1}{V}=\frac{m_2-m_1}{m_1-m_0}\times 0.9882 \quad (19\text{-}10)$$

式中　ρ——20℃时外加剂溶液密度（g/mL）；

　　　m_2——比重瓶装满 20℃外加剂溶液后的质量（g）。

3. 水泥净浆流动度

(1) 将玻璃板放在水平位置，用湿布抹擦玻璃板、截锥圆模、搅拌器及搅拌锅，使其表面湿而不带水渍。将截锥圆模放在玻璃板的中央，并用湿布覆盖待用。

(2) 称水泥 300g，倒入搅拌锅内，加放推荐掺量的外加剂及 87g 或 105g 水，搅拌 3min。

(3) 将搅拌好的净浆迅速注入截锥圆模内，用刮刀刮平，将截锥圆模按垂直方向提起，同时启动秒表计时，任水泥净浆玻璃板上流动至 30s，用直尺量取流淌部分相垂直的两个方向的最大直径，取平均值为水泥净浆流动度。

4. 水泥砂浆工作性

基准砂浆流动度用水量的测定如下：

(1) 先使搅拌机处于待工作状态，然后按以下程序进行操作，把水加入锅里，再加入水泥 450g，把锅放在固定架上，上升至固定位置，然后立即开动机器，低速搅拌 30s 后，在第二个 30s 开始的同时均匀地将砂子加入，机器转至高速再拌 30s。停拌 90s，在第一个 15s 内用一抹刀将叶片和锅壁上的胶砂刮入锅中间，在高速下继续搅拌 60s，各个阶段搅拌时间误差应在 ±1s 以内。

(2) 在拌和砂浆的同时，用湿布抹擦跳桌的玻璃台面，捣棒、截锥圆模及模套内壁，并把它们置于玻璃台面中心，盖上湿布，备用。

（3）将拌好的砂浆迅速地分两次装入模内，第一次装至截锥圆模的 2/3 处，用抹刀在相互垂直的两个方向各划 5 次，并用捣棒自边缘向中心均匀捣 15 次，接着装第二层砂浆，装至高出截锥圆模约 20mm，用抹刀划 10 次，在装胶砂与捣实时，用手将截锥圆模按住，不要使其产生移动。

（4）捣好后取下模套，用抹刀将高出截锥圆模的砂浆刮去并抹平，随即将截锥垂直向上提起置于台上，立即开动跳桌，以每秒一次的频率使跳桌连续跳动 30 次。

（5）跳动完毕后用卡尺量出砂浆底部流动直径，取互相垂直的两个直径的平均值为该用水量的砂浆流动度，用 mm 表示。

（6）重复上述步骤，直至流动度达到（180±5）mm。当砂浆流动度为（180±5）mm 时的用水量即为基准砂浆流动度的用水量 M_0。

（7）将水和外加剂加入锅中搅拌均匀，按 1）的操作步骤测出掺外加剂砂浆达（180±5）mm 时的用水量 M_1。

（8）将外加剂和基准砂浆流动度的用水量 M_0 加入锅中，人工搅拌均匀，再按 1）的操作步骤，测定加入基准砂浆流动度的用水量时的砂浆流动度，以 mm 表示。

（9）结果表示

砂浆减水率（%）按下式计算：

$$砂浆减水率 = \frac{M_0 - M_1}{M_0} \times 100 \tag{19-11}$$

19.5　混凝土外加剂匀质性试验方法（二）

19.5.1　总则

为了便于操作，准确无误地检测用于混凝土中的粉煤灰，特制定本规程。

19.5.2　范围

适用于普通混凝土、高性能混凝土和砂浆。

19.5.3　职责

检验人员应严格按照本作业指导书的操作程序进行检测，并做出结果判定。

19.5.4　检验依据

《用于水泥和混凝土中的粉煤灰》（GB/T 1596—2017）
《水泥胶砂流动度测定方法》（GB/T 2419—2005）

19.5.5 检验方法及程序

1. 粉煤灰细度的检验

（1）将测试用粉煤灰样品置于温度为105～110℃的烘干箱内烘至恒重，取出放在干燥器中冷却至室温。

（2）称取试样品10g，精确至0.01g，倒入0.045mm方孔筛筛网中，将筛子置于筛座上，盖上筛盖。

（3）接通电源，将定时开关开到3min，开始筛析。

（4）开始工作后，观察负压表，使负压稳定在4000～6000Pa，若负压小于4000Pa，则应停机，清理收尘器中的积灰后再进行筛析。

（5）在筛析过程中，可用轻质木棒或硬橡胶棒轻轻敲打筛盖，以防吸附。

（6）3min后筛析自动停止，停机后观察筛余物，如出现颗粒成球、粘筛或有细颗粒沉积在筛框边缘，用毛刷将细颗粒轻轻刷开，将定时开关固定在手动位置，再筛析1～3min直至筛分彻底为止。将筛网内的筛余物收集并称量，精确至0.01g。

（7）结果计算（精确至0.1%）：

$$F = \frac{G_1}{G} \times 100 \tag{19-12}$$

式中　F——0.045mm方孔筛筛余（%）；

　　　G_1——筛余物质量（g）；

　　　G——称取试样的质量（g）。

2. 粉煤灰需水量比试验方法

（1）胶砂配比：

①试验胶砂：75g粉煤灰，175g硅酸盐水泥和750g标准砂。加水量按流动度达到130～140mm调整。

②对比胶砂：250g硅酸盐水泥，750g标准砂。加水量125mL。

（2）试验胶砂按GB/T 17671—1999的规定进行搅拌。

（3）搅拌后的试验胶砂按GB/T 2419—2005的规定测定流动度，当流动度在130～140mm时，记录此时的加水量；当流动度小于130mm或大于140mm时，重新调整加水量，直至流动度达到130～140mm时为止。

（4）结果计算（精确至1%）：

$$X = \frac{L_1}{125} \times 100 \tag{19-13}$$

式中　X——需水量比（%）；

　　　L_1——试验胶砂流动度达到130～140mm时的加水量（mL）；

　　　125——对比胶砂的加水量（mL）。

19.6 粒化高炉矿渣粉活性指数及流动度比的测定

19.6.1 总则

为了便于操作，准确无误地检测矿粉的活性指数（抗压强度）、流动度比，特制定本规程。

19.6.2 范围

适用于普通混凝土、高性能混凝土的掺合料。

19.6.3 职责

检验人员应严格按照本作业指导书的操作程序进行检测，并做出结果判定。

19.6.4 检验依据

《用于水泥、砂浆和混凝土中的粒化高炉矿渣粉》（GB/T 18046—2017）；
《水泥胶砂流动度测定方法》（GB/T 2419—2005）。

19.6.5 试验方法与操作程序

分别测定试验样品和对比样品的抗压强度，两种样品同龄期的抗压强度比即活性指数。

分别测定试验样品和对比样品的流动度，两者之比即流动度比。

对比样品：符合 GB 175—2007 规定的 42.5 级硅酸盐水泥，当有争议时应用符合 GB 175—2007 规定的 P·I 型 42.5R 硅酸盐水泥进行。

试验样品：由对比水泥和矿粉按质量比 1∶1 组成。

试验方法：

1. 砂浆配合比见表 19-1

表 19-1 砂浆配合比

砂浆种类	水泥（g）	矿渣粉（g）	ISO 标准砂（g）	水（mL）
对比砂浆	450	—	1350	225
试验砂浆	225	225		

2. 砂浆搅拌

搅拌按 GB/T 17671—1999 进行。

3. 抗压强度试验

按 GB/T 17671—1999 进行试验，分别测定试验样品 7d、28d 抗压强度 R_7、R_{28} 和对

比样品 7d、28d 抗压强度 R_{07}、R_{028}。

4. 流动度试验

按 GB/T 2419—2005 进行，分别测定试验样品和对比样品的流动度 L、L_0。

5. 结果计算

(1) 矿渣粉各龄期的活性指数按式（19-14）、式（19-15）计算，计算结果取整数。

$$A_7 = R_7/R_{07} \times 100 \tag{19-14}$$

式中　A_7——7d 活性指数（%）；

　　　R_{07}——对比样 7d 抗压强度（MPa）；

　　　R_7——试验样品 7d 抗压强度（MPa）；

$$A_{28} = R_{28}/R_{028} \times 100 \tag{19-15}$$

式中　A_{28}——28d 活性指数（%）；

　　　R_{028}——对比样 28d 抗压强度（MPa）；

　　　R_{28}——试验样品 28d 抗压强度（MPa）。

(2) 矿渣粉的流动度比按式（19-16）计算，结果取整数。

$$F = L/L_0 \times 100 \tag{19-16}$$

式中　F——流动度比（%）；

　　　L_0——对比样品流动度（mm）；

　　　L——试验样品流动度（mm）。

19.7　混凝土坍落度的测定

19.7.1　总则

为了确定混凝土性能特征，检验和控制混凝土质量时，统一测定混凝土坍落度试验方法，特制定本规程。

19.7.2　范围

适用于本实验室测定出站混凝土基本性能的试验。

19.7.3　职责

检验人员应严格按照本作业指导书的操作规定，并做出准确判定。

19.7.4　检验依据

《普通混凝土拌合物性能试验方法标准》（GB/T 50080—2016）

19.7.5 试验方法与操作程序

(1) 湿润坍落度筒及其他工具，并把筒放在不吸水的刚性水平底上，用脚踩住两边脚踏板，使坍落度筒在装料时保持位置固定。

(2) 把按要求取得的混凝土试样分三层均匀地装入筒内使振捣后每层高度为筒高的 1/3 左右。每层用捣棒插捣 25 次。插捣时沿螺旋方向由外向中心均匀进行。插捣底层时捣棒应贯穿整个深度，插捣第二层和顶层时捣棒应插透本层，并插入下面一层的表面。顶层时混凝土应高出筒口。顶层插捣完后，刮去多余的混凝土，并用抹刀抹平。

(3) 清除筒边底板上的混凝土后，垂直平稳地提起坍落度筒。坍落度筒的提离过程应在 5~10s 内完成。从开始装料到提起坍落度筒的整个过程应不间断地进行，并应在 150s 内完成。

(4) 提起坍落度筒后，量筒高与坍落后在混凝土试体最高点之间的高度差，即该混凝土拌合物的坍落度值。

坍落度值以 mm 为单位，结果精确至 5mm。

19.8 普通混凝土力学性能试验方法

19.8.1 总则

为了确定混凝土设计特征值，检验和控制商品混凝土工程质量时，统一混凝土力学性能试验方法，特制定本规程。

19.8.2 范围

适用于本实验室一般工业与民用建筑和构造物中所用普通混凝土的性能试验。

19.8.3 职责

检验人员应严格按照本作业指导书的操作程序进行。

19.8.4 检验依据

《混凝土物理力学性能试验方法标准》（GB/T 50081—2019）。

19.8.5 试验方法与操作程序

1. 混凝土试件的制作及养护

(1) 混凝土力学性能试验应以三个试件为一组。

(2) 每组试件所用的拌合物根据不同要求应从同一盘搅拌或同一车运送的混凝土中取出或在实验室用机械或人工单独拌制。

(3) 所有试件应在取样后立即制作，试件的成型方法应根据混凝土的稠度而定。坍落度不大于70mm的混凝土用振实台振实，大于70mm的用捣棒人工捣实。

(4) 制作试件前先在试模内壁涂上一层矿物油脂或脱模剂；取样或拌制好的混凝土拌合物应至少用铁锹再来回拌和三次。

(5) 采用振动台成型时，应将拌合物一次装入试模，装料时用抹刀沿试模内壁略加插捣，并使混凝土拌合物高出试模上口。振动时应防止试模在振动台上自由跳动，振动到混凝土表面出浆为止，刮除试模上口多余混凝土，待混凝土临近初凝时用抹刀抹平。

(6) 人工插捣时，混凝土拌合物应分两层装入试模，每层的装料厚度大致相等；插捣应按螺旋方向从边缘向中心均匀进行，插捣底层时，捣棒应达到试模的底部；插捣上层时，捣棒应穿入下层深度为20～30mm；插捣时捣棒应垂直，不得倾斜。然后用抹刀沿试模内壁插拔数次。每层插捣次数按10000mm²截面面积内不得少于12次；插捣后应用橡皮锤轻轻敲击试模四周直至插捣棒留下的空洞消失为止；然后刮除试模上口多余的混凝土，待混凝土临近初凝时用抹刀抹平。

(7) 采用标准养护的试件成型后应覆盖表面，以防止水分蒸发，并应在温度为（20±5）℃情况下静置一昼夜至两昼夜，然后编号拆模。

(8) 拆模后的试件应立即放在温度为（20±2）℃，湿度为95%以上的标准养护室中养护。试件应放在架上，彼此间隔10～20mm，并应避免水直接冲淋试件。

(9) 当无标准养护室时，试件可放在温度为（20±2）℃的不流动水中养护。水的pH不应小于7。

(10) 同条件养护的试件成型后应覆盖表面，试件的拆模时间可与实际构件的拆模时间相同，拆模后，试件仍需保持同条件养护。

2. 混凝土立方体抗压强度试验

(1) 把试件擦拭干净，测量尺寸（精确到1mm），并检查外观。

(2) 将试件安放在试验机压板上，试件的承压面应与成型时的顶面垂直。试件的中心应与试验机下压板中心对准。开动试验机，当上压板与试件接近时，调整球座，使接触平衡。

(3) 试验应连续均匀加荷，当混凝土强度等级＜C30时，加荷速度取0.3～0.5MPa/s；当混凝土强度等级≥C30且＜C60时，加荷速度取0.5～0.8MPa/s；当混凝土强度等级≥C60时，加荷速度取0.8～1.0MPa/s；当试件接近破坏开始急剧变形时，应停止调整试验机油门，直至试件破坏，然后记录破坏荷载。

(4) 混凝土立方体抗压强度按下式计算（精确到0.1MPa）：

$$f_{cc}=F/A \tag{19-17}$$

式中　F——试件破坏荷载（N）；
　　　A——试件承压面积（mm²）。

(5) 以三个试件测值的算术平均值作为该组试件的抗压强度值。三个测值中的最大值或最小值如有一个与中间值的差值超过中间值的15%时，则把最大值及最小值一并舍去，取中间值作为该组试件的抗压强度值。如最大值和最小值与中间值的差值均超过中间值的15%时，则该组试件的试验结果无效。

19.9 计量仪器自校规程

19.9.1 总则

为准确测定各物料细度，特制定本规程。

19.9.2 适用范围

本规程适用于新制造和使用中的水泥标准筛检定。

19.9.3 引用文件

《水泥标准筛校准规范》(JJG（建材）106—2019)。

19.9.4 职责

计量员负责对所校仪器的管理。

自校人员负责对标准筛进行校验。

化验室主任负责校验结果的验证。

19.9.5 技术要求

(1) 产品应带有铭牌（铭牌内容包括名称、型号规格、出厂编号、出厂日期、制造厂等）合格证、说明书。

(2) 筛子结构应符合《水泥细度检验方法 筛析法》(GB/T 1345—2005) 的规定，筛框有效尺寸要求见表19-2；筛布应绷紧，不允许有褶皱、松弛、断丝、方孔成菱形等缺陷。

表19-2 筛框有效尺寸

项目	负压筛	水筛	手工干筛
筛框有效直径（mm）	150±1	125±1	150±1
筛框高度（mm）	25±1	80±1	50±1

(3) 新筛外观不得有伤痕、脱焊或筛布堵塞等现象。

(4) 水筛的修正系数 C 在 0.80~1.20。

(5) 校验条件和校验用标准器具

①在无腐蚀气体的室内进行校验。

②钢直尺：量程300mm，分度值0.5mm。

③二级标准物质：细度标准样。

(6) 工作程序：

①用目测和钢直尺检测。

②试验筛修正系数，使用中的筛子用标准样按《水泥细度检验方法 筛析法》(GB/T 1345—2005) 重复测定两次筛余来检定。两次测定筛余结果相差大于 0.3% 时，应称第三个样品进行试验，并取接近的两个结果取平均值作为最终结果。

测定结果按下式计算：

$$C = F_s / F_t \tag{19-18}$$

式中　C——试验筛修正系数；

　　　F_s——标准样品的筛余标准值（%）；

　　　F_t——标准样在试验筛上的筛余百分数（%）。

(7) 校验结果的处理：

①新筛必须符合全部技术要求。

②使用中的筛子必须符合本规程，即合格。

③化验室主任负责验证校验结果。

水泥试验筛校验记录见表 19-3。

表 19-3　水泥试验筛校验记录

编号：R-2-035

试验筛类别：		仪器编号：		规格型号：		生产厂家：		
外观：		筛框直径 125mm±1mm（水筛） 150mm±1mm（手工干筛） 150mm±1mm（负压筛）		实测数据：		筛框高度 80mm±1mm（水筛） 50mm±1mm（手工干筛） 25mm±1mm（负压筛）	实测数据：	验收人：
校验时间	标准样标准筛余值 F_s	标准样实测筛余值 F_t			水筛系数（0.80—1.20）$C = F_s / F_t$		是否合格	校验人
		F_{t1}：	F_{t2}：	平均值 F_t：				
					$C=$			
					$C=$			
					$C=$			
					$C=$			
					$C=$			
					$C=$			
					$C=$			
					$C=$			
					$C=$			
					$C=$			

19.10 职业健康安全操作规程

（1）严禁酒后上岗，严禁精神状态不佳上岗。

（2）上岗前必须佩戴好劳动防护用品，严禁披长发。

（3）领取试剂、药品及其他物品时，搬运前检查其包装物是否完好，以免因包装物损坏在搬运过程中物品坠落、坍塌或未抱紧跌落砸伤脚以及液体试剂、药品飞溅伤人。

（4）取样、巡检途中，必须一停、二看、三通过，以防止运行车辆意外伤害，防止高空坠物伤人，防止取样、巡检途中设备、盖板、尖锐物品等的碰伤。上楼梯应紧抓扶手，防止跌落，设备有异常情况时，立即找机电工修复；遇下雨天、冬季路滑时，取样要小心走路，防止滑倒。

（5）使用玻璃器皿时，先检查无破损后再使用，防止破损划伤。

（6）严格按规定启动、使用、关闭检验测量设备或电器设备，发现漏电、线路老化等，立即找电工修理。

（7）筛样、样品处理、称样、制样、做样时，要缓慢小心进行，防止扬尘、砸伤、烫伤。防止粉尘溅入眼睛。

（8）从电热开水器上接水要小心，防止烫伤。

（9）使用电炉加热物品前，先检查有无炉丝翘起或接触不良，如有找电工修复后再使用；物品加热后，应先断电，再用毛巾等物品垫在容器边缘或上部取下，以防止烫伤或触电。

（10）工地现场需戴安全帽，上下楼梯注意按工地要求进出，防止杂物掉落，上下扶架要先确认扶架牢固后再上行。

（11）做外加剂试验时应戴口罩。

（12）接取混凝土试样时，注意来往车辆，确保安全后进行接料。

（13）进行力学试验时，应注意使头部保持在受力设备区域上方，防止物料飞溅对头部造成伤害。

参考文献

[1] 朱效荣,赵志强.智能+绿色高性能混凝土[M].北京:中国建材工业出版社,2018.
[2] 朱效荣,牛旺龙,庞国强.兴泉铁路连续梁C50混凝土的研究应用[J].资源信息与工程,2021,36(6):3.
[3] 戴会生.粉煤灰致使混凝土发泡的质量问题分析及预防[J].中国包装科技博览:混凝土技术,2011(1):5.